谢觉哉家书

（中）央人民政府內務部用箋

[illegible]天下大亂，官[illegible]亂造

安。有詩一首：

你们说我做大官，我官好比周老官（奇才大老官）。起得早来眠得晚，能多做事即心安。

问你母親好。

父字

一月廿一

一九五〇年

谢觉哉家书

谢觉哉 著
谢飞 编选

生活·讀書·新知 三联书店　生活書店 出版有限公司

图书在版编目（CIP）数据

谢觉哉家书 / 谢觉哉著；谢飞编选．— 北京：生活书店出版有限公司，2015.7（2015.11 重印）（2015.12 重印）（2016.1 重印）（2016.3 重印）（2016.4 重印）

ISBN 978-7-80768-090-1

Ⅰ．①谢… Ⅱ．①谢… ②谢… Ⅲ．①谢觉哉（1884 ~ 1971）—书信集 Ⅳ．① K827=7

中国版本图书馆 CIP 数据核字 (2015) 第 095847 号

责任编辑 郝建良
装帧设计 罗 洪
责任印制 常宁强
出版发行 生活書店出版有限公司
（北京市东城区美术馆东街 22 号）
邮　　编 100010
经　　销 新华书店
印　　刷 北京顶佳世纪印刷有限公司
版　　次 2015 年 7 月北京第 1 版
2016 年 4 月北京第 6 次印刷
开　　本 635 毫米 ×965 毫米 1/16 印张 22.25
字　　数 230 千字 图 134 幅
印　　数 35,001-55,000 册
定　　价 58.00 元
（印装查询：010-64002717； 邮购查询：010-84010542）

目 录

一九五〇至一九六〇年代

第二辑　致王定国夫人及儿女

一九五〇至一九七〇年代

第三辑　致家乡干部及友人

一九五〇至一九六〇年代

读懂父亲

谢　飞

一

谢觉哉是我的父亲。

在网上查询，对他的解释一般是“老一辈无产阶级革命家”、“延安五老”、“中国法制奠基人”等，曾任中华人民共和国内务部部长、最高法院院长、政协副主席等职。所以我从小就被称为“高干子弟”。

但是，我真正了解我的父亲吗？我到了自己老年时候，才发现对他的了解并不多。2014年是父亲的一百三十岁诞辰，他大我母亲二十九岁。母亲王定国二十九岁时生的我，所以父亲与我的年龄差别是五十八岁，可谓“忘年父子”。如果以二十或二十五年算一代人的话，我和父亲生活的人生岁月，有着两代多的巨大的时代差距。

父亲健在的时候，我们兄弟姐妹七人（五男二女）还多是学龄儿童、少年或青年；父亲暮年又逢文化大革命，我虽已大学毕业、留校任教，但运动频频，上山下乡，我在他身边的时光也是少得可怜。1971年6月，当我兴冲冲地从保定白洋淀农村干校返回北京准备结婚的时候，却碰到了父亲的去世与葬礼。在那时候“横扫一切陋习”的“革命气氛”下，记得在北京医院的太平间里我们家人搞了一个简单的遗体告别仪式，正在医院养病的“延安五老”之一董必武副主席，在他儿子良翮的搀扶下赶来见老友的最后一面。他儿子手里拿着董老手书的挽联，我至今记忆犹新：“长征老战士，文革病诗人。”

时光匆匆，一晃父亲去世已经四十三年了。我的青壮年时期，欣逢改革开放的好时代，忙于开创自己的事业，教书、拍电影；忙于成家、抚育孩子，也没有多少时间与精力去了解父亲。只是当我自己进入老年，专业和家务闲下来后，才开始去读母亲早在三十年前的1982年就组织人编写、出版好的《谢觉哉传》、《谢觉哉日记》、《谢觉哉文集》等著作，才开始对他的思想、工作、才华以及生活、情感有了些实实在在的了解。

整整晚了四十多年啊，可谓“不孝子孙”！真是应了那句歌词，“时间都去哪儿了？”我到了七十二岁，才开始真正“尽孝”。好在还有这句谚语：晚做胜于不做。

上世纪四五十年代，父亲在工作之余写作、发表了大量思想文化杂文，享誉社会。1956年12月24日，他在《爱父母》一文中写道：

> 人，从出生到死即从小到老：中间是“养人”——劳动力强壮时期；两头是“人养”——幼小时期和衰老时期。这是人类生活的自然规律，绝不因社会制度不同而改变。

记不得是谁说的话也是这一道理：人生三件大事，即结婚、生子、送老人。当你送完老人时，你的孩子就开始送你了。

去年开始，我轮替我哥哥谢飘，搬到母亲家住，有了更多的时间去陪伴老人，去阅读父亲的著述。母亲王定国也是位老红军，已经一百零二岁了，身体康健，生活基本自理。她最大的愉快是每天看到有孩子们在身边。还是在那篇文章中，父亲写道：

> 养父母，不只是给他们穿吃、不冻不饿而已，还要有亲爱的诚意和敬意，使老人们感到愉快。

对于早已离去的父亲，我们努力去读懂他的人生、思想，了解父辈们的足迹与悲欢，是后辈的责任与敬意。这些，促使我开始编辑这本《谢觉哉家书》。

本《家书》收集了父亲给家人的九十余封信件，最早的是1919年寄出，最晚的是他1963年中风后，用左手艰难书写的；我的湖南的兄姐与母亲将多数书信的珍贵手迹保存了下来，实属不易。看着这些已经发黄变脆的信函，看着父亲从青壮年到老年不断变化的毛笔书法，看着那些信封、邮票，我不禁感慨这已经或即将永远消失的书信交流方式的美好与伟大！数字、网络技术的发展，电话、微博、微信等的使用，让人们远在天涯如咫尺；过去亲人、朋友、同事之间的思念、担忧、述说的需求与情感全没有了酝酿和表达的空间与时间。它给我们人类的文化与情感带来的是进步还是退化，谁又能说得清楚呢！

好在我们还可以整理出版前辈们的书信，像畅销多年的《曾国藩家书》、《傅雷家书》等，从中去了解前辈人的思想、情感、生活，以至社会与历史。

二

很可惜，没有收集到父亲青年时期给其父母的书信。父亲十六岁时，他母亲病逝；二十一岁时父亲去世。除了父母，家庭的主要成员就是丈夫或妻子，即配偶。现在找到父亲的书信，不少是给他的前后两位夫人写的。

说来有趣，在文化大革命结束前，我们兄弟姐妹都没有听说过父亲的第一位夫人何敦秀的名字，更没有见过她；只知道在老家湖南宁乡，父亲还有几个孩子，年纪都很大了，有一位哥哥谢放，1937年5月也到了延安参加革命；知道我们的一些侄儿、侄女，不少比我们年纪都大，许多也在北京上学。后来通过父亲的日记、书信，特别是1984年我拍电影《湘女萧萧》时，第一次回到了父亲的故居——宁乡沙田乡堆资村的南馥冲，才第一次见到何夫人的照片。知道50年代她也随其小儿子谢放到北京居住，直到1967年，八十八岁，没有吃过一片药，寿终正寝。也就是说，同住在北京多年，我们孩子们却对她一无所知。

编辑和通读了从20到40年代父亲给何夫人的家信，我才渐渐地理解了为什么他会如此谨慎地瞒着我们孩子们，才逐步认识到时代的巨大变迁带给父亲的家庭生活的复杂境遇，才最终体会到父亲一生中在处理家庭婚姻问题上显示的理智、温情与人性的光辉。

父亲与何敦秀的婚姻完全是旧中国农村的典型的传统婚姻。何敦秀出身一中医世家，其父亲中过举人，做过清朝官员，家教敦厚，小时读过三年私塾。那时候，父亲曾在何家附近的一个书院读书，与何敦秀的堂弟是同窗好友，多次受邀去何家玩耍，被何父看中，安排与其女见面，在两人默许下，双方家庭结下了这个姻缘。

结婚时父亲只有十五岁，何夫人比他长近五岁，妻子比丈夫大四至五岁，是当时当地的习俗。在1939年9月8日父亲致何夫人的信里，曾回忆说：

> 四十一年前的秋天，我和你结婚了，那天，不记得谁在房里唱“送子”，我的外公拉我进去，说是什么“大事”。

那时的“大事”，就是家族的“传宗接代”。他们生活在一起的头十五年中，共同生育了四男三女。

父亲和我母亲王定国的婚姻则是“组织安排”的。1937年，父亲已离开家乡、妻儿十多年了，国共开始第二次合作，共同抗日，我父亲被派到甘肃八路军驻兰州办事处做毛泽东代表。我母亲在西路军战败失散多日后，在张掖找到组织，展开了营救失散红军的工作，半年后她也来到兰州办事处工作。母亲后来跟在她身边工作的人讲（注意，不是直接和我们这些子女讲）：那时，组织上说谢老年纪大，生活上需要有人照顾；做时任兰州国民党甘肃省政府主席、宁乡同乡贺耀祖的统战工作，需要有夫人身份的人出面协助，希望我母亲与谢老结为伉俪。母亲同意了，但晚上吃饭庆祝后，让她进谢老的卧室，她不干。母亲出身穷苦，小时候做过童养媳，不识字，她说：“让我照顾谢老我同意，怎么还一起睡觉？”别人告诉她，结为伉俪，就是夫妻，她犹豫了，说希望给她时间考虑，她自己在四方面军时有个相好叫张静波，是她参加革命的引路人，现在不知还活着没有，希望组织上帮她打听清楚。后来查清张静波烈士已在红军西征战斗中英勇牺牲了，母亲才同意了婚姻。

生活在“一夫一妻”、“先恋爱、后结婚”时代的现代人，往往不理解或喜欢嘲弄、调侃旧时代人们“多妻、多婚”的婚姻情况，而不去了解我们的父辈，以至人类社会很长时期存在的历史与社会背景。仔细阅读父亲半个世纪中给两位夫人的通信，我具体地感知了百年来中国人生活形式与制度的复杂存在与变迁，更感受到中国人几千年的“相敬如宾、珍惜亲情”的美好民族传统。

父亲是清朝科举的“末代秀才”，诗词文章，四乡闻名；而两段婚姻的夫人并不是什么“才女”，我母亲甚至还是文盲。母亲曾回忆说，结婚后，父亲写文章时让她去办公室拿西北日报，拿了三次都没拿对，就奇怪地问：怎么回事？母亲才难堪地说：“我不识字。”父亲听后恍然，说：“不用怕，我教你。”本书第二辑中收集了父亲在母亲第一次提笔给他的信（1956年6月18日）上的文字修改，就是他们教与学的一个有趣例证。在他们相伴的三十四年中，母亲不仅脱了盲，还跟着父亲学写诗词，练书法；晚年成为了有名的书画社会活动家。1963年1月，父亲书写了寿诗赠与母亲，祝贺她五十大寿：

> 暑往寒来五十年，鬓华犹衬腊花鲜。几经桑海人犹健，俯视风云我亦仙。后乐先忧斯世事，朝锄暮饲此中天。三女五男皆似玉，纷纷舞彩在庭前。

诗文表达了他们这对“先结婚、后恋爱”的伉俪令人羡慕的夫妻情谊。

父亲年轻时还跟着岳父学过一年多的中医。投身革命之后，教书、办报，长年在外。“马日事变”之后，更是与家里断绝了音讯。湖北洪湖、江西苏区、长征陕北，十多年的艰难革命生涯，父亲从来没有中断对家中亲人的思念。他抓住一切可能的机会给家乡写信、寄诗。在1937年寄给何夫人的诗词中，他深情地写着：

> 音书久断绝，生死不可踪。累汝苦思念，暮暮复晨晨。累汝御强暴，一夕或数惊。累汝家计重，荆棘苦支撑。遥知鬓发改，不复旧时容。

在遥远的西北高原，已经和我母亲在一起，并育有五个孩子的情况下，父亲仍一直与何夫人通信，问候与帮助家人的生活，并坚称“你永远是我的夫人”。直到1951年9月7日，父亲给何夫人写的最后一封亲笔信，明确表示：

> 我的意见，你不来北京为好。理由如下：第一、我们离开了二十多年，我在外又有了家。你如来，很不好处置，要发生纠纷。现是新世界，和旧世界不一样。你我都是上七十的人了，经不起烦恼，对我不好，对你也不好。

同有些人不承认、不理、不见的做法不一样，父亲理智、平和地处理了在新社会“一夫一妻”婚姻制度下的家庭关系。50年代末，八十岁高龄的何夫人被她参加革命工作的小儿子谢放接到北京居住后，据说父亲和母亲请她来过家里，也多次过去看望她，并经常送去生活费。何夫人曾对我母亲说：“王定国同志，感谢你对谢胡子[1]照顾得这么好。”何敦秀1967年去世后，母亲又亲自过去帮助料理后事，两人互

1 家人及同事，包括毛泽东主席对我父亲的常用称呼。

敬互重的情谊，令我们晚辈赞赏、感叹。

夫妻的亲情是家庭的基础，感情与责任并重，包容与坚持相伴，付出与获得双赢。从书信中，我们后辈可以了解与学习到许多人生的经验与道理。

三

养育儿孙，是父亲家书里的主要内容。

父亲在湖南家育有四男三女，北京家有五男二女，加上后来代抚养的侄儿女、孙儿女们，不下三四十人，可谓“望族”。生而有养，养而有教，是为父母之道。书信集中收录的多数信件是写给我们这些孩子们的。

50年代初，中国社会、政治、生活发生了翻天覆地的变化。正值青壮年时期的湖南的儿女们，纷纷希望在北京“做大官”的父亲给予他们“照顾”，走出农村，到城里工作。这一时期的不少信件里，父亲都是在教育儿孙、亲友们要安心农村生产，学习新知识，跟上新时代，过好“土改关”，做一个自食其力的劳动者。1950年1月21日在给两位大儿子的信中，他写道：

> 你们会说我这个官是“焦官”。是的，“官”而不“焦”[1]，天下大乱；“官”而“焦”了，转乱为安。

并写出了那首有名的诗句：

---

1 “焦”在当地话中意思为“穷”。

> 你们说我做大官，我官好比周老官（奇才大老官）；起得早来眠得晚，能多做事即心安。

把自己比作家乡村里有名的长工周老官，显示了父亲为民为国的共产党人本色。

“四十离家七十回”，新中国成立后父亲于1957年、1960年、1961年曾三次回到湖南，却只有两次去到家乡南馥冲老家。后来他许多信里都提到这个经历：

> 去年正月我到宁乡看了许多好东西，值得称赞的，但也有的看不顺眼。为甚么我只在南馥冲站了两个钟头就跑了，因为逼得我不能不跑。连夜由谭家湾修一条到我屋门走汽车的路，这是为什么？堆子山的木桥没有了，不修（听见细屋背嘴的桥也没有了），却赶修一条过汽车的桥——涨水就要被冲去。屋子里站几个穿白衣的招待员，不知道在哪里学来的。

对子女和乡干部们的浮夸接待、农村山林环境的破坏、老百姓生活困难等现状很有意见，多次写信批评、教育：

> 修车路，不是对我的尊敬，而是对我的不尊敬，使人民看了，要说我谢胡子是个官，是个架子很大的官，这是浮夸风的反映。
>
> 我两次回乡，都不很称意。我还想回乡一次，不过有三个条件：第一，不要派一些人包围我，要让我行动自由；第二，要农村容易买到猪肉；第三，要看到到处都是幼林。

这些书信、言语中，显示的我们老一辈做人做事的清廉正派的风范，值得体味。

给我们北京家里这些学龄中孩子们的信，就多是学习、品德教育的事了。父亲老来又得众儿女，分外高兴，寄托着无限的期望。1945年12月15日，在八年艰苦抗战胜利之后，父亲步毛泽东刚刚发表的震动全国的《沁园春·雪》之韵，作了一首《沁园春·为诸孩》：

> 三男一女，飞飞列列，定定飘飘。记汤饼三朝，瞳光灼灼；束修周载，口辩滔滔。饥则倾饼，倦则索抱，攀上肩头试比高。扭秧歌，又持竿打仗，也算妖娆。　　一群骄而又娇，不盼他年紫束腰。只父是愚公，坚持真理；子非措大，不事文骚。居新社会学新本事，纵是庸才亦可雕。吾衰矣，作长久打算，记取今朝。

好一幅“群孩戏父”的图画啊！那时候的姐姐哥哥七八岁，我三岁，弟弟不满一岁，“一群骄而又娇”，围着六十出头的老父亲，“攀肩、索抱，持竿打仗、扭秧歌”，在父亲心中，将养儿育女的辛劳化为快乐，把培育后代与自己终生追求的“真理”、“新社会”理想结合起来，岂非人生幸福的极致！

父亲在我们孩子们眼中一直是个慈祥老人的模样。确实，在人均寿命只有三十八岁的旧中国，他从五十岁起，在长征、延安时期就被称为“谢老”；花白的八字胡须，温文尔雅的性格更加深了人们对其“老人”的印象。在我孩童时的记忆中，父亲总是在伏案工作，任凭我们在周围嬉戏，打闹成一片，他仍旧提着毛笔，独自写着东西；实在吵得无法工作了，他顶多呵斥几句，伸出虚握的拳头在我们脑壳前威胁一下。现在当我老了，年过七十的时候，浏览父亲当年用他纯熟的毛笔书法写下的这数以百万计的著述，才开始真正进入了他的思想、情感、文化世界中去。在大量的政府、法制、民政等工作的文件、报告、文章之外，父亲写的最多的是诗词、日记和通信，这是他的私人天地，是他的精神、情感得以表达、活跃、丰富和宣泄的地方。

50年代，我们还都是小学、中学的学龄儿童、少年，多数又住校，父亲就利用周末时间为我们集体上课：让母亲讲述童养媳的经历，忆苦思甜，请小楷书法家樊淑真来家教写毛笔字，等等。他自己则时不时给我们集体写信，让秘书打印多份发给孩子们。60年代，自大儿子谢飘到外地上学起，父亲给我们的信就多了起来，他抓紧一切可以写信的机会，如去外地开会、休养，或当孩子们给他写了信、送了礼物时，事无巨细地关心与教导着成长中的儿女们。1962年3月8日的“致儿女”一封信写得最长，也最丰富。他从住、吃、穿各个方面谈古说今，以自己和母亲的经历教育我们：

我家是地主，我又是有职业的人，我到北京才穿上绸内衣，还是人家送的，手表我以前没有，现在你们穿绸内衣了，戴手表了，七七没有表，可能也会要了。皮鞋，我记得一九三七年去兰州搞统战工作，公家给我买了一双皮鞋，到北京为了接待外宾才买第二双皮鞋。那时我快七十岁了。你们小小年纪就穿皮鞋，且已穿过不止一双。

要求我们思想上“看过去，看别人”、“对人宽，对己刻”；生活中“要自己动手”、“爱惜东西”。今天读来仍旧令人感慨、深思。

时光荏苒，许多书信都遗失了，本书信集只收集到九十七封家信。它们传递的内容丰富、宽泛，绝不限于我上面讲到的几点。父亲一生中，把写书信当作一个重要的生活方式。他不仅同家人通信，还和同事、朋友通信，更愿意和完全不认识的群众、读者、青少年学生通信。在他的书信存稿中，和内务部、最高法院、宁乡县委干部们的通信是最主要的部分；与自己文章读者、通过报纸杂志转来的青年、中小学生的通信也屡见不鲜。1954年11月，他主动给并不认识的宁乡县干部写信，希望通过信件了解家乡的情况和变化，从此与他们成为多年的信中好友；并让他们对家乡公众宣布：“谢觉哉愿意和人通信！”不是亲人胜似亲人，在父亲心中，亲情、乡情、民情是连为一体的。所以本书也收进了他给家乡基层干部和友人的书信十八封。

全书总计收录书信一百十五封。

今天，人类进入了“大网络时代”，微博、微信、微说等正在替代传统的通信、交流方式。编辑出版《谢觉哉家书》一书，是为了让历史留存，让现代人不要忘记我们前辈们曾走过来的道路；在阅读与把玩这些即将消失的文字、形式时，将前辈们以及人类长久积累的思想、情感、文化、才艺，幻化成新的形式、新的语言，永远继承下去，发展开来。

2014年10月15日初稿

2015年2月3日修订

第一辑
致何敦秀夫人、儿女及家乡亲人

一九二〇至一九四〇年代

1920 年代的谢觉哉

谢觉哉，字焕南，备名泽琛，原名维鋆，别名觉斋，实用名觉哉。1884年4月27日诞生于湖南省宁乡县沩山区沙田堆子山肖家湾（后迁居南馥冲）一个偏僻山区的书香农民家庭。四岁读书，在村中从私塾；十四岁应过一回科举小试，十五岁与何敦秀女士结婚；十六岁到岳家学馆（小金陀馆）读书，接触现代知识与文化；二十一岁应科举制度的“县考”、“府考”、“道考”，成为了中国科举最末一代的秀才；曾做私塾、学中医、学商业，直至三十岁，开始在湖南宁乡云山学校任教，开始接触进步、革命思想；后到长沙办《湖南通俗报》、到湖南第一师范附小任教，开始接触中国共产党成立前后的活动。1925年谢觉哉参加中国共产党，从此开始了半个世纪的长沙、洪湖、上海、江西苏区、长征、延安、解放等各个时期的长期离别家乡的革命生涯。

谢觉哉与何敦秀夫人在家乡共育有四男三女。本节共收集了谢觉哉写给宁乡家人的书信二十二封。

致王养吾[1]，自宁乡云山（1919年5月2日）

养吾妹夫：

妇人之病大抵为忧郁所致，一方请医服药，一方须静心调摄，不忧不惧，无思无虑，然后药可收效，即不药亦可见功。消化为人身重要机能，能勿乱食，毋过饱，请告舍妹知之。省垣卑湿，不知寓处高敞否？养病之法，先求心之怡豫，次求环境之适怡，然后斟酌药饵，勿性急，勿杂进。

焕南

1 王养吾为谢觉哉的妹夫，其妹（晚妹）因病于1920年8月去世。

致何敦秀，自长沙（1921年4月16日、28日）

冬秀[1]：

何桂初[2]来，接到你的信，也写得好。你从来没写过信，今年琼英[3]不在家，你就不得不蛮写，这封信我都看懂了。只有“调了三四次”，“总怕未”两句，我没有估[4]得着，不知道是甚么意思。

你上回写的信，喊我做夫君大人，这次写的信，喊我做焕南老兄。大人两个字，我实在不敢当。因为民国时代，官场中已没有大人的称呼了，家庭中喊爷娘做大人子。我和你是一样大的，我怎么当得起，以后你切莫那样写了。就是老兄二字，也不妥当。因为你的年纪，本比我大几岁，怎么喊我做老兄起来。你以后写信，如果摆姐姐架子不出，你就写个“夫君”或写“焕南”二字就要得。

---

1 冬秀全名何敦秀（1879—1967），是谢觉哉的元配夫人，1899年谢觉哉十五岁时与其成婚，妻大其五岁。育有四男三女（其中一男早夭）。

2 何桂初，湖南宁乡人，共产党员，是大革命时代何叔衡同志的侍从，大革命失败后，被国民党杀害。

3 琼（群）英是谢觉哉的大女儿。

4 方言，猜的意思。

前回写了一个信，由廉伯[1]处寄回，想已收到了。

我在这里每天的事也不少，早晨六点多钟起来，洗面呀，操八段锦呀，屙屎呀，差不多要点多钟。八点钟的时候吃早饭，吃饭之后，就要做报[2]，要到十一点钟才完功。再看几十分钟的报，就吃中饭。吃中午饭之后，或者要到学校里去上课，我在修业学校[3]教了几点钟书。或者在屋里看书，或者同朋友扯谈，或者看外面来的信，或者自己写信，下午算是闲一点。点灯后，要预备明天的稿子，或者自己做点文章，大约要得几十分钟，十点多钟睡靠[4]。此外尚有自己讨烦恼的事，大约不外是些笔墨功夫。星期日可以耍一天。

廉伯说不愿在家，要学我一样，还真好笑。我这种人，在家里没有得用，所以跑到外面混混，其实没有一点趣味，抛离妻子，好像一种机械，任人使用，他们何必学我。况且廉伯本是个宜于务农的人，你不要替他打错了算盘。

子谷[5]下半年升学，暂时不能替他预算前程。琼英、佩玉[6]再读下子，将来还是在乡里做个裁缝或织袜司务，书读得好一点，或者当个把小学教员，此外还是做些烧茶煮饭治家处世的事。若说到外边好些，居在家里差些，那就大错而特错了。

---

1 廉伯（1904—1983）是谢觉哉的大儿子。

2 1920年8月至1921年6月，谢觉哉应何叔衡之邀，赴长沙办报，任《湖南通俗报》主编。《湖南通俗报》揭露政治黑暗，批论错误思想和社会陋习；文笔浅显生动，短小犀利辛辣，因而报纸销售由几百份猛增到六七千份，为中小学生和工农大众最喜爱的读物。由于积极宣传反对封建的民主思想，国民党赵恒惕政府以“宣传过激主义”的罪名予以干涉，1921年6月25日《湖南通俗报》被迫停刊。

3 修业学校，1903年创办，湖南最早的综合性学校。1919年后，毛泽东、徐特立等都在校学习与工作过。谢觉哉此时办报之余，也曾到该校及毛泽东任主事的湖南第一师范附小讲课。

4 觉的地方口音。

5 子谷，是谢觉哉二儿子。

6 佩玉，系谢觉哉同父异母的妹妹。

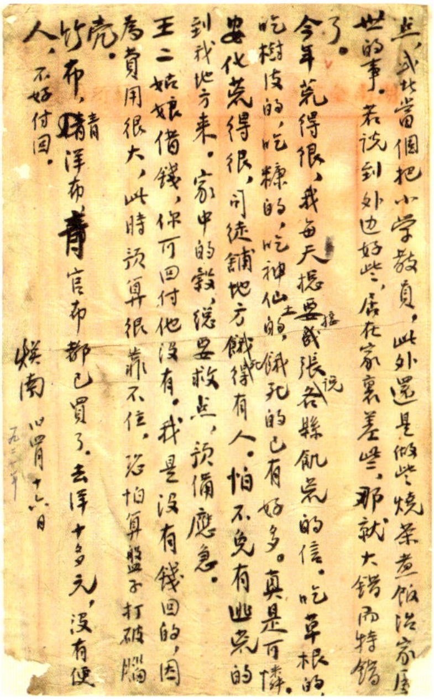

點，或者當個把小學教員，此外還是做些燒茶煮飯洗家屋的事。若說到外边好些，居在家裏差些，那就大錯而特錯了。

今年荒得很，我每天總要接幾張說各縣飢荒的信。吃草根的，吃樹皮的，吃糠的，吃神仙土的，餓死的已有好多。真是可憐。安化荒得很，司徒鋪地方餓死得有人。怕不免有逃荒的到我地方来。家中的穀，總要救點，預備應急。

王二姑娘借錢，你可回付他沒有。我是沒有錢回的，因為費用很大，此時預算很靠不住。恐怕算盤子打破腦殼。竹布、青洋布、青官布都已買了。去年十多元，沒有便人，不好付回。

煥南　四月十六日

原件手迹2

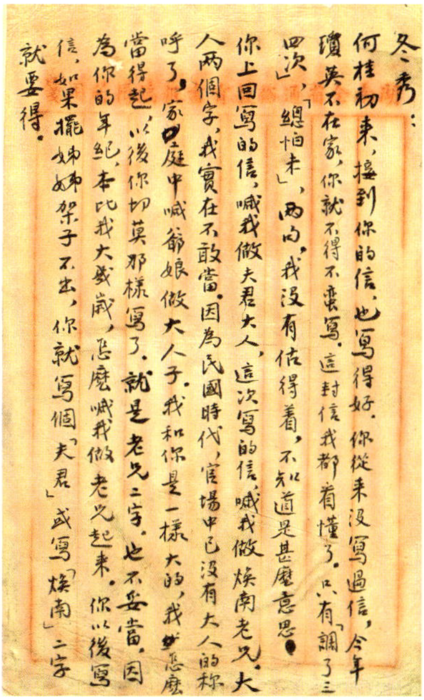

冬秀：

何桂初来，接到你的信，也寫得好。你從来沒寫過信，今年瓊英不在家，你就不得不親寫。這封信我都看懂了。只有「調了三四次」、「總怕来」，兩句，我沒有體得着，不知道是甚麼意思。

你上回寫的信，喊我做夫君大人，這次寫的信，喊我做煥南老先。大人兩個字，我實在不敢當。因為民國時代，官場中已沒有大人的稱呼了。家庭中喊爺娘做大人子，我和你是一樣大的，我怎麼當得起。以後你切莫那樣寫了。就是老先二字，也不妥當。因為你的年紀，本比我大幾歲，怎麼喊我做老先起来。你以後寫信，如果擺姊姊架子不出，你就寫個「夫君」或寫「煥南」二字就要得。

原件手迹1

有些人赞成琼英长读，他［她］[1]自己不大想，想改入职业。我看县里只有缝纫一科，琼英只要习熟用机子就够了，不必减少读书去学他［它］。他明年可在高等小学毕业，毕业后可升学与否？再看。

今年荒得很，我每天总要接几张说各县饥荒的信。吃草根的，吃树皮的，吃糠的，吃神仙土的，饿死的已有好多。真是可怜。安化荒得很，司徒铺地方饿死得有人。怕不免有逃荒的到我地方来，家中的谷，总要救［留］点，预备应急。

王二姑娘[2]借钱，你可回复他［她］没有。我是没有钱回的，因为

1　方括号的文字为编者所加，用于标记原迹中的别字，全书同。

2　王二姑娘，估计为同村乡亲。

费用很大，此时预算很靠不住，恐怕算盘子打破脑壳。

达杨[1]不会当家，弄得没有饭吃，我家里那［哪］里有钱买他的田。他就是卖掉田，仍是没饭吃，赶急打个别点主意。

竹布、青洋布、青官布都已买了。去洋十多元，没有便人，不好付回。

焕南

一九二一年四月十六日、二十八日

（两封信保存均不完整，合并整理）

1 达杨，系谢达杨，是何敦秀堂妹的丈夫。

致继母等家人，自长沙（约1922年前后[1]）

继母[2]、二嫂[3]、妻氏[4]、鲁宜[5]、廉伯、淑英[6]、大家看：

子谷考师范没取，因为考的人太多，好的也太多。现在考取了长郡中学，就是张尹草[7]从前入的那个学校。初进去的半年，怕要用老三十多块。琼英失吊［掉］二十块钱，听说就是清乡队抢去的。我看书还是要读的，这两年笔费资，由我在外边东扯西借，不要你们操心。

鲁宜听说有点不好，我看你的病是懒起来的，是随便乱吃东西来的，是晒太阳下冷水来的，是在家里争闲气来的。倘若认真去读书，学校的起居饮食有一定，好多学生在学校住得一晌，人都壮了。你还是赶紧到学校里去。

---

1 此信原件无时间落款，应是谢觉哉于1921年8月至1923年6月在湖南第一师范附属小学任教时期写的。

2 继母，谢觉哉十六岁时，生母姜氏病逝，父续娶继母王氏，其育有三子三女。

3 二嫂，系谢觉哉的二弟谢礼卿的妻子。

4 妻氏，即何敦秀。

5 鲁宜，谢觉哉同父异母弟弟。1906年生，时年十六岁。

6 淑英是谢觉哉大姐的女儿。

7 张尹草，友人。

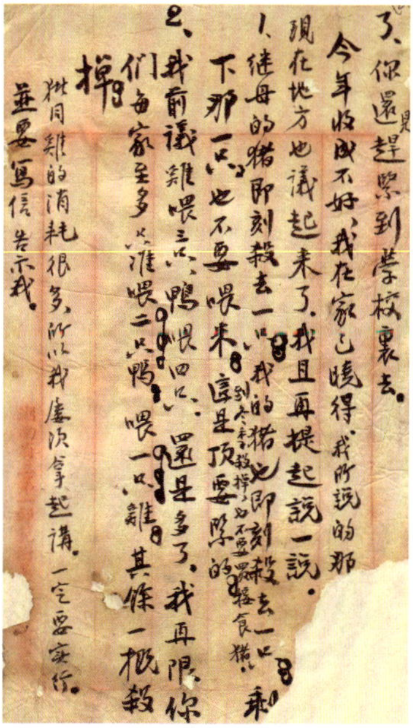
了。你还赶紧到学校里去。

今年收成不好，我在家已晓得。我所说的那现在地方也议起来了。我且再提起说一说。

1、继母的猪即刻杀去一只，我的猪也即刻杀去一只，剩下那一只也不要喂米，到冬季杀掉，也不要买接食猪。这是顶要紧的。

2、我前议鸡喂三只，鸭喂四只，还是多了。我再限你们每家至多只准喂二只鸭，喂一只鸡，其余一概杀掉。

猪同鸡的消耗很多，所以我屡次拿起讲。一定要实行，并要写信告示我。

原件手迹2

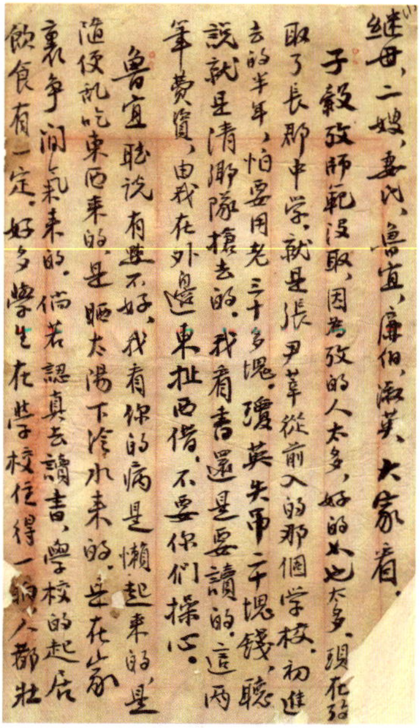
继母、二嫂、妻氏、鲁宜、庸伯、淑英，大家看。

子毅考师范没取，因为考的人太多，好的也太多。现在考取了长郡中学，就是张尹莘从前入的那个学校。初进去的半年，怕要用光三十多块。淑英先用二千块钱，听说就是清乡队捐去的。我看书还是要读的，这两年费资，由我在外边东扯西借，不要你们操心。

鲁宜听说有些不好，我看你的病是懒起来的，是随便就吃东西来的，是晒太阳下冷水来的，是在家里争闲气来的。倘若认真去读书，学校的起居饮食有一定，好多学生在学校住得一个个人都壮

原件手迹1

今年收成不好，我在家已晓得。我所说的那□□[1]现在地方也议起来了。我且再提起说一说。

1. 继母的猪即刻杀去一只，我的猪也即刻杀去一只。剩下那一只，也不要喂米。到冬季杀掉，也不要买接食猪。这是顶要紧的。

2. 我前议鸡喂三只，鸭喂四只，还是多了。我再限你们每家至多只准喂二只鸭，喂一只鸡，其余一概杀掉。

猪同鸡的消耗很多，所以我屡次拿起讲。一定要实行，并要写信告示我。

焕南

1　此处原信残缺，用□代替，全书同。

致谢式坤，自长沙（1922年9月18日）

四弟[1]览及：

租谷三七开的办法弊端唯防，但是要过细视察，庶议减时有点把握。介儿[2]请常训诫下子，使渐渐知道理事。

我记得光绪二十四年，兰馥冲[3]耳冲[4]干死好多，那时候他作了萧家湾[5]塅中[6]一半，要量可四十八石租，减去二十的道州几石，不过那年没有虫伤。现在情形不同，或者要多减一点。不过这也是个先例，不宽不□□。中斟猪[7]可留一条，鸡鸭兔子不妨一扫光。不然明年怎么得了。

1　四弟，即谢式坤，师范毕业，1890年生，1934年去世。

2　介儿为谢觉哉长子谢廉伯，介是他的字。

3　兰（南）馥冲，为谢觉哉成年后与二弟谢礼卿分得的住房。现仍保存于湖南宁乡沙田乡堆资村，为谢觉哉故居，国家级文物保护单位。冲，当地语指山区里的平地。

4　耳冲，指住宅旁边的梯田种的粮食。

5　萧（肖）家湾，为谢觉哉出生房屋，现已不存。

6　塅中，指屋前平坦的良田。

7　中斟猪，家养的半大的猪。

子谷考师范未取，改入长郡[1]。这半年会要用三十多块，琼儿又被兵抢二十元（听说就是清乡兵）。我到这里薪水又十分靠不住，这真是屋漏又逢连夜雨。不过我想总在外边了清这些子女债，不到家里拿钱就是。

湖南兵打败仗以后，到处劫掠，比较七年[2]还要狠些。我县下方受害最烈，上方大约还不大糟。吴佩孚是不得到长沙来的（现在他的驻在岳州）。现正议和，只怕广东兵等趁机开进湘来，那就更不得了。省城各公团打些电报向各方呼吁，要求他们都不到我湖南来，一面积极的把湖南兵收来。各军官口里也说要裁兵，要辞职（他们实在对人不住了），不过能不能实现，还是问题。据我的眼光看来，老百姓暂时总没有好日子过。

收租以后，你可把分关[3]渐渐计划起来，并带了介儿到处指点一下。

宁乡又会要办团防，我的主张只办一个总局（总局局长是谭伯庸，八都人，总司令委的），有匪的地方驻扎一点点，并且要定一个收束期间，要甚么时候就不办了。不知县里人同意否。

余话慢说。

兄鋆　草

九月十八日

1　长郡公立学校，建立于1912年，后曾改名为宁乡第一中学、长沙第二中学，1982年恢复长郡中学校名。

2　七年指1918年，军阀混战中北洋系张敬尧所部第七师在湖南株洲、醴陵烧杀抢掠，无辜民众死者十余万人，战事结束，醴陵县城“仅余二十八人。”

3　分关，指各兄弟的家产分割。

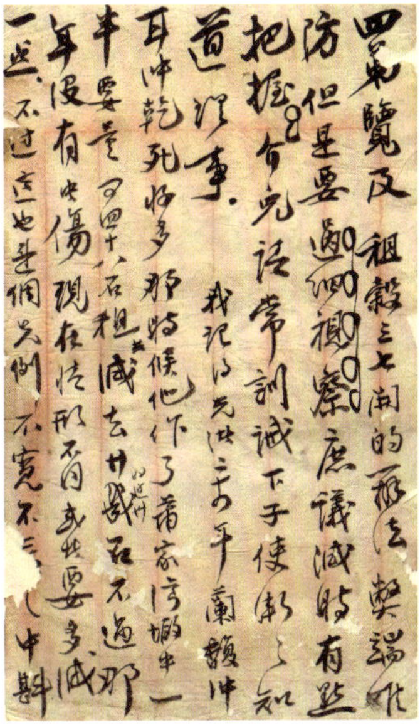
四弟览及：祖毅三七间的一班去契端兆
防，但是要遵从观察，应议减时有些
把握，有先话常训诫下子使彻之知
道这事。我记得先世二十年兰馥中
耳中乾死将多，那时候他作了蒲家请嫡出一
半要兵，可四十八石租减去廿斗，不过那
年没有些伤，现在情形不同，或者要多减
一些，不过这也是个先例，不宽不严中斟

原件手迹1

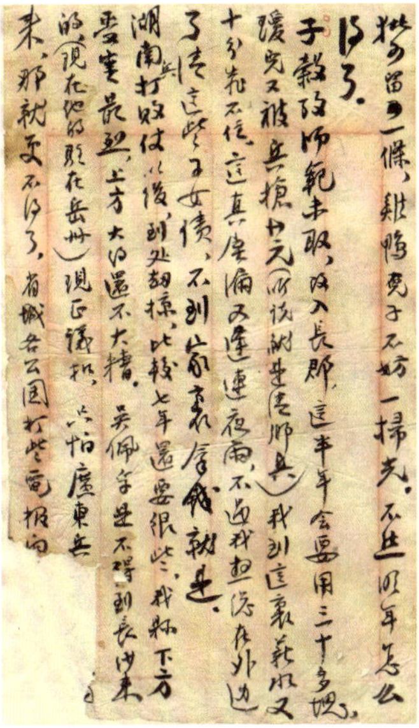
酌留些一条，鸡鸭兔子不妨一扫光。不然明年怎么
得了。
子毅改师范未取，改入长郡，这半年会要用三十多块，
后先又被兵掠去元（所谓刘某屠师兵）我到这里数又
十分危不住，这真是屋漏又逢连夜雨，不过我想得在外边
了，待这些子女债，不到家里会就是。
湖南兵打败仗以后，到处劫掠，比较七年还要很些。我预料下方
要靠晨起，上方大的还不大稀。吴佩孚是不得到长沙来
的（现在他的兵在岳州），现正议和，只怕广东兵
来，那就更不得了。省城各公团打些电报向

原件手迹2

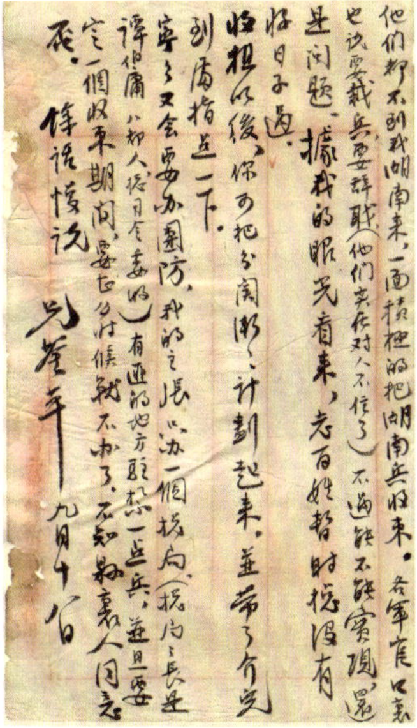
他们都不到我湖南来，一面积极的把湖南兵收来。各军长已意
也认要裁兵要辞职（他们实在对人不住了），不过能不能实现，还
是问题。据我的眼光看来，老百姓暂时总没有
好日子过。
收租以后，你可把公关部计划起来，并带了介定
到湖指点一下。
穿了又会要办团防，我的主张，以办一个指向（指向之长是
谭伯庸，小都人，相日不会要的）有匪的地方驻扎一点兵，并且要
它一个收束期间，要它的时候就不办了。不知乡里人同意
否。
余话后谈
兄荃年
九月十日

原件手迹3

致谢式坤，自长沙（1924年某日）

式坤四弟：

……

时局糟得很，直系（吴佩孚的首领）又同张作霖打起仗来。广东革命政府根基已稳固，但向外发展，尚不是一时做得到的事。

何先生[1]到广州筹款，已有数月，正值事变很多，进行不无障碍。袁秀山[2]进了广东农民宣传讲习所，南岭[3]入了湘军讲武堂，现已派往韶州等处做宣传工作。罗寿荣原在许崇智部下，许的军队因有叛逆形迹，被党军解散。何先生已把寿荣荐往他处。我还没接到他的信。大约广东形势尚好，不过他们都是干的救国事业，与我境姓吴的，姓夏的，姓何的[4]，专在那边弄钱的不同。这一点是要认清的。我看我国在这十年内若不振兴，必至亡国，说不定至于灭种，万不能在这要生不

1 何先生，指何叔衡。

2 袁秀山，湖南宁乡人，女，共产党员，何叔衡妻侄女。

3 南岭，是谢觉哉堂侄，共产党员，大革命失败后，曾组织沩山农民武装起义，失败后被国民党杀害。

4 姓吴的，指吴佩孚；姓夏的，指夏斗寅；姓何的，指何键；皆为军阀。

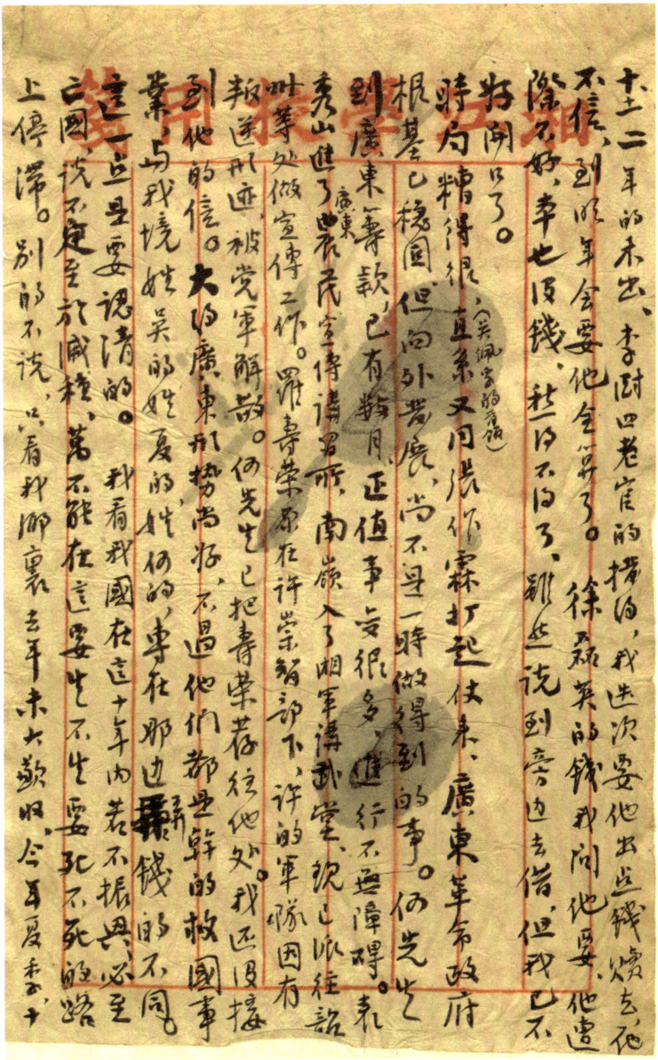

十二二年的不出，李封四老官的措施，我此次要他出些錢償去，他不信，到明年会要他全算了。徐森英的錢我問他要，他遺隊不好，本也没錢。然乃不得了，我此说到旁边去借，但我已不好開口了。

時局糟得很，直系又同張作霖（吳佩孚的首領）打起仗來，廣東革命政府根基已穩固，但向外发展，尚不是一時做得到的事。何先生到廣東籌款，已有数月，正值事多很多，進行不無障碍。表兄秀山進了廣東農民宣傳講習所，南嶽入了湘軍講武堂，現已派往韶州等处做宣傳工作。羅壽榮現在許崇智部下，許的軍隊因有叛逆行迹，被党軍解散。何先生已把壽榮薦往他处，我还没接到他的信。大约廣東形勢尚好，不过他們都是干的救國事業，与我境况的吳的姓夏的姓何的，專在那边弄錢的不同。這一点是要認清的。我看我國在這十年內若不振興，必至亡國，说不定至於滅種，落不能在這要生不生要死不死的路上停滯。别的不说，只看我鄉裏去年未大歉收，今年夏秋十

原件手迹

生、要死不死的路上停滞。

……

焕南　于湘江学校

宁乡四髯，左起：王凌波、何叔衡、姜孟周、谢觉哉（1926年）

致何秋岩[1]，自上海（1928年12月）

何秋岩岳父：

当你“八秩”大寿之年，我奔波在外，不能回来；特寄回寿联一首，聊表祝贺。

联曰：

天赐遐龄，长为乡间除疾苦。

我携巨枣，待来杯酒话沧桑。

女婿　焕南

1　何秋岩（1848—1936），湖南宁乡流沙河人。清五品军功授太学生。曾任沙溪花马池盐官，后看破官场丑恶，不愿折腰权贵，弃官从医，成为家乡著名老中医。谢觉哉敬佩这位旧学渊博、为人正直的岳父，曾跟随学医数年。此寿联是他在大革命失败后，在外地从事中共地下党活动期间，秘密捎回的家信。

谢觉哉于延安（1936年，斯诺摄）

致何敦秀，自兰州（1937年春[1]）

敦秀：

冷冷关中月，飕飕塞上风。
星霜忽十易，云山犹万里。
忆昔少壮时，春出归必冬。
蹉跎三十载，汝妪我已翁。
谓有敝庐在，偃息相与终。
岂知遭世变，地拆复天倾。
取义希往哲，随波陋时英。
遂尔从兹逝，如鸿入溟濛。
音书久断绝，生死不可踪。
累汝苦思念，暮暮复晨晨。
累汝御强暴，一夕或数惊。

1 此诗系西安事变后作于延安，1937年日记上记载："今春第一次发家信，代之以诗。"自1927年大革命失败后，谢觉哉离开湖南故乡，已有十年。

累汝家计重，荆棘苦支撑。
遥知鬓发改，不复旧时容。
我行山川异，南北又西东。
徒手出蛟窟，挥鞭入蚕丛。
血凝万里碧，日现一轮红。
容留暮齿在，行见九州同。

经历难申述，朱颜不在逢。
双瞳幸未眊，左耳似微聋。
家乡时入梦，风景依稀中。
园韭绿如褥，庭松苍似龙。
稚子已逾冠，雏孙正应门。
别离何足惜，贵不负初衷。
国破家宁在，貌衰心尚童。
偶因朔风便，一纸当告存。

焕南

一九三七年春

致何敦秀，自兰州（1937年8月）

寄敦秀《望江南》[1]数阕：

家乡好，屋小入山深。河里水清堪洗脚，门前树大好遮荫［阴］，六月冷冰冰。

家乡好，吃得十分香。腊肉干鱼煎豆腐，细茶甜酒嫩盐姜，擦菜打清汤。

家乡好，一个老婆婆。园里栽树兼扯草，庭前扫地又烧锅，喂只大肥猪。

家乡好，时序快如风。两岁笠儿能写信，张胡子已做公公，多少个儿童。

家乡好，何日整归鞭。革命已成容我还，田园无恙赖妻贤，过过太平年。

1 这首词2014年改编成歌曲《家乡好》，由张千一作曲，王丽达演唱。

春初因未得家信，词询谷谦：

调寄《菩萨蛮》

堤柳庭篁永苍碧，勺园双井都陈迹。册载记依稀，远游人未归。未必便桑海，只愁颜色改。梦魂幻也真，驰书问比邻。

焕南

致何敦秀，自延安（1939年9月8日）

敦秀：

初[1]来信："今年十月祖母六十正寿，望祖父回家。"回家，暂时不可能；寿文呢，应该写一首。

四十一年前的秋天，我和你结婚了，那天，不记得谁在房里唱"送子"，我的外公拉我进去，说是什么"大事"。现在我俩的孙男女都已十多岁了，你看时间过得多么快！

四十一年当中，我在外的日子占多半，特别是最近十几年，天南地北，热海冰山，一个信没有也不能有。最近可以通信了，但回家的机会，还得等待。如果是平凡女子的话，不免会悔不该嫁个读书郎，更悔不该嫁个革命者。

你是个不平凡的女子，记得那年fow xo[2]队闹到家里，谁都跑了；你都独自一个和他讲理，气盛理直，把那些要放火烧房子的丘八[3]骇住

1　初，指孙子学初。

2　fow xo，系指保安团，大革命失败后为国民党清剿共产党的地方武装组织。

3　丘八，指匪兵。

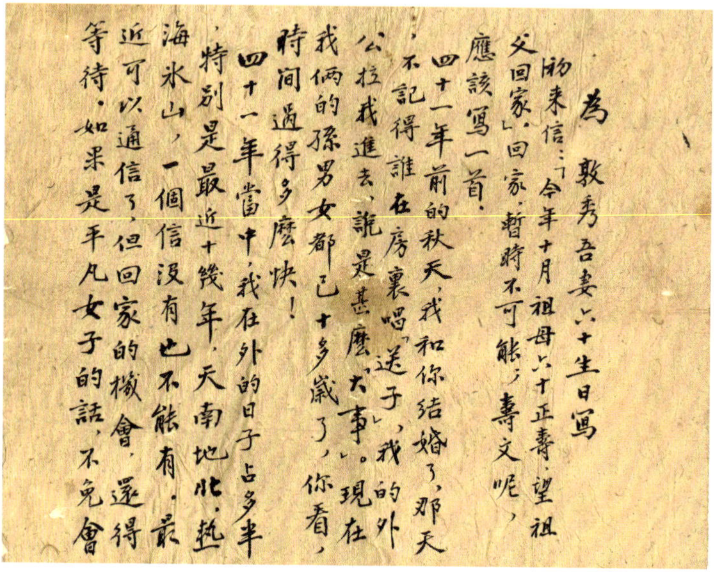
為 敦秀吾妻六十生日寫
妳来信：「今年十月祖母六十正壽，望祖父回家。」回家，暫時不可能；壽文呢，應該寫一首。
四十一年前的秋天，我和你結婚了，那天，不記得誰在房裏唱「送子」，我的外公拉我進去，說是甚麼大事。現在我倆的孫男女都已十多歲了，你看，時间過得多麼快！
四十一年當中，我在外的日子占多半，特别是最近十幾年，天南地北，熱海氷山，一個信没有也不能有，最近可以通信了，但回家的機會，還得等待。如果是平凡女子的話，不免會

原件手迹1

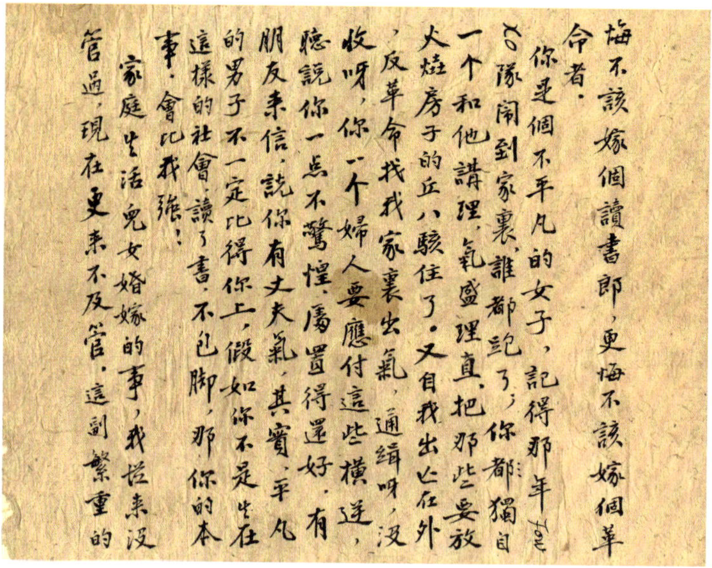
悔不該嫁個讀書郎，更悔不該嫁個革命者。
你是個不平凡的女子，記得那年紅召隊鬧到家裏，誰都跑了；你卻獨自一个和他講理，氣盛理直，把那些要放火燒房子的丘八駭住了。又自我出亡在外，反革命找我家裏出氣，逼緝呀，没收呀，你一个婦人要應付這些横逆，聽説你一点不驚惶，處置得還好。有朋友来信，説你有丈夫氣，其實，平凡的男子不一定比得你上，假如你不是生在這樣的社會，讀了書，不包脚，那，你的本事，會比我強！
家庭生活兒女婚嫁的事，我從来没管過，現在更来不及管。這副繁重的

原件手迹2

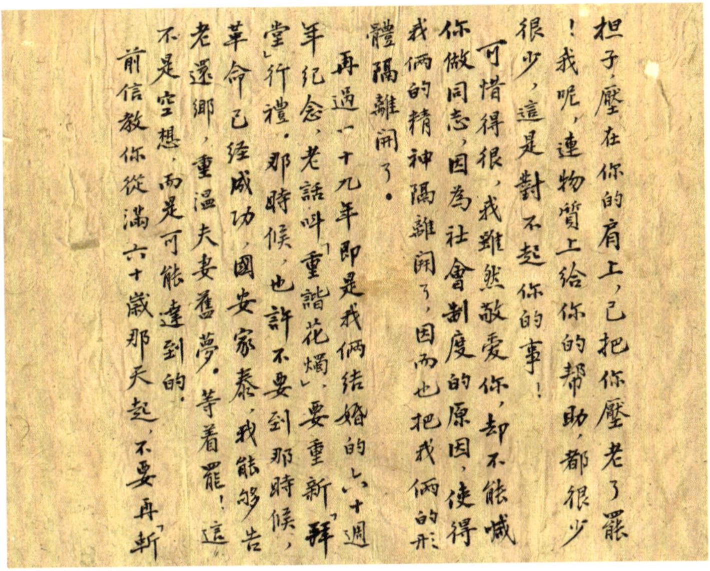
担子，壓在你的肩上，已把你壓老了罷！我呢，連物質上給你的帮助，都很少很少，這是對不起你的事！

可惜得很，我雖然敬爱你，却不能喊你做同志，因為社會制度的原因，使得我俩的精神隔離開了，因而也把我俩的形體隔離開了。

再過一十九年即是我俩结婚的六十週年纪念，老話叫「重諧花燭」，要重新「拜堂」行禮，那時候，也許不要到那時候，革命已经成功，國安家泰，我能够告老還鄉，重温夫妻舊夢。等着罷！這不是空想，而是可能達到的。

前信教你從滿六十歲那天起，不要再「斬

原件手迹3

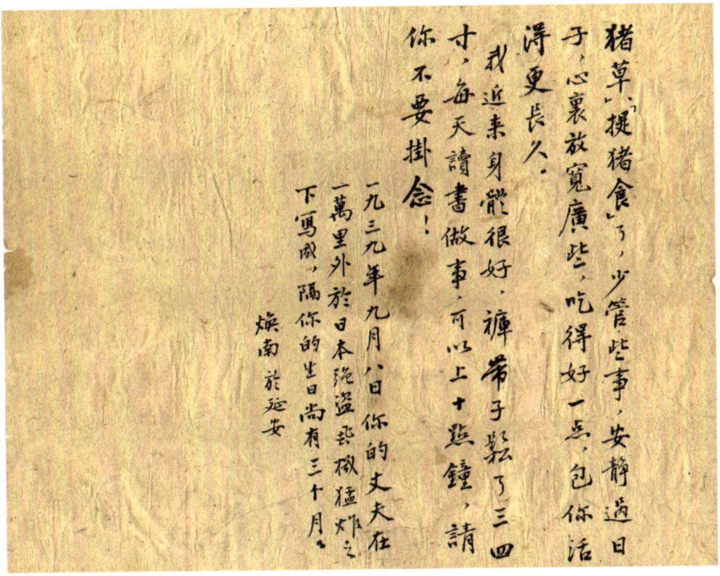
猪草」「提猪食」了，少管些事，安静過日子，心裏放寬廣些，吃得好一点，包你活得更長久。

我近来身體很好，褲带子紮了三四寸，每天讀書做事，可以上十點鐘，請你不要掛念！

一九三九年九月八日你的丈夫在一萬里外於日本强盗飛機猛炸之下寫成，隔你的生日尚有三十月。

焕南 於延安

原件手迹4

了。又自我出亡在外，反革命找我家里出气，通缉呀，没收呀，你一个妇人要应付这些横逆，听说你一点不惊惶，处置得还好。有朋友来信，说你有丈夫气，其实，平凡的男子不一定比得你上，假如你不是生在这样的社会，读了书，不包脚，那你的本事，会比我强！

家庭生活儿女婚嫁的事，我从来没有管过，现在更来不及管。这付繁重的担子，压在你的肩上，已把你压老了罢！我呢，连物质上给你的帮助，都很少很少，这是对不起你的事！

可惜得很，我虽然敬爱你，却不能喊你做同志，因为社会制度的原因，使得我俩的精神隔离开了，因而也把我俩的形体隔离开了。

再过一十九年即是我俩结婚的六十周年纪念，老话叫“重谐花烛”，要重新拜堂行礼。那时候，也许不要到那时候，革命已经成功，国安家泰，我能够告老还乡，重温夫妻旧梦。等着罢，这不是空想，而是可能达到的。

前信教你从满六十岁那天起，不要再“斩猪草”、“提猪食”了，少管些事，安静过日子，心里放宽广些，吃得好一点，包你活得更长久。

我近来身体很好，裤带子松了三四寸，每天读书做事，可以上十点钟。请你不要挂念！

一九三九年九月八日，你的丈夫在一万里外于日本强盗飞机猛炸之下写成，隔你的生日尚有三个月。

焕南　于延安

致何敦秀，自延安（1943年1月26日）

敦秀吾妻：

又是古历年底了，应该写给你一个信。

我不想问你的起居状况，因为没法帮助你，问了只是心烦；正如我也不想把我的事情一一告你一样。不过，彼此可以想像到：头发黑的已渐渐少，走路做事渐渐感到为难，吃东西不像往时一样易消化，也许还有点养身病。……

说个故事："王子去求仙，丹成入九天；山中方七日，世上几千年"。从前有个王乔，上嵩山求仙，遇到了神仙。据说他留在山中只有七日，但他一回家，人物都变了，问讯，相隔已不知道有好多年了。这故事是说山中的人感到时间很短，世上的人感到时间很长。比如我，出外快二十年了，一点不觉得很久，原因是我看见的事物，起变化还不多。但是你，一定觉得太久了：眼前儿女，已像我离家时一样的出老相；我还没见过的孙子快要讨媳妇；唱"平贵回窑"的戏愿又还过几年了，人还没有回，自然不免着急。不过这些都是空想，"人生就是这么一回事"，时间还是一样长，只要你心里放得过去，就等于过的神仙日子。

有一首诗:“少小离家老大回，乡音无改鬓毛摧［催］;儿童相见不相识，笑问客从何处来?”假如我有一天回家，恐怕不认识我的人要比认识我的人多！有人把上面的诗改了:“老大离家少小回，乡音无改嘴毛摧［催］。老妻相见不相识，笑问儿从何处来！”改得有点道理。假如我没有寄过照片，那你脑子里的我是近二十年前的我，正和你眼前的儿子一样。正如我没有看见你现在的照片，我脑子里的你不是现在的你，也许和现在家里的下一辈差不多，那末，发生认错是可能的。不过，一见面总会明白。

这都是想当然的笑话。

“言归正传”，据说你的两个媳妇待你还好，光景虽然苦一点，也许能过得去。一个媳妇[1]将要离开你，任她罢！儿子且不能长在身边，何况媳妇?已长大的儿女，最好少操些心。一代有一代的世界。

我没有好多话对你说，只愿你心里快活些，再不要劳动，少操些心。六十四五岁的人，不宜于再操心或劳动，随随便便活下去，直等到我回来。

我现在也老了，但这里享受还好，心里很舒畅，可以活下去，请勿挂念，儿子[2]已能独立作事，我也不管他！

假如邮费不太贵的话，请为我寄点茶叶来，我乡的烟茶，外面是买不到的。

这信到时，恐是仲春了。祝你健康。

焕南

一月二十六日

1 一个媳妇，即小儿子谢放的爱人吴爱春，将由家乡去延安。

2 儿子，指当时在八路军部队王震部下工作的谢放。

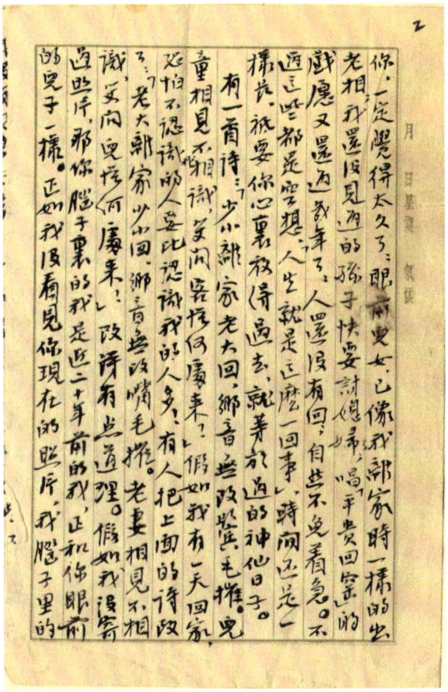
2
你，一定覺得太久了：眼前兒女，已像我離家時一樣的老相，我還沒見過的孫子快要討媳婦，唱「平貴回窯」的戲應又還過幾年了。人還沒有回，自然不免着急。不過這些都是空想，人生就是這麼一回事，時間還是一樣長，祇要你心裏放得過去，就等於過的神仙日子。
有一首詩：「少小離家老大回，鄉音無改鬢毛摧。兒童相見不相識，笑問客從何處來？」假如我有一天回家，恐怕不認識的人要比認識我的人多了。「老大離家少小回，鄉音無改嘴毛摧。老妻相見不相識，笑問兒從何處來？」改詩有點道理。假如我沒寄過照片，那你腦子裏的我是近二十年前的我，正和你眼前的兒子一樣。正如我沒看見你現在的照片，我腦子里的

原件手迹2

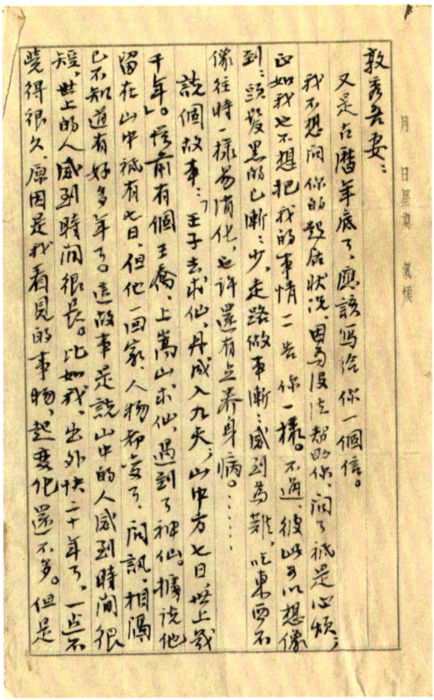
敦秀吾妻：
又是古曆年底了，應該寫給你一個信。
我不想問你的起居狀況，因為沒法幫助你，問了祇是心煩；正如我也不想把我的事情一一告你一樣。不過，彼此可以想像到：頭髮黑的已漸漸少，走路做事漸漸感到為難，吃東西不像往時一樣易消化，也許還有點老身病。……
說個故事：「王子去求仙，丹成入九天；山中方七日，世上幾千年」。據說從前有個王喬，上嵩山求仙，遇到了神仙。據說他留在山中祇有七日，但他一回家，人物都變了，問訊，相隔已不知道有好多年了。這段事是說山中的人感到時間很短，世上的人感到時間很長。比如我，出外快二十年了，一些不覺得很久，原因是我看見的事物，起變化還不多。但是

原件手迹1

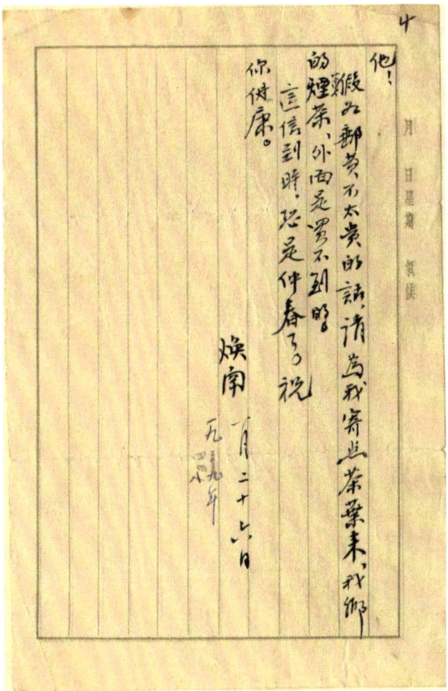
4
他！
假如郵費不太貴的話，請為我寄點茶葉來，我鄉的煙茶，外面是買不到的。
這信到時，總是仲春了。祝
你健康。
煥南
一月二十六日
一九三九年

原件手迹4

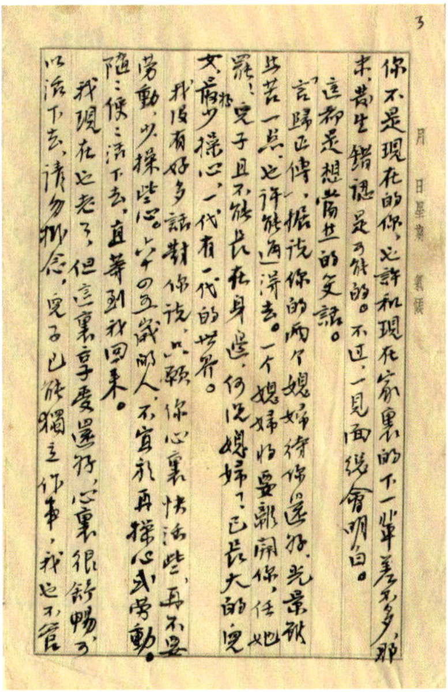
3
你不是現在的你，也許和現在家裏的下一輩差不多，那末，當然錯認是可能的。不過，一見面總會明白。
這都是想當然的笑話。「言歸正傳」，據說你的兩個媳婦待你還好，先當就苦一點，也許能過得去。一個媳婦要離開你，任她罷！兒子且不能長在身邊，何況媳婦？已長大的兒女，最少操心，一代有一代的世界。
我沒有好多話對你說，只願你心裏快活些，再不要勞動，少操些心。六十四五歲的人，不宜於再操心或勞動。隨隨便便活下去，直等到我回來。
我現在也老了，但這裏享受還好，心裏很舒暢，可以活下去，請勿掛念。兒子也能獨立作事，我也不管

原件手迹3

谢觉哉于延安（1943年）

致何敦秀，自延安（1943年2月16日）

敦秀：

接到你十一月的信，回答如下：

子杰五阿[1]，怕将八十岁了。寄回挽联，叫子谷写好送去。

姜母谢太孺人[2]灵右：

离一万里，别十八年，戚畹典型难再觌。

堂下诸雏，闺中病息，重帏号泣竟无依。

小女群英为太孺人孙媳，病目废，太孺人待之很厚。侄谢焕南自秦中寄。

五儿[3]回家接妻，是办不到的，有很多困难。自王先生[4]北上以后，那由家到重庆，须得自家设法。路费多少可以帮助些，但也要家里先

1　子杰五阿，是谢觉哉女儿群英婆家的爷爷。

2　姜母谢太孺人，是谢觉哉女儿婆家的奶奶，逝去后，家中请谢老写挽联。

3　五儿，即谢觉哉小儿子谢放（1913—1996）。

4　王先生即王凌波，“宁乡四髯”之一，王是谢觉哉私塾小金陀馆的挚友，1925年参加共产党，1937年曾任八路军长沙驻湘通讯处主任及新四军驻湘办事处主任。1942年在延安因病去世。

筹足，然后再由此间寄回归还，不能等接到钱才走，因为他妻走要等有伴。五儿夫妇，我也关心，可是他妻的来，我太隔远了，想不出法子。五儿在此尚安静，小孩子如可带，就尽量带，只要能有到重庆的路费。

“恢前[1]公房下落得[2]很！”落得怎样？下次来信可细告我。我想，落也是必然的，一是不文不武的人多了，不能生产，只想消费。二是世界大了，负担太多。怎能够不穷？听说家里小孩子还只要读书，不想耕地，将来会更不得了。应该只选择个把聪明的长读，假如都不聪明，各读几年就算了，余详前信，不再述。

焕南

一九四三年二月十六日

1 谢恢前（1858—1915），是谢觉哉的父亲。辈名先绍，字恢前，曾获清九品衔。

2 落得，指破落。

致何敦秀，自延安（1943年6月13日）

谢老太太：

前信说生活很困难，曾托友人寄回一千三百元，不知收到否？如果谷价是百把块钱一石，那可以买上十石谷子，吃得一个时期。以后又再说吧。前信讲大阿姐要我替她做篇活祭文，是哪个大阿姐？请告。濬侄[1]在哪里教书？光景还好吗？姜益吾[2]听说在开药店，生意如何？刘梅初[3]兄生的令孙，既不知道在何部队，无从查问。估计信内所说情形，不像在这里的部队里。请转告他。我的身体还好，勿念。

焕南

六月十三日

濬侄：还在二十六年春，我的一信上写了一首长诗。现忘记了。请查出抄给我。

1 濬侄，系谢觉哉过继给自己弟弟的儿子谢子谷。

2 姜益吾，系“宁乡四髯”之一姜梦周的儿子。

3 刘梅初，友人。

谢觉哉在延安（1943年）

致何敦秀，自延安（1944年1月2日）

冬秀：

此信到，应是新春了。

时间飞一般过去，人也一年年的老。我总记不清楚你满了六十四还是六十五。“七十三,八十四，还不死，冒［冇］意思。”有意思的年头，还可以有八九年。老年人不喜欢讲死，因为他隔死不远。实则死是不可免的，要有死的准备。照我乡规矩，不是很穷的人，到五十后就得备一具回老家的东西，不知你备了没有？自己山里有没有杉木？或者买几筒。总之，要准备。介儿须注意。要鲁宜也替继祖母注意。我不信风水，埋的地方，最好是屋背后，不要抬得太远。我家习惯，虽分了家，埋人的地方可不分彼我，可对年轻的说明，免得多嘴。至于我，死在哪里就埋在哪里，不要家里管。

死话说过，回头来说活话。我不知道家里每年除纳粮税外，能剩几石谷。听说你只有谷六七石，儿子也不多，既然不多，最好不另起火，省却多少麻烦。请不要操心儿子们将来论长说短，我会要五儿夫妇自己提出。孙孩子大的怕是十多岁了，要他们学习劳动——耕田、挖土、砍柴、拾粪、喂猪、扫地，样样都干。如果有一天回家，我不愿看见一群文绉绉的孩子，而愿看见“挑得起放的落”粗手粗脚的。因为这才是家庭好气象，也是地方的好气象。请把我的话告诉孩子们，如果他们不愿意听这没见过面的祖父的话，那是他们已中了邪风，要重重教训一顿。

这里是另外一个世界，我暂时不能离开。也不能常有钱给你。年底寄的六千是偶然有的。离家到现在整整十七年，当时的孩子又要生孩子了，祝你们安好！

焕南

一月二日

致又大婆婆[1]，自延安（1944年4月21日）

又大婆婆：

去年家信里说："大婆婆要祭文"，我当时不知是哪个大婆婆，听爱春[2]说，才知道是你。

如果祭文是有用而又需要我做的话，那就应该做了；我年已六十，也许先你而死，或者你死时我还没有回乡。

你的意思，是要我预先照你儿子的口气，写篇祭文；等你死后，你儿子跪在你的灵前念。但是，我想，人死了是不能吃也不能听的；我离乡太久，你儿子有甚话要说，我无从知道。不如我祭你罢，且趁你活的时候祭。今年冬季当寄点钱给我家的大婆婆，要她备办三个牲，弄点好酒，并请二婆婆、四婆婆、二姑奶作陪祭，请你来享受这活祭礼。教你侄子当你喝下第三杯酒的时候，朗念下面的祭文，你听罢！

1 又大婆婆是谢觉哉堂兄又哥的妻子，又哥早逝，后来她的儿媳又早死，她一人养大儿子，又把一群孙辈抚养成人，辛勤一辈子。她很聪明，尤善土法接生。遇到妇女难产，必请她去助产。

2 爱春，系吴爱春，谢觉哉的小儿媳。

又大婆婆：

时间过得真快！记得你嫁来的那天，穿一件蓝线棕衣，肩上披着缀红绿珠子的东西，叫“压铃子”——这个装饰，现早没有了——那时我才十二三岁，能唱礼了，一边唱，一边目不转睛地看你披着那怪东西和又哥拜堂。我父亲在旁边看着也笑了。现在，又哥死了三四十年，你我都做了人家的祖宗，也快要死了。人生就是这么一回事：生、长大、结婚、生儿子、生孙子、头发由青而白而掉落，牙齿由整齐而动摇而脱去，脸皮由好看而打皱。酒席场中被人推在上座，一直把你推到神台上去，看着酒席吃不得。后面一代代挤上来，挤得你想慢点走也不可得。

人到了死的时候，要把一生总结一下，过去是说：做不做了坏事？做了坏事，阎王不能饶你，要请和尚们念经拜忏。现在谁都知道地底下是没有阎王的，不过总结还是要。那就是说：你在世是不是空过？是不是对世上有益？对人家有益？或者对你的子孙有益？那是说你是不是个有用的人？拿这个来评论你，你是了不起的：最贤良又最能干。翁姑、妯娌、伯叔、子侄、亲戚、邻居，哪个不说你好？我从没听你讲过一句难听的话，做过半点欠理的事。尤能帮助人，对我就有过不少帮助，你有天生的保婴知识，我的几个儿女都是你接生的，只要你一来，大的小的，室内室外，都弄得有条有理，干干净净。

你一生勤劳，又哥死得早，遗给你的财产不多，却有一堆儿女。你一天到晚：种菜、拾柴、提水、洗衣、纺花、绩麻、缝补、煮饭、喂猪，不是一年两年，而是一直忙碌到现在，把家务掌持，把儿女教养得好好的。光卓[1]手废，直到现在还要像孩子一样招抚[2]；玉森媳妇早死，又遗给你一群孙子，你又把他们抚养大。爱春说：你孙子得力，你的晚景很好，穿得暖，吃得饱了。你七十以外的人还是家里一位主要劳动者。你一生吃得苦，不怕难，从艰苦困难中开辟了一条大路。

像你这样的人，如在我们这里——我住的地方，那不仅生活过得很好，而且一定佩红花、坐汽车，这里请你吃饭，那里请你演说，尊你为劳动英雄，比中举进学还要贵气。

我的话是真的。妇女该出头，能劳动的妇女更该出头。在座的大婆婆、二婆婆、四婆婆、二姑奶，都有些像你，没闲过，到老也不闲，冲破了困难，支持了生活，应该受到社会上的尊敬。劳动创造一切，高尚出于平凡，只要你们能活下去，不久就可以亲眼看到。

一点应该向你抱歉的，我们兄弟，算我多读点书，大家都看重我，可是我对你们一点帮助没有。六十多了，今后也不会有多的希望。

我只希望有机会亲自活祭你几次！

满满地干一杯吧！祝你不死。祝陪祭的人都不死。

你如喜欢我写的文章，就把这个交给儿孙们永远保存，作为纪念。也好。

焕南

一九四四年四月二十一日

1 光卓、玉森是又大婆婆的儿子。

2 招抚，系方言，意照顾。

附：由又大婆婆要祭文想起

十二三岁时，伯父教我赞礼，自此，任何祭典，总有我的份。死了人叫去做“水引”——写讣文、领帖、请帖等，照例和“总管”房隔窗。伯父又教我大功、小功、期服、齐衰、斩衰、主丧、护丧等区别。

稍微能动笔了，族戚中死了人，给我的工作，赞礼外是做祭文，恭而敬之地待我。一位舅祖母死了，没人做祭文，派到我，我才十四五岁，一位先生说：“你能做上七百字算你能！”及见我不一个时辰，就写上一二千字，他就咋舌。

有些要送人挽联或祭文的，常找我，我不耐烦，则找我老婆；老婆答应了，磨起墨坐在旁守着，非做不可：“你又不费力，一刻就写好了，为甚不给人做？”

死了人，讲礼的不请和尚而请先生，行儒教，甚么“文公家礼”，择净室设朱子位。主持此礼的是丧家请的大宾。治鬼也喊礼，请大宾来搞几天。我也曾被请去当过治鬼大宾。

族中有位老者，一天请我及和年龄差不多的书生到他家，夜间席上传授我等符法，即丧事中驱邪封臬等，说只要记着传授时情状，照念咒语，无不验的。

我宗家谱，是我伯父柏锴修的。续修的希望，伯父是寄在我身上。大革命时续修，族人务要我回去，我没有回。有点使那些热心的族长们失望。

这里看出一个问题，封建时代的儒人，是帮闲人家红白喜事的，“经礼三百，曲礼三千”是红白喜事的封建经典。从孔夫子直到现在，还没有大改变。所以我家又大婆婆，几千里来要篇祭文，因为我是他目中的儒者。

致何敦秀等，自延安（1945年4月3日）

谢太太、介及濬[1]：

看了你们的信，知道你们的生活很苦："过年渡水，称几斤肉"，"好久喝不到酒"，"四婆婆[2]连油盐都欠缺"，还要一天忙到晚，都是六十开外的人了。但这又有甚么办法？只好慢慢地挨去。爱春说姜家两亲家要买皮桶，已买到两件。先设法寄回一件，另一件备秋后寄到。本来亲戚人家应该奉送，不过我是没钱养家的，家里又穷，可以接受他的钱。这里长皮桶值两万多元一件，这里的钱比法币低。我也说不清值多少法币，大概是万把块吧。大概一件皮衣约值我境谷子十石光景。皮子到时，酌量作价好了。

小孩子多，家里养不起，可不可以设法送五六个到姜家姑爷处，身子强点又跳［调］皮，可以离开家的，设法找个妥人送。路费若不

1 介及濬，儿子廉伯、子谷的别名。

2 四婆婆，是谢觉哉四弟谢式坤的妻子。

够，可请重庆朋友帮助一点，我当拜托钱先生[1]打招扶[2]。冰儿[3]自己劳动养家很好，我听了非常高兴。靠遗产生活，是最没出息的人干的。现在国家提倡生产，不作兴这种人，这种人也必然没落。听说友仁族中设在杨八烂故宅杨的孙子和我同年进学，不过三四十年连住宅也卖了。这样的家，怕到处皆是。

初中程度，不及昔日高小，自然有种种原因。但教师也应负责。当教员一边教，一边学，如果教师不进步，学生进步定是有限。我现在每天总要学习二三小时，因为不这样就会落后。濬年尚轻，进步还可无限。王子泸先生年龄似和我年相仿，那年我取府首，他取县首，后很少会过面。望为我致意，祝他健康。

离家太久，相亲相识的都是老人了。四舅阿公、翰四公、子杰、五阿公、绍五公、伯祖母、二姑媄姐［毑］[4]，家中自继祖母以下为我一一问好。闻冬姊[5]头发全白，还能自己种菜、喂猪、洗衣、做饭，不过应该吃得好一点，不要太省了。我自然也老了，但还没甚么病。生活很快活，不需远到人挂念。

祝你们都好。

维鋆　字

四月三日

1　钱先生，指钱来苏先生。

2　招扶，系方言，指招呼。

3　冰儿，系冰茹，谢觉哉的小女儿。

4　四舅阿公、翰四公、子杰、五阿公、绍五公、伯祖母、二姑媄姐均为谢老家乡的亲戚。

5　冬姊，系何敦秀夫人。

关淑[1]有六男一女，负担不易。可选大点的二三个送来。淑英孩子说很弱，也可送一个出来，连同爱春的。总之由你们的母亲决定，我不多管。要有一个人送。我已告蔼女，等她的信，才走。我在远处，不能决定。

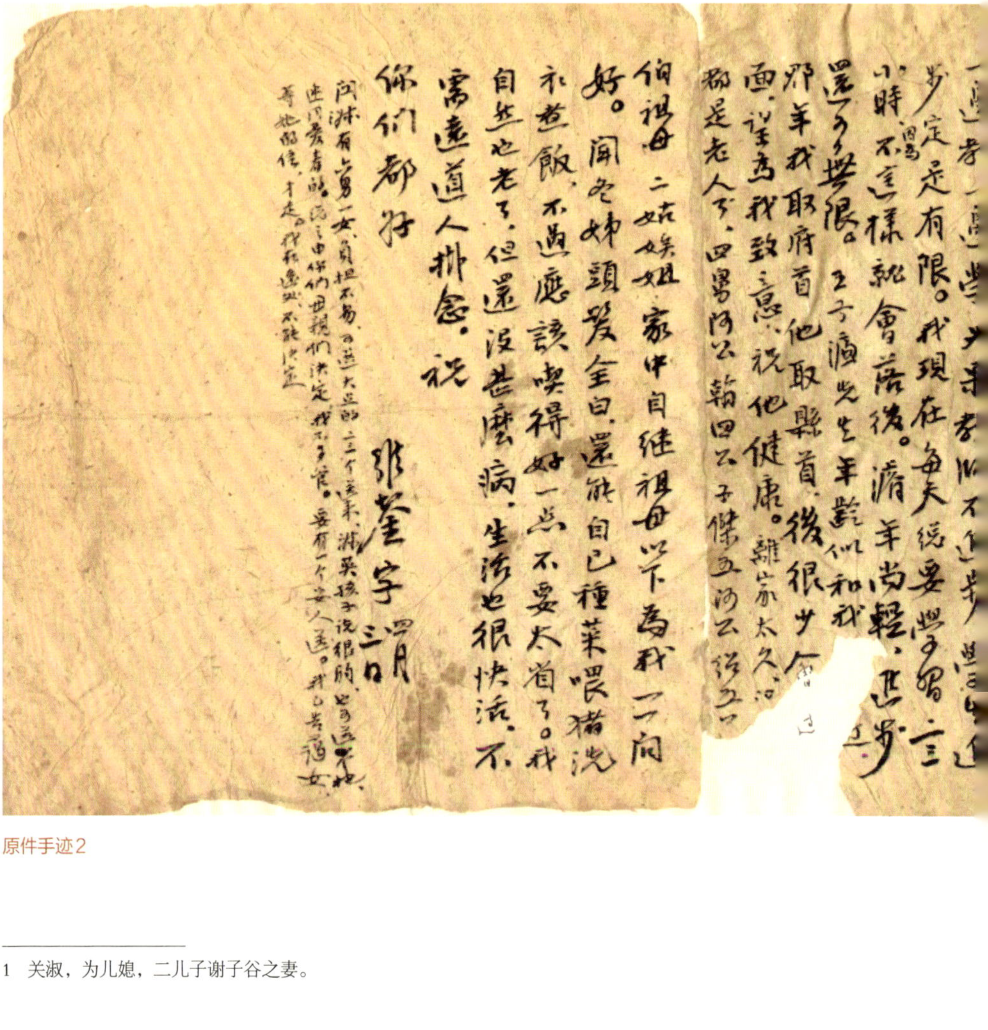

伯祖母　二姑　姨姐　家中自继祖母以下为我一一问好。闻冬妹头发全白，还能自己种菜喂猪洗衣煮饭，不过应该吃得好一点，不要太省了。我自然也老了，但还没甚么病，生活也很快活，不需远道人挂念。祝

你们都好

张鉴宇

关淑有六男一女，负担不易。可选大点的二三个送来。淑英孩子说很弱，也可送一个出来，连同爱春的。总之由你们母亲决定，我不多管。要有一个人送。我已告蔼女，等她的信，才走。我在远处，不能决定

原件手迹2

1　关淑，为儿媳，二儿子谢子谷之妻。

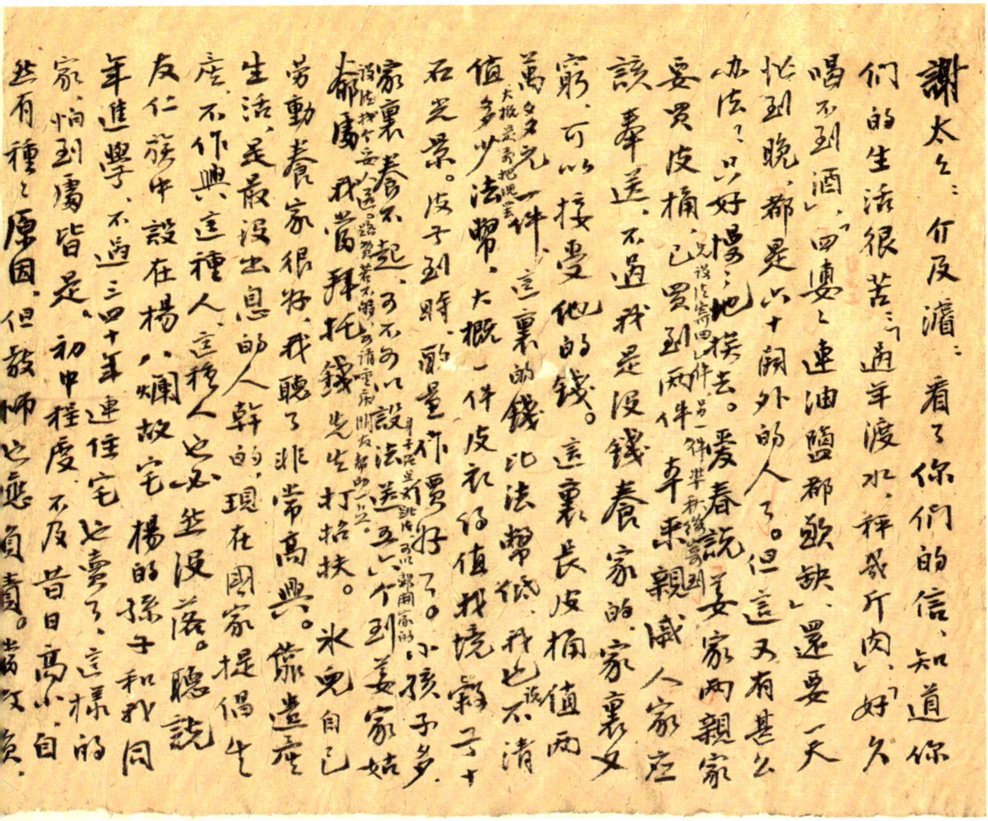
謝太太：
介及濬濬：看了你們的信，知道你
們的生活很苦，過年渡水，秤幾斤肉，好久
喝不到酒，四處要連油鹽都欠缺，還要一天
忙到晚，都是六十歲外的人了。但這又有甚么
辦法，只好慢慢地挨去。愛春說姜家兩親家（先設法寄四件，另一件半秋後寄到）
要買皮桶，已買到兩件，卓棠親戚人家應
該奉送。不過我是沒錢養家的，家裏又
窮，可以接受他的錢。這裏長皮桶值兩
萬多元一件（大概是寄把現金），這裏的錢比法幣低，我也不清
值多少法幣。大概一件皮衣約值我境幾千十
石米。皮子到時，酌量作價好了。小孩子多，
家裏養不起，可不可以設法送五六个（年十歲上下的，可以都用家的）到姜家姑
都處（設法找个妥人送，一路費若不夠，可請雲衢朋友幫助一下），我當拜托錢先生打招扶。冰兒自己
勞動養家很好，我聽了非常高興。儉遺產
生活，是最沒出息的人幹的。現在國家提倡生
產，不作興這種人，這種人也必然沒落。聽說
友仁族中設在楊八爛故宅，楊的孫子和我同
年進學，不過三四十年，連住宅也賣了，這樣的
家，恫到處皆是。初中程度，不及昔日高小，自
然有種種原因，但教師也應負責。當文炱。

原件手迹1

致何敦秀，自延安（1946年1月27日）

老太太：

又好久没写信了，一分手就是二十年，人生能得几个二十年？老的死了，少的老了，我的须发白完了，估计你的头发也不会有多少黑的了。儿女们怕也要老了。蔼英[1]的样子，我记不大清楚，她竟等不得再看见爸爸就死了，真可惜。

家里的景况，大概一天不如一天？我目下还没法帮助，等着吧！一群小孩子怎么办？大的，可不可能送几个到我这里来。爱春已去上学，孩子已周岁了，放儿[2]想还好，因为住远了，不易来信。

似乎世界快太平了，会面的时期或者不远。

祝合家安好！

焕南

在腊月二十五日

1 蔼英，为谢觉哉与何夫人的二女儿，1945年病逝于重庆。大女儿琼（群）英，患眼病失明；小女儿名冰茹。

2 放儿，系谢觉哉儿子谢放，其妻吴爱春1943年投奔延安参加革命，共产党员。

梦公的传不知已收到否？

附录诗几首：

……

哭蔼英

欲哭无从哭，十九年前貌恍惚。欲哭苦无泪，丧乱重重乡里隔。我离家，汝尚雏[1]。惭我拙，教养疏。依母朝朝事劳作，望父年年消息恶。年来书信偶然通，只闻其声不见人。

去年来信，盼我到渝，南来北上，聚首欢愉。

汝正年青我发白，青年竟不老翁待。塞北有父别太长，天南有母愁欲绝；巴山雨，沩峤云，延州月[2]。

1　作者自注：蔼儿生后，我常不在家，最后一次离家，她才十岁，容貌已记不全了。

2　指蔼英死于四川，老妻住在宁乡，自己在延安，悲恸在不言中。

致何敦秀，自延安（1946年2月8日）

敦秀太太：

接冰茹信说三个小孩都死了，可惜。乡村穷苦，医药、营养恐都不够，遂至如此。我家三女命运都差，远道听了有点难过。世界大概会太平了。家里的事会渐渐好起来，请勿着急。

爱春已入学校，小孩还长得好。五儿现不在此地，不久他会有信给你。这里过旧历年很热闹，到处闹秧歌、唱戏，看不赢。前月给你的信，不知到否？现没有得写，录首诗罢。

依韵答木老新年咏

孩提一语甚分明，又是投降罢甲兵。破碎卅年成浩劫，艰难百战只余生。从兹奋斗呈新样，勿许人间有不平。六十三龄春又至，惭余意气尚纵横。

喜得放儿信

念儿征途远，经年未得书。初投班子笔，曾绝太真裾。饥病一呼起，枪囊万里俱。者番经历后，甘苦竟何如。

古正初七　焕南

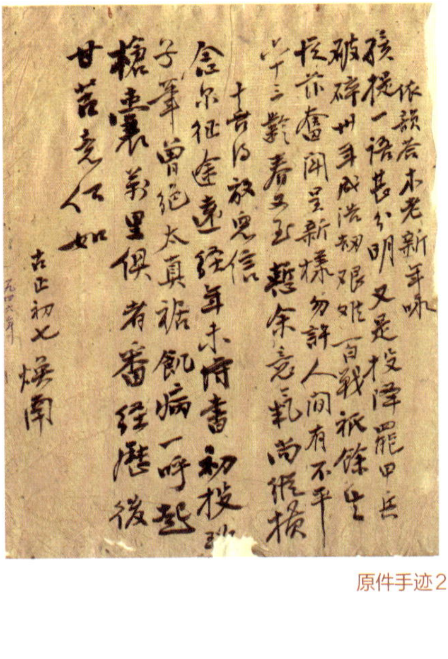

依韻答木老新年詠
孩提一語甚分明，又是投降罷甲兵。
破碎卅年成浩劫，艱難百戰祇餘生。
桂茶奮鬭呈新樣，勿許人間有不平。
六十三歲春又到，慰余意氣尚縱橫。
十六日接兒信
念爾征途遠，經年未得書。初投班子筆，曾絕太真裾。飢病一呼起，槍囊萬里俱。者番經歷後，甘苦竟何如。
古正初七　煥南
一九四六年

原件手迹2

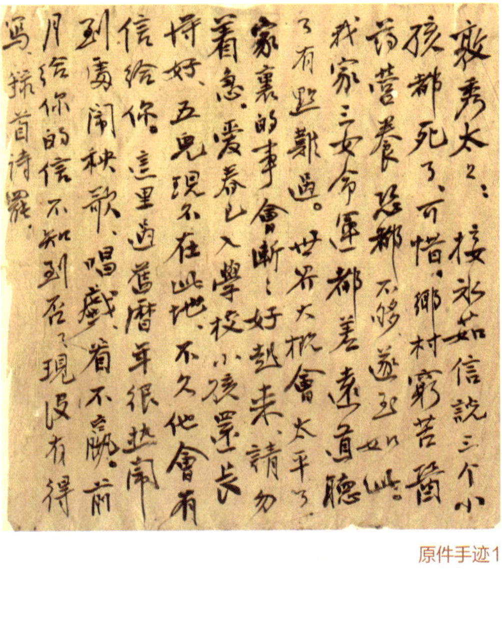

敦秀太太：接永茹信說三个小孩都死了，可惜。鄉村窮苦，醫藥營養很難，不够，遂至如此。我家三女命運都差，遠道聽了有點難過。世界大概會太平了，家裏的事會斷斷好起來，請勿着急。愛春已入學校，小孩還長得好，五兒現不在此地，不久他會有信給你。這里過舊曆年很熱鬧，到處鬧秧歌、唱戲，看不勝看。前月給你的信不知到否？現沒有得寫，抄首詩罷。

原件手迹1

致谢放，自山西后甘泉[1]（1948年2月6日）

正行[2]：

爱春来接到信。二十年前长沙某相士相我寿只六十四，现已到了。昨寄国仁[3]信说：袁子才除夕诗，有“诸公莫笑袁丝（人名，汉朝的，名袁盎）达，未到天明我尚愁”。袁因命者谓他寿止此岁，后袁又活了二十多年。除夕快来了，相士若灵，此信到姜手，当在明正，我应该早死了。写了首打油诗：“做天和尚撞天钟，八八年华倏已陈，真的钟绳悬欲绝，五更应作巨狮鸣”。

我近来身体似差点，不能多做事。但检查还没有病，如无意外，活一二十年不是不可能。近来杂事做得少，凡有人做的，我即偷懒，必须做的又常非秘书所能。只好听之。

“一接触事物，即不能辨别是非”，能感到此已很好。逐渐会可能辨别一些，这要累积经验，熟识道理，还要果断。才会不为另一种现

---

1 1947年3月国民党胡宗南军队进攻延安，谢觉哉随中央撤出，月底至山西临县后甘泉村。在此居住一年，参加中央法律问题研究会，起草未来人民共和国的新宪法及创立新民主主义的法律理论。

2 谢放，字正行。

3 国仁指姜国仁女士，为王凌波的夫人。

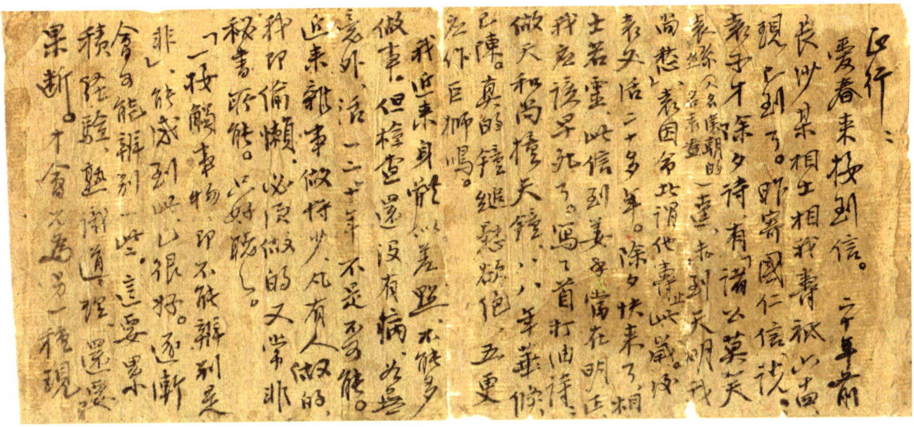

正行：
愛春來校，到信。二十年前長沙某相士相我壽祇六十四，現已到了。昨寄國仁信談：袁子才除夕詩，有"諸公莫笑袁絲（人名，漢朝的）老，未到天明我尚愁"。袁因命理謂他壽止此歲。後袁又活二十多年。除夕快來了，相士若靈，此信到美，兒當在明正我應該早死了。寫了首打油詩："做天和尚撞天鐘，八年華僑已陳。真的鐘繼懸懸他，五更應作巨獅鳴。"
我近來身體比較差點，不能多做事，但檢查還沒有病，或是意外，活一二十年不足為奇。近來雜事做得少，凡有人做的，我即偷懶，必須做的又常非秘書所能。所好聽了。"一接觸事物"，即不能辨別是非，能成到此，很好。逐漸會能辨別一些。這要累積經驗，熟識道理，還須果斷，才會成為另一種現

原件手迹1

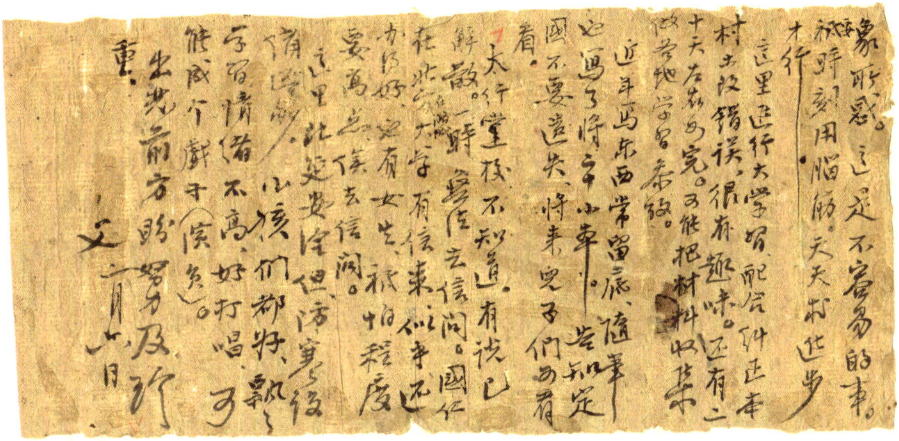

象所感。這是不容易的事。須時時刻刻用腦筋，天天有進步才行。
這里進行大學習，配合研究本村土改錯誤，很有趣味。還有二十天左右可完。可能把材料收集做學習參考。
近年寫東西常留底，隨筆也寫了，將來小本小。若知定國不要遺失，將來兒子們可看看。
太行堂孩不知道，有說已解散，一時無法去信問。國仁在北方大學有信來，似乎還要高些，俟去信問。只有女生，祇怕程度。
這里比延安涼，但防寒設備好。小孩們都好，就是學習情緒不高，好打唱。可能成個戲子（演員）。
望你前方努力及珍重。
文　二月六日

原件手迹2

象所惑。这是不容易的事。只要时刻用脑筋，天天求进步才行。

这里进行大学习，配合纠正本村土改错误，很有趣味。还有二十天左右可完。可能把材料收集做各地学习参考。

近年写东西常留底，随笔也写了将二十小本。告知定国[1]不要遗失，将来儿子们可看看。

太行党校不知道，有说已解散。一时无法去信问。国仁在北方大学有信来，似乎还办得好，也有女生，只怕程度要高点，俟去信问。

这里比延安冷，但防寒设备还够。小孩子们都好，飘飘[2]学习情绪不高，好打唱，可能成个戏子（演员）。

出发前方盼努力及珍重。

父

二月六日

1 定国，即谢觉哉1937年于兰州结婚的夫人王定国。

2 飘飘，系谢觉哉与王定国的儿子，时年九岁。

致谢放、吴爱春，自河北西柏坡（1948年5月3日）

正行、爱春：

四月七日信收到。

自来政府[1]，工作颇忙一点，不少东西待看并要动笔，找不到得力秘书。身体似乎老了一些，易倦，只眠食尚佳耳。定定[2]较进步，百把字的文章还清楚。飘飘不好学，体正弱，现正在病。飞飞已入学，性沉静，体子也不好。列列性烈，顽皮。七七聪明好动，是否会（成）器？待看。定国近亦参加工作，忙无停止。北平地址好，有树木，他是一消费城市，不少人是靠伺候人生活的，今后改变，须一过程。你正在武装思想，很好。这个武装很不易到家。要心虚、好想，要常和小资习气作战，尤其要学会马列主义的思想方法。细读毛泽东选集就会懂得。

1　1948年4月，谢觉哉随中央法律研究会移至河北平山县西柏坡，开始制定《各级人民代表会议组织条例草案》等文件。8月移至石家庄，参加新成立的华北人民政府，任司法部长。

2　定定及后面的飘飘、飞飞、列列、七七为谢觉哉与王定国的儿女。

小怡[1]长得还好吗？并问。愿你们好！

焕南

五月三日

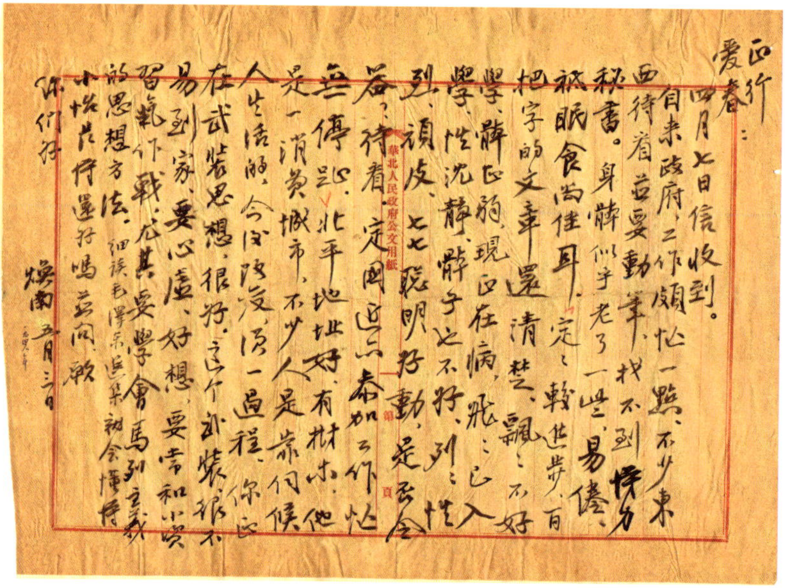

正行

爱春：

四月七日信收到。

自来政府，工作颇忙一点，不少东西待看并要动笔，找不到得力秘书。身体似乎老了一些，易倦，祇眠食尚佳耳。一定一定较进步，百把字的文章还清楚。飘飘不好学，静正的，现正在病，飛飛已入学，性沈静，静子也不好，列列性烈，顽皮，七七聪明好动，是否会答？待看。定国正在参加工作，忙无停趾。北平地址好，有材料，他是一消费城市，不少人是靠伺候人生活的，今后须设一过程。你正在武装思想，很好，这个武装很不易到家，要心虚，好想，要常和小吴留意作战，尤其要学会马列主义的思想方法。细读毛泽东选集和会懂得

小怡长得还好吗？并问。

你们好

焕南 五月三日

华北人民政府公文用纸 第 页

原件手迹

1 小怡，应为小延，系谢放和吴爱春在延安出生的女儿，时年三岁。

致谢子谷，自北京（1949年某日）

子谷：

又接子谷自长沙来信，知道一切。背时的白眼，值不得记忆。革命，是使全体（绝大多数）人民翻身，不是哪几个人翻身的事。有些人不明了，说了或做了对不起人的话或事，只要他本人不是反革命，也就算了。人的度量要大，眼光要远，切不要骄傲，令人有现在是你们的势力之感。

生日我们是不做的，不应做也做不起，不过乡里有些亲戚邻友要来看，也没有不可以。可告诉你伯母[1]，我现在颇忙，无法回家。你要来看我一次，未始不可以，但不要急。如果寒假以后，从长沙到北京的铁道已修复，来一趟容易，旅费也较容易筹。届时再写信给你！群英信也收到了。可怜的儿！

王定国附以问候各位安好。

父

1　伯母，指谢觉哉夫人何敦秀。谢子谷自幼过继给谢觉哉弟弟，故称伯母。

定定（女，十一）、飘飘（男，九）、飞飞（男，七）、列列（男，五）、七七（男，二）、嘉平（义女，十五）[1]

1 上列谢觉哉与王定国在北京的孩子与义女名，及当时年岁。

致谢子谷、谢廉伯，自北京（1949年9月7日）

子谷、廉伯：

再把你们的信看一下，只接到一次信，家乡情形没有写。一群孩子要读书，读甚么书，读了作甚用？似乎没有想。学安[1]说在土木科毕业了，能不能起房子，做木活？如果能，那就学得对，如果不能，那为甚不跟谢九木匠或谭四铁匠[2]当徒弟？要知道今后吃得开的不是岳三老爷，颜满老爷[3]或什么老爷先生之类，而是要周大老倌、何作圣大胡子、姜二一木匠，肖十瓦匠[4]他们出来管事。自然他们也要读书，但如只读书不劳动，那就没他们的份儿。二十多年前廉伯参加一次农协会，甘心做农民了，大概因为农协失败，这思想就忘了。据说冰茹织布、肩着机子到人家去织，那很好，不知现在如何？

你们必要把这问题弄清楚。

1　学安，系谢觉哉大儿子廉伯的大儿子。

2　谢九木匠、谭四铁匠，为家乡的手艺人。

3　岳三老爷、颜满老爷，为家乡的地主乡绅。

4　周大老倌、何作圣大胡子、姜二一木匠、肖十瓦匠均为家乡的长工与手艺人。

写至此，接了子谷八月十五信内，有怡仁[1]、学初[2]两纸，家里大小学生有十二个，哪些将来可种地学手艺，哪些宜于做别的事，做父母的应该心中有数。我的意见：年纪大点的，有的可进短期训练班（估计长沙会办），改正下脑筋，即可做一般工作，有的学工学医，可进工厂或医院或工医学校，如有宜于学外文的，可学俄文……，这样的学校，虽然长沙目下不能办，但必会办。怎样办去呢？子谷可去长沙找共产党，如肖劲光司令[3]、袁任远副主席[4]等。报告他：你是我的儿子，有些孙子要学习，家里情况如何？只要这些孩子不是二流子（好吃懒做的名字），不是蠢宝，他们会照顾的，把他们送到不要花钱的地方去。小的上小学的，也许会有不要钱的学校，也可要求送去。这些事，不定能即办到，因为他们还在忙于打仗。去报个名，也是好的。推出去几个孩子，家中就会好过点。至于子谷，未必能离家，也可要求在省受训找点工作做。不要来北平。可来时给你信。

革命了，世界变了，叫做工作，不叫“找事”。比如我在这当部长，不是官，公家只管穿、吃、住；小孩给津贴，上学不要钱；孩子的母亲，也得自己做工作。吃伴进饭，是被人看不起的，除非是老了或残废。晋藩是谁？要做工作，可在本地投效。北平正派人南下，这里是不需要人的。

我老了，绝不再替人做这些事，也不可能做。子谷在长沙，要把

---

1 怡仁，现名谢延仁，系谢觉哉三儿子谢放的大女儿。

2 学初，系谢觉哉二儿子谢子谷的大儿子。

3 肖劲光司令（1903—1989），湖南长沙人，中国人民解放军大将，曾任海军司令、国防部副部长。1949年任第四野战军第12兵团司令员，参加渡江战役；解放长沙后，兼任湖南军区司令员。

4 袁任远副主席（1898—1986），湖南人，曾任内务部副部长、青海省省长等职；1949年至1953年任湖南省人民政府副主席。

姜阿四、何阿五[1]的情形告诉党。前些年有人寄钱给你母亲，是公家给的，我个人没有钱。

正行、爱春在西安，好久没来信，正行从军，几乎死了，爱春学看护，背包袱同军队走，报上还称赞她。他俩多少有了点锻炼，只作用不大。孙子们谁的文采好些，下次告诉我，送点作品来看看。

焕南

1949年9月7日

1　姜阿四，系“宁乡四髯”之一姜梦周的亲属；何阿五，系何叔衡的亲属。

致谢廉伯、谢子谷，自北京（1949年10月4日）

介、濬同看：

前致两信谅到。

子谷在校要看看报纸，研究下革命道理。在来信中看到你们脑子里只有一个小圈圈，里面有十来个孩子。你不知道、也没有看到还有个大圈圈，看不到大圈圈，因而小圈圈里的是无法解决。为他苦闷，苦闷不已，想向外一推了事。可是不可能这样便宜。学安、芝初[1]等要来京，我拒绝了，这里没他们的事。已告诉他们自己去活动。学初自武汉来信，这孩子似还不错，已教他去见见李主席[2]。（因为我这里没有钱寄他。）

你们来信笼统说一群孩子，甚么儿，甚么儿，你应该知道这群孩子差不多我都没有见过。哪个长，哪个短，能学甚么，能做甚么，你以为我早知道了？不则是你们就没分析过。好在我不管，要管也不好怎么管。

1　芝初，系谢子谷之子。

2　李主席，系李先念，时任湖北省主席。

觉哉

十月四日

我现在颇忙，左右连会写的人都没有。但孩子们要能够替我一点忙，至少还须锻炼几年才行。

一九五〇至一九六〇年代

50 年代谢觉哉在伏案写作

1949年10月，新中国成立后，谢觉哉被任命为中华人民共和国政务院政务委员、中央人民政府内务部部长、中央人民政府法制委员会委员、中央人民政府政务院政治法律委员会委员等职；1959年后，又任最高人民法院院长、全国政协副主席。本节书信收集了这一时期他与宁乡家人们的通信四十二封。

时谢觉哉在故乡的儿女已经年过半百，孙儿女们也日渐上学、成人。谢老与他们多有通信。1957年、1960年、1961年，谢觉哉曾三次回湖南故乡探亲，书信中记叙了他的乡情及对故乡发展的意见。

书信中还涉及了他处理与原夫人何敦秀的关系；教导儿女子孙们在土地改革、合作化、“大跃进”等不同时期，遇到的劳动、择业、生活、家庭、疾病等问题，具有丰富的历史、社会与人生价值。

谢老家乡的儿孙们（1950年）

致谢子谷、谢廉伯，自北京[1]（1950年1月21日）

子谷、廉伯：

儿子要看父亲，父亲也想看看儿子，是人情之常。

刻下你们很穷，北方是荒年，饿死人；你们筹措路费不易，到这里，我又替你们搞吃的住的，也是件麻烦事。如你们还没起身，可以等我一下，等到今年秋收后，估计那时候光景会好一些。到那时来看我，是一样的。打听便车是没有的。因为任何人坐车，都要买票。

你们会说我这个官是“焦官”[2]。是的，“官”而不“焦”，天下大乱；“官”而“焦”了，转乱为安。有诗一首：

你们说我做大官，

1　此信于1950年1月21日写于北京。1949年10月，谢觉哉出任中央人民政府内务部部长的消息传到偏僻的家乡后，乡亲们议论着：穷山沟里出了个大官，真了不起。家里人也想去北京找个好前程，于是谢觉哉给在家乡的儿子写了这封信。

2　焦官，湖南方言，指不挣钱的官。

我官好比周老官[1]（奇才大老官）；

起得早来眠得晚，

能多做事即心安。

问你母亲好。

父　字

一月二十一

1　周老官（倌），姓周名奇才，是谢觉哉同村的一位勤勤恳恳的老雇农。在旧社会里一直给人当长工，辛辛苦苦干了一辈子。但他心灵手巧，能做各种酒菜，乡间婚丧大事，都请他去做厨，是一位可敬的老人。谢觉哉曾写诗称赞他。诗曰：生来脸黑号奇才，诚实勤劳口少开；越吃苦来心越静，晚年耳更不闻雷。

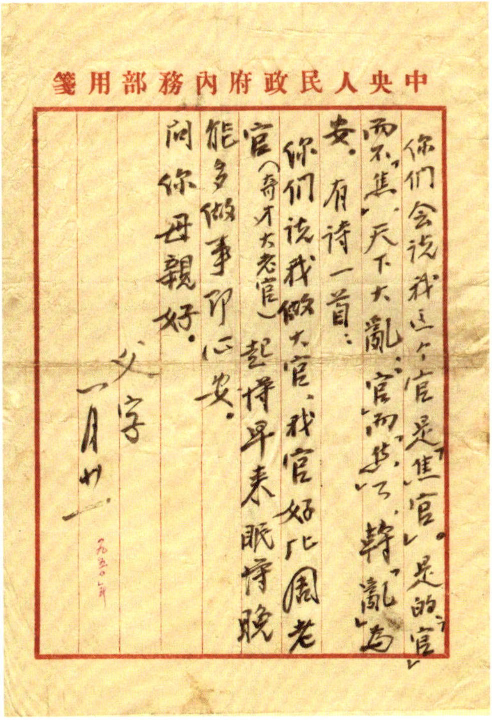

中央人民政府內務部用箋

你們会說我這個官是"焦官"。是的，官"[illegible]"而不"[illegible]"，天下大亂；官"[illegible]"，"轉"亂為安。有詩一首：

你們說我做大官，我官好比周老官（奇才大老官）。起得早來眠得晚，能多做事即心安。

問你母親好。

父字

一月廿一

一九五〇年

原件手迹2

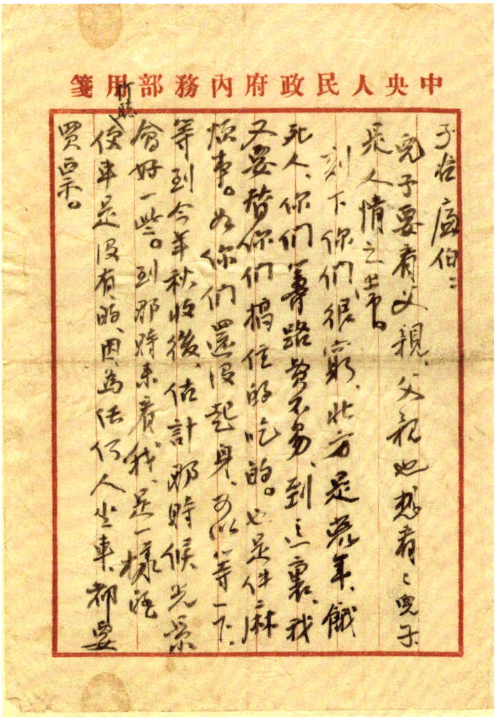

中央人民政府內務部用箋

子谷、廣伯：

兒子要看父親，父親也想看看兒子，是人情之常。

刻下你們很窮，北方是荒年，餓死人，你們籌路費不易，到這裏，我又要替你們搞住的吃的，也是件麻煩事。如你們還沒起身，可以等一下，等到今年秋收後，估計那時候光景會好一些。到那時候來看我，是一樣。新聞俟車是沒有的，因為任何人坐車，都要買票。

原件手迹1

致何敦秀夫人及儿女，自北京（1950年8月15日）

冬秀姊并廉伯、子谷、群英、冰如［茹］、岂凡、吉祥[1]：

六月三十日，中央政府颁布了土地改革法，同时还公布了刘副主席[2]关于土地改革法的报告。这两个文件，天公地道，必须执行。各地方的农会政府人员，都要好好学习这两个文件，研究清楚，免得在执行时犯错误。

你们是革命家属，也要学习这个文件，坚决拥护这文件，帮助人民执行才是道理。至于你们本人到底是什么成份？土改法上写得清楚，自己去查对一下，不是地主就不是地主，是也不要紧，政府法令上已给了出路。

现在是人民革命时代，大家要进步，要明白革命道理。小的一辈他们向前飞进了，学安、延仁、笠仲[3]他们来信都很好，高兴做他们

1 岂凡，即吴岂凡，谢觉哉的侄女婿；吉祥，即谢寄祥，谢觉哉的侄女。

2 刘副主席，系刘少奇副主席。1950年6月30日，毛泽东颁布命令，公布施行《中华人民共和国土地改革法》。谢觉哉参加了土地改革法的修定。

3 学安、延仁为孙儿女；笠仲，为侄儿。

的事去了；中年的一辈，像子谷，如能不畏艰苦、把友仁[1]支持，改变过去混饭吃教书的态度，真抱着为人民服务的态度，一二年后学校必会好，人民必会赞成你。廉伯搞合作社，合作社是关系人民生活一件很大的事，但一定要是合作社，而不是一个普通铺子，要处处为社会谋利益，为地方谋利益。久之，合作会发达，人民也会赞成你。人民赞成你，也必不会亏你。冰如［茹］是个手工业工人，群英虽然残废了，土地法对孤寡、缺乏劳力的人有照顾的；据说家里人都能劳动，应该都折过这页书，向前看，向将来看，暂时有点不习惯，有啥要紧。七八十的老年人，像你们几位老太婆，也应该变，活了一辈子，看到这样天翻地覆的事，应该高兴，应该学习新道理，如你们不懂，可要子谷他们念报给听，可要延仁、学安他们告诉你。

告诉亲戚朋友们，哭哭啼啼磕头，没有用的，是没有出息的孩子做的，你们更不要这样。我看了就心恶，只好不理。

革命是整二流子的。除开老小残废，可得到社会照顾外，一切能做事的人或者劳力或者劳心，都要不做社会寄生虫，寄生虫是没有地位的。

四婆婆[2]要立个孩子，我是无可无不可。相片廉伯带得有，喜欢要谁就是谁。要告诉她：这几个小孩子不知道有家，不知道是哪里人，抚了他是挂名，回来很难，甚至不可能。这些孩子长大了，不知会飞到哪里去，飘飘[3]才十一岁，放假就不落屋，每晚要打电话找，丢是丢不了，做父母的总有点不放心。抚个孙罢，那就和大婆婆二婆婆商量。

1　友仁，指子谷任教的宁乡友仁中学。

2　四婆婆，系谢觉哉四弟谢式坤的遗孀。乡里家族中有“抚”，即过继的传统，即某家无男孩，可从男孩多的亲戚家过继一个，称“立个孩子”。

3　飘飘，系谢觉哉与王定国夫人的大儿子。

听说以前有过抚正行的话，正行快四十了，当然要问他，正行夫妇是否回家，看来也靠不住的。总之你们要怎办就怎办，我没有意见。

谦芳[1]有信来，不安心煮饭带孩子，我说她不对。不煮饭，哪有饭吃？不带孩子人从哪来？这都是顽固思想在作祟。

新世界里，初进来有点不习惯，希望大家进步，我很忙，比以前教师时忙得多，尚没感得不快！

焕南

1950年8月15日

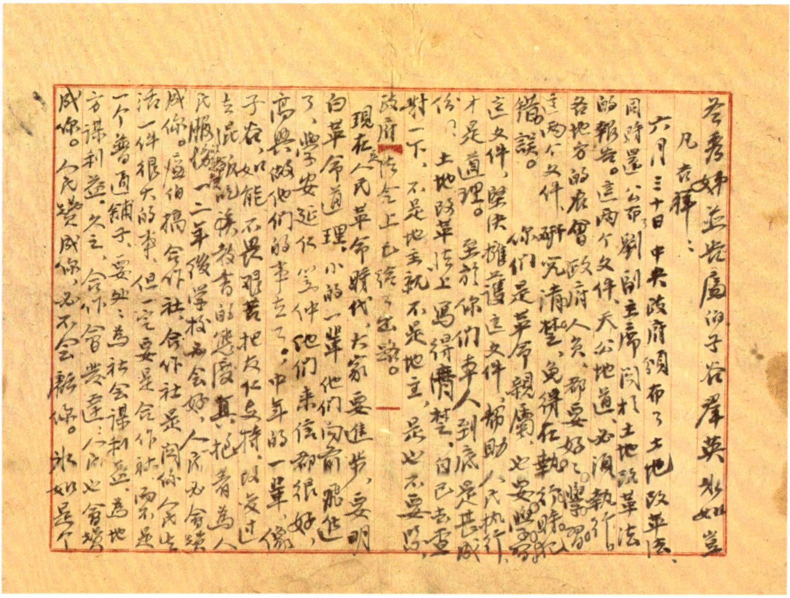
谷秀姊并告广洵子谷岸英彭如宣
凡弟：
六月三十日中央政府颁布了土地改革法，
同时还公布了刘副主席关于土地改革法
的报告。这两个文件，天公地道，必须执行。
各地方的农会、政府人员，都要好好学习
这两个文件，研究清楚，免得在执行时犯
错误。你们是革命亲属，必要照学
这文件，坚决拥护这文件，帮助人民执行，
才是道理。要看你们本人到底是甚成
份？土地改革法上写得清楚，自己去查
对一下。不是地主就不是地主，是也不要隐
政府法令上已说了出路。
现在是人民革命时代，大家要进步，要明
白革命道理。小的一辈他们向前飞进
了，学安延代学仲他们来信都很好，
高兴做他们的事去了；中年的一辈，像
子谷，如能不畏艰苦把反什立持，改过
去[illegible]教书的态度，真把着为人
民服务，一二年后学校必会好，人民必会赞
成你。应伯搞合作社，合作社是关你全生
活一件很大的事，但一定要是合作社，而不是
一个普通铺子，要处处为社会谋利益，为地
方谋利益。久之，合作社会发达，人民必会赞
成你。人民赞成你，必不会亏你。冰如是个

原件手迹（局部）

1　谦芳，即谢谦芳，谢觉哉的侄女。

致谢廉伯、谢子谷，自北京（1950年10月4日）

廉伯、子谷：

贺世储[1]杀过几位有名的共产党员，直到解放军到时他还在谋反抗。你们在他家躲过，你只是共产党的儿子，人民政府决不会连及他家属的。以后，不要管他。

肖家湾[2]的屋子，不管定个甚么成份，照个人算，屋子可能有多余。一切听农会主持，你们不要插嘴。我不会回来住那房子的。

合作社是一件新的事业，将来报上会有文章宣布。办合作的人要好好学习，合作社是社员自己组织的。他们有东西出卖及要买进东西，都经过自己的合作社，不经过商人，避免中间剥削。原则上无红可分。

子谷有志办好学校，很好。我现在人还健康，望勿念。

觉哉

十月四日

1　贺世储，地方劣绅。

2　肖家湾，系谢觉哉出生的地方，旧房屋现已不存在，只剩屋基。

致谢放，自北京（1950年12月23日）

谢放：

我还不知道你的地址，所以没通信。你们已学习党中央反贪污、反浪费、反官僚主义的决定及全国委员会第三次会议文件否？这是共产主义和非共产主义的分界，是革命胜利与否的分界，是抗美援朝反帝国主义胜利与否的分界。现到处已掀起运动。你们那样的机关，贪污与浪费事件必然有且不少。你应该学习与掌握这运动以锻炼自己。

我身体还好，几十天前患咳嗽，至今未痊愈，年老恢复慢，是无可如何之事。目花愈甚，想用组织疗法一次，尚未用。

觉哉

十二月二十三日

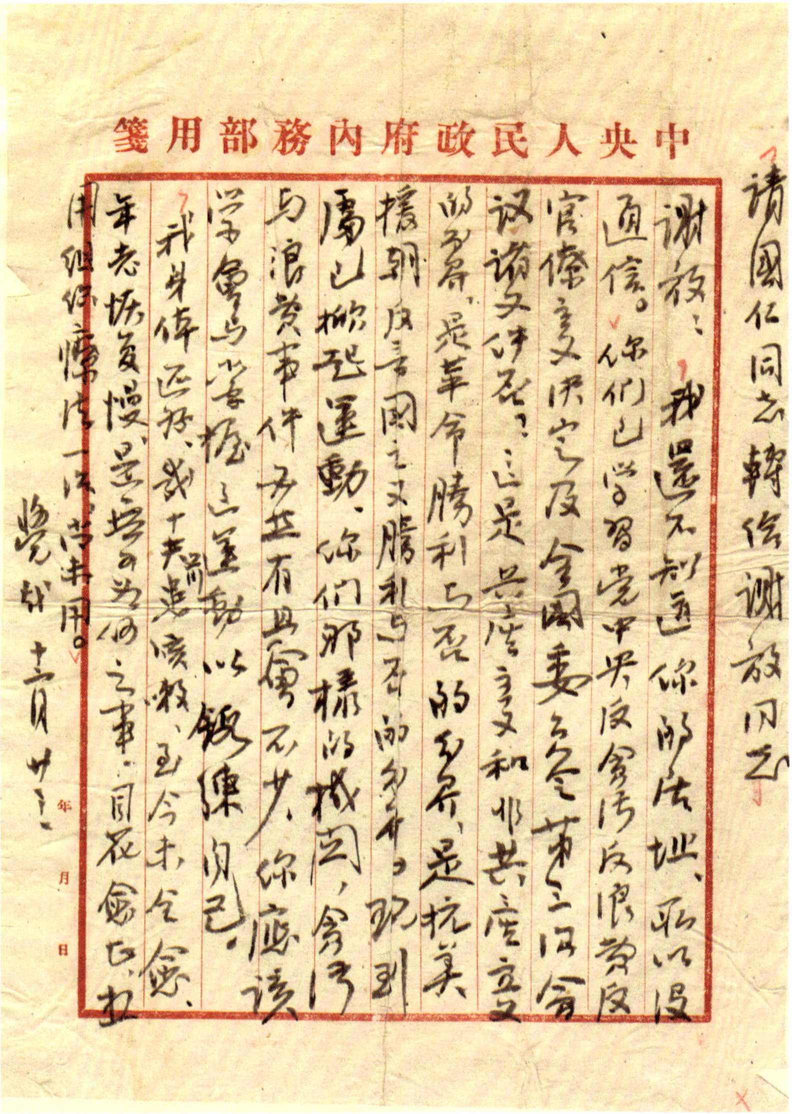
中央人民政府内务部用笺

请国仁同志转给谢放同志

谢放：

我还不知道你的住址，所以没通信。你们也学习党中央反贪污反浪费反官僚主义决定及全国委员会第三次会议决议文件否？这是无产阶级和非无产阶级的斗争，是革命胜利后的斗争，是抗美援朝及土改之又胜利后而来的斗争。现到处也掀起运动，你们那样的机关，贪污与浪费事件大概有些，会不少，你应该学会与学习这运动以锻炼自己。

我身体还好，我十天前出院，病至今未全愈，年老恢复慢，是无可如何之事。同花会的和周继保修信一次，当来用。

觉哉　十二月廿二

原件手迹

致谢谦芳等，自北京（1951年1月27日）

谦芳、茂杞、岂凡、学涵、学初、峙璜、延仁、学安[1]：

你们这批我不认识的人，我却喜欢看你们的来信，尤其说到你们思想改进想做番事业的信。

我没工夫回你们的信，有的信来了很久，有的连信都丢了。好在你们都很年轻，走的是一条路，对这个说的话，对那个也可以说。因此就写一封通信，分给你们。

学涵说："我这次的决定，经过了一段很痛苦的思想斗争。"学初说："我真喜欢，我突破了五关，斩了六将。"如果不是说考试的关而是说"很痛苦的思想斗争"的关的话，那我要告诉你，你们过的还只是"童子关"——笠仲[2]没过得去的关而不是真正的关。前几年你们的

1 谢谦芳，谢觉哉的侄女；谢茂杞，谢觉哉的侄子；吴岂凡，谢觉哉的侄女婿；陈学涵，谢觉哉的外孙女婿；谢学初，谢觉哉的孙子；谢峙璜，又名谢芝初，谢觉哉的孙子；谢延仁，谢觉哉的孙女；谢学安，谢觉哉的孙子。

2 谢笠仲，谢觉哉的侄子。

叔父或哥哥——谢放[1]，随军队由北打到南，又由南打到北，满以为看不到了，忽出现在我面前，黑瘦得只剩几根骨头。我写过首诗给他，是旧诗，不便抄给你们看，意思是说，要从艰苦的过程中，得到隽永的味道，像云长到达黄河渡口的样子，才算过关。如果过关后感到松劲，那是“偷关”，不算过关，以后遇着关会过不去。

你们当不会再有那样险阻的关，但困难总是有的。必须锻炼身体与精神，服从组织，力求上进，老老实实，讲到哪里就做到哪里，你们的前途才是无限的。不然的话，也许碰着平阳的关也闯不过去，碰着一员裨将也斩不下来。岵璜似乎是看了我去年的一封信，打破了做“少爷”的梦，很好。干军队是要有好身体，挑八十斤，走十里路，算什么？你伯父那样个子小，不也能抬轿走长路吗？你父亲那样文弱，听说现办两个学校，今天走这，明天走那，身体还好了些。劳动是最神圣的事，不肯劳动是反动社会传下的坏观念。

应该知道一个道理，你们现在与将来的进步和幸福，是依靠革命，依靠政府，依靠党与团的帮助与教育，也既是依靠人民，前景非常伟大。那想依靠个人比如说依靠我，现在家里还有人是这样想，那是错的。

你们有的是青年团员了，这道理应已知道。

谦芳拖着孩子和家务事，似有些不快活，要知道在革命社会里任何事都是革命的，都有一样前途的，前信已说过，拿出再看看吧。延仁、学安近无信来，料想必好。

1　谢放，谢觉哉的三儿子。1944年11月他参加王震、王首道率领的南下支队，从延安出发南征。随部队转战陕、晋、豫、鄂、湘、赣、粤诸省，打击日本侵略者；抗战胜利后又经中原北返，1946年8月回到陕甘宁边区。

你们有几个是学科学的。建设新社会，需要科学，过去学了没用，现在到处缺乏科学人才。电机学生全国最少。我国水电的储量，除东北外差不多都原封未动，而我国的建设，要求很快就电气化，学电机的青年要努力这一事业。

你们中有的文字还不大清顺，虽然你们不一定要笔杆，但总宜想得出说得出就写得出，这点上宜用点功。

笠仲被父母叫回，你姑母那个叫什么孩子，不知回去没有，望他们在家能做个勤奋的农民。

父母对儿女是爱的，你们在外的，应常把你们的生活情况，进步情况，所看到的事情，告诉父母、祖父母，既可以练习文字，又可开发家里人的脑筋。老人们知道你们过的快活，他们也会随着快活。

说死了的祖宗，能保佑儿孙，你们当已知道不对。我尚活着，你们如不自我介绍，我一点也不晓。你们兄弟姊妹、表兄弟姊妹，有多少，叫甚名字，信上虽说过，我总记不全，也不想再问，反正是这么一回事。

为着革命，为着社会，我祝福你们和社会上的进步青年看齐，并且身体强健。

附带告诉一下，我已快七十，医生检查，脏腑手足尚正常，没有病，只目力差了些，左耳有点聋。我的生活得到定国[1]的照顾很好，你们不用挂念。这里一群孩子够热闹的。定定[2]十一岁半，小学五年级。飘飘十岁，小学四年级。飞飞八岁多，小学二年级，成绩还好。列列

1　定国，即王定国，1937年在兰州与谢觉哉结婚。

2　定定，即谢宏，谢觉哉女儿。下文提到的飘飘（谢飘）、飞飞（谢飞）、列列（谢列）、七七（谢云），都是谢觉哉与王定国的子女。

六岁。七七三岁多，调皮得利害，甚么都知道。养教有定国去管。士维、立初[1]在中学尚没有放假，士维长得很快。

定国祝你们努力前进。

焕南

一月二十七日

1 谢士维，谢觉哉的孙女，谢放的二女儿；谢立初，谢觉哉的孙子，谢子谷的三儿子。1949年10月，谢觉哉把他们俩接到北京上学。

致谢放、谢子谷，自北京（1951年2月11日）

谢放并转子谷：

灼礼[1]来，得到放儿一信。

过土改关：出身于地主剥削阶级的革命者，看到土改搅乱了他家庭的生活，甚至弄得不堪，而能稳定立场，不动摇地度过去，这是第一关。多研究、整齐步伐、有领导的结成反封建主义广泛的统一战线，顺利地进行土改，这是第二关。至土改对于地主，他是被打倒者，关不好过，是不待说的。

地主的威风，要打才倒，也非打不可。多少年代来土地占有者跨在农民头上撒尿，霸占农村的统治，断无自愿倒的道理。这不是搞通思想的问题，也是要他怕，不敢不服从的问题。地主分子的思想改造，要在没收土地后劳动了若干年之后才能做到。自然打倒的法子很多，靠肉刑是不对的。

和平分地，没有好好发动群众，即是说农民没有起来，地主威风还存在，这是必须纠正。只要地主阶级的威风已被打倒，即使打倒的

1 灼礼，指徐灼礼，原在内务部工作。

何敦秀夫人与儿子谢廉伯、谢放、儿媳吴爱春等在长沙（1951年）

方法不大对，但打倒了总是好的。应该首先肯定这一点，然后谈到纠正偏向，偏向是必须纠正的，免得遗留些麻烦，妨碍今后农村生产顺利的开展。

土改时解放束缚农村生产力的生产关系。生产关系改变，即财富分配的改革，因而社会的总生产量必须增多。地主穷得讨米的多，是一方面，原来讨米的不讨米了，是另一方面。讨米的换了班。去年全国粮食产量为二千四百多亿斤，比前年多二百多亿斤。据谭晚成家及许葆华信说他们收成特别好，湖南才开始土改就如此，不要说土改早完成的东北、华北了。地主当权时产生的饭铺、轿房，倒大霉是自然的，乡间生活应从两方面看，一是被打倒的，一是正新生的，新生的即令现尚微小，而因为是新生的，其前途没有限量。

居乡是农民，农民就得种地，用自己的劳力种，你满婶是个老寡妇，请人种地，必然折本，这只能证明你们兄弟没有种地的常识去指导她，并不是我要家人学习自耕而食的主张有错误。放儿[1]是十多年的党员了，现在能负担较重大的工作，我很喜欢，但必须经常学习理论，掌握政策，使工作能做得很好。

根照上面所说：一方面站稳打倒地主威风的立场，同时放儿应把所见到一些偏差向首道[2]诸负责同志反映，并研究纠正的方法。家里还必须计划种地，否则将无以为活。

一切要向大处看！向前途看！学初、芝初、延仁、学安等来信都很愉快热烈，他们年轻无顾虑，我颇喜欢，回了他们的信。

国仁[3]同志的信收到，听说国仁办学校办得很好。过土改关，愿她家及戚，都愉快地过去。折过这一页书，从新生活起。

觉哉

一九五一年二月十一日

---

1 放儿，指谢放。

2 首道，指王首道，时任中共湖南省委副书记。

3 国仁，指姜国仁，当时是长沙女师校长。

致谢廉伯等，自北京（1951年5月25日）

廉伯、子谷、群英、关淑、冰茹：

我乡土改闻已完成，土改是打倒几千年来封建剥削的地主阶级的翻天覆地的大革命运动，不仅是从政治的和经济方面摧毁它，同时也要从思想意识改造它。土改后不再容许依靠封建剥削致富，而应该是勤劳致富，在这个问题上你们来信中和实际行动上没有看到转变或者没有有充分计划去转变。从去年到今年的来信中，你们从未提到如何生产，只是叫苦、困难，要帮助。关淑跑到友仁，不回家设法生产，群英的女儿、媳妇，也不在家生产，一些小孩子，不管聪明与否，读书没读书，全想放出去，依靠人，要正行带去。原因是仍想过不劳而食的生活。看了你们的信，虽然了解你们，但看不到你们有志气、有计划地创造自己的前途，就要生气。

早年，我总感觉穿绿长褂子[1]不是出路，曾费了很多神叫廉伯在家作田，廉伯是不大愿意的。记得大革命时期，参加一次农民协会，来信说下了决心做农民了。但大革命失败后至今，虽然劳动了几十年，

1 穿绿长褂子，意指读书后，穿长衫，不做体力劳动的知识分子。

劳动观点尚不浓厚。证据就是不把只能做农业劳动的孩子留在家，却仍想雇长工作田。早年，还费力要淑英[1]、群英学会缝纫，都学好了，除群英残废不能作外，淑英竟不动针线，后来不劳动，因此竟成了神经病人。

家里进行生产条件是有的，我家自耕部分完全没有动，田土较集中；子谷田土虽分得散一点，想也不大坏。阿婆、满婶[2]大约都分了地。家里的孩子们外出学习的又都由公家供给。这样耕种的收获加上搞些副业，很可以过好生活。

提议：廉伯、子谷合成一家，关淑主持屋里的事，廉伯主持田里劳动的事（淑英没有希望，就算了），把阿婆、满婶接在一起住，轻的劳动，女人、老人做；小孩子上学回来，要学习劳动。可以作得那些田地，只要收一二个阳春，就可以过好生活。过去你怕好了我，我怕好了你的财利相煎的思想，经过土改之后，应该打消了，不打消也得打消。

群英的女儿、媳妇，叫他们应好好回去作土，贺胜坑[3]是好地方。何况群英家有喂猪婆子[4]的一门长处。这是农村需要的，于大家有益的。

冰茹家较困难一些，但冰茹能织布，不要外出找工厂，在家做点田土，一边织布，可以慢慢转好。带小孩子进工厂不可能，工资只能养活一个多人，也许进工厂又要从新学起，年龄大了又不要，不如在

1 淑英，即何淑英，谢觉哉的儿媳。
2 阿婆，指谢觉哉的继母；满婶，指谢觉哉的弟媳。
3 贺胜坑，是谢觉哉大女儿婆家的地名。
4 猪婆子，系当地对母猪的称呼。

乡下勤劳耕织靠得住。子谷仍专心做他的教育工作。耘平[1]应该回去作田土。应该自己下田下地作活，才能讨到生活，你不要再犹豫了。

除老、小、残废不能劳动的外，其他都要劳动，不愿意劳动的，政府有法令一条，叫强迫劳动。叫你们向乡政府交出生产计划，定时向政府汇报生产情况。等到农会与乡政府说：你们观点变了，生产很好，那时你们再与我来信。只有你们自己立起志气，肯劳动，才能解决问题，农会也会帮助你们。如果你们不改变，那是你们的事，有农会及乡政府督促你们，不要再写信给我了。

觉哉

五月二十五

（后添）：只有有志气，能自立的人，才有资格请人家帮助，人家也会乐意帮助你，同时你也可以帮助人。

1　耘平，即谢耘平，谢觉哉的孙女。

致何敦秀，自北京（1951年9月7日）

冬秀：

你几次来信，提到要求来北京的话，我都没有回答。因为你的信很生气，我怕一答复，你的气更大。近来你的气似乎平了些，所以我想和你说说。

我的意见，你不来北京为好。理由如下：

第一，我们离开了二十多年，我在外又有了家。你如来，很不好处置，要发生纠纷。现是新世界，和旧世界不一样。你我都是上七十的人了，经不起烦恼，对我不好，对你也不好。

第二，经过了一年，家乡当已知道我是在做“工”，而不是做“官”。共产党是一种特别的人，他不能多拿一个钱，他的生活不能比一般人高。北方的生活，不是没出过门的高年人所能忍受。

第三，你现在的眼睛，不要望着我，要望着孙子们，他们才是有前途的。一年来，家里的人已经起了变化。延仁、学安在广西来信，已有志气，连字都写得好了些，学初、芝初没有信来，估计也不会太坏。廉伯、子谷年纪大了，但他们还有前途，只要他们肯学习，求进

谢放为母亲何敦秀烧的瓷像，时年七十二岁。（1951年）

步。我不留子谷在我身边，因我身边的事，子谷做不了。现在是新社会，不是要地位高，而是能把事做好，如果子谷能把那中学办好，他就会被人看得起。不要被目前的困难骇倒，只要看清前途。友仁[1]上半年困难，但后来农会帮忙了，政府帮助粮食了，估计以后当更好。正行没在我身边做过事，他现在西北工作，总算不要父母操心。群儿困难一些，但儿子的一辈出来了。冰儿算是手工工人，年只三十，将来还有发展。只不出房门的淑英[2]，办法很少。

总之，后辈并不错，我是比你乐观些。应该培养几个小的在家种地，农民是值钱的，将来的农民，比现在的农民要聪明。

---

1 友仁，为子谷任教的中学，现宁乡六中。

2 群儿、冰儿，指谢觉哉与何敦秀的两个女儿群英、冰茹。淑英，系谢觉哉的大儿媳。

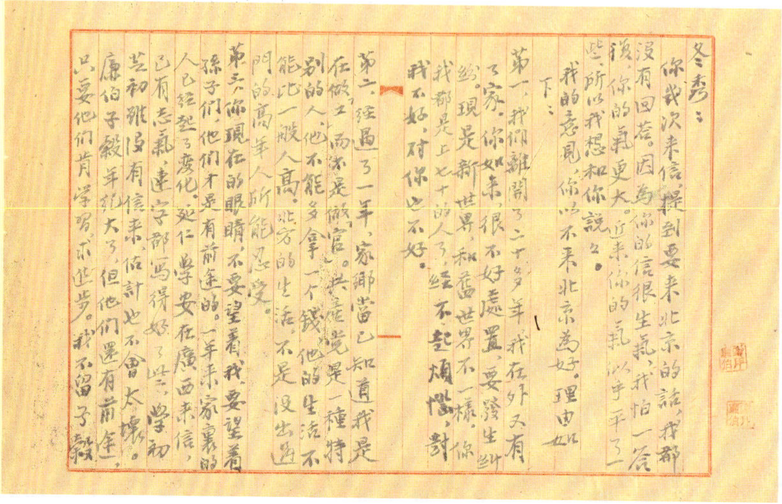

冬秀：

你幾次來信，提到要來北京的話，我都沒有回答。因為你的信很生氣，我怕一答復，你的氣更大。近來你的氣似乎平了一些，所以我想和你說說。

我的意見，你以不來北京為好。理由如下：

第一，我們離開了二十多年，我在外又有了家。你如來，很不好處置，要發生糾紛。現是新世界，和舊世界不一樣。你我都是上七十的人了，經不起煩惱，對我不好，對你也不好。

第二，經過了一年，家鄉當已知道我是在做工，而不是做官。共產黨是一種特別的人，他不能多拿一個錢，他的生活不能比一般人高。北方的生活，不是沒出過門的高年人所能忍受。

第三，你現在的眼睛，不要望着我，要望着孫子們，他們才是有前途的。一年來家裏的人已經起了變化。延仁學安在廣西來信，已有志氣，連字都寫得好了些。學初、芸初雖沒有信來，估計也不會太壞。康伯子毅年紀大了，但他們還有前途，只要他們肯學習，求進步。我不留子毅

原件手迹1

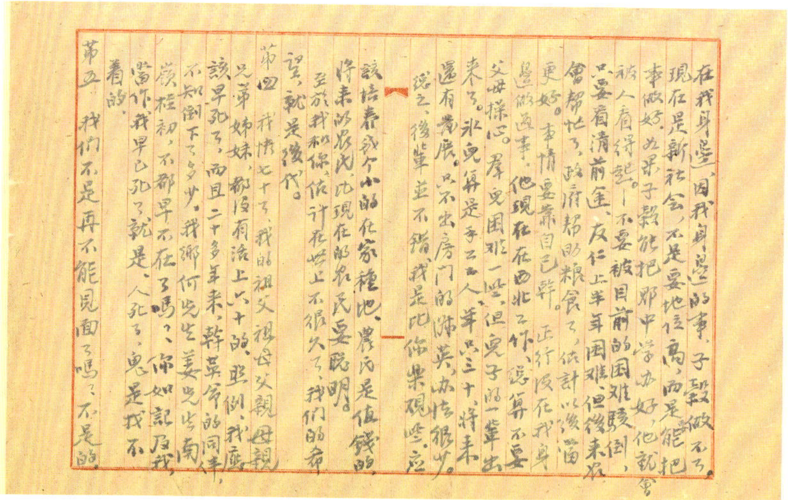

在我身邊，因我身邊的事，子毅做不了。現在是新社会，不是要地位高，而是能把事做好。如果子毅能把那中学办好，他就會被人看得起。一不要被目前的困难駭倒，只要看清前途。友仁上半年困难，但後來農會帮忙了，政府帮助粮食了，估計以後當更好。事情要靠自己幹。正行沒在我身邊做過事，他現在在西北工作，總算不要父母操心。厚兒困難一些，但兒子們一輩出來了。冰兒算是手工工人，華只三十，將來還有發展。只不出房门的淑英，亦活很少。總之，後輩並不錯，我是比你樂觀些。應該培養這个小的在家種地，農民是值錢的，将來的農民比現在的農民要聰明。至於我和你，估計在世上不很久了，我們的希望，就是後代。

第四，我快七十了，我的祖父、祖母、父親、母親、兄弟姊妹，都沒有活上六十的。照例，我應該早死了，而且二十多年來，幹革命的同年，不知倒下了多少。我鄉何先生、姜先生、南嶽桂初，不都早不在了嗎？你如記及我，當作我早已死了就是。人死了，鬼是找不着的。

第五，我們不是再不能見面了嗎？不是的。

原件手迹2

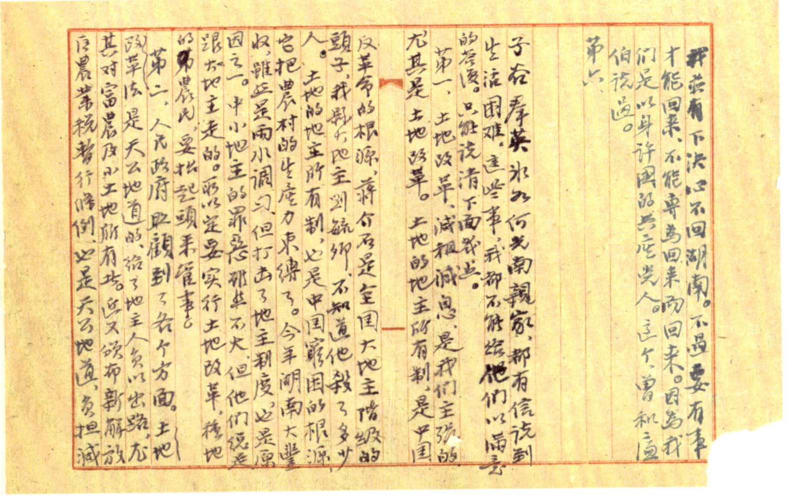
我并有下决心不回湖南。不过要有事才能回来，不能专为回来而回来。因为我们是以身许国的共产党人。这个，曾和涵伯谈过。

第六，

子奋、孝英兆九何光南亲家，都有信谈到生活困难。这些事，我都不能给他们以满意的答复。只能谈清下面几点：

第一、土地改革、减租减息，是我们主张的，尤其是土地改革。土地的地主所有制，是中国反革命的根源，蒋介石是全国大地主阶级的头子，我乡的地主刘镜卿，不知道他杀了多少人。土地的地主所有制，也是中国穷困的根源，它把农村的生产力束缚了。今年湖南大丰收，虽然是雨水调匀，但打击了地主制度，也是原因之一。中小地主的罪恶那些不大，但他们总是跟大地主走的。所以定要实行土地改革，种地的农民，要抬起头来管事。

第二，人民政府照顾到了各个方面。土地改革法是天公地道的，给了地主人员以出路，尤其对富农及小土地所有者，近又颁布新解放区农业税暂行条例，也是天公地道，负担减

原件手迹3

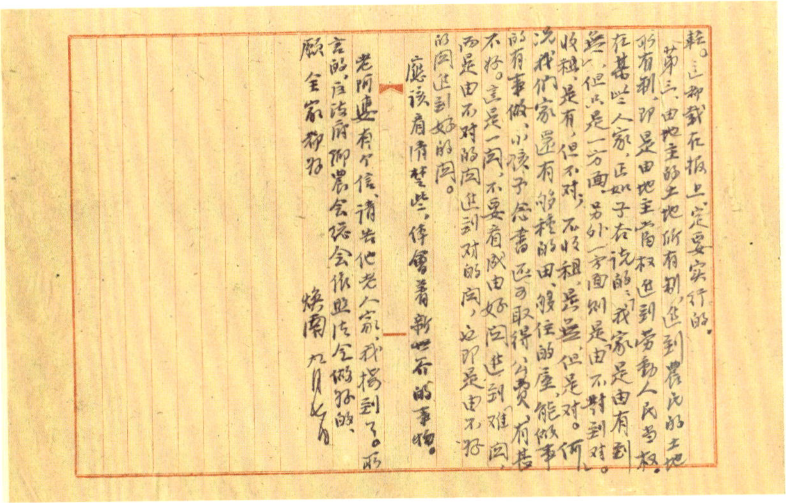
轻。这都载在报上，定要实行的。

第三，由地主的土地所有制，进到农民的土地所有制，即是由地主当权进到劳动人民当权。在甚些人家，正如子奋说的，我家是由有到无，但只是一方面，另外一方面则是由不对到对。何况我们家还有够种的田，够住的屋，能做事的有事做，小孩子念书还可取得公费，有甚不好。这是一关，不要看成由好关进到难关，而是由不对的关进到对的关，也即是由不好的关进到好的关。

应该看清楚些，体会着新世界的事物。

老何还有个信，请告他老人家，我接到了。所言的，应该向农会总会依照法令办好的。

愿全家都好

焕南　九月七日

原件手迹4

至于我和你，估计在世上不很久了，我们的希望，就是后代。

第四，我快七十了，我的祖父、祖母、父亲、母亲、兄弟姐妹，都没有活上六十的。照例，我应该早死了，而且二十多年来，干革命的同伴不知倒下了多少。我乡何先生、姜先生、南岭、桂初[1]，不都早不在了吗？你如记及我，当作我早已死了就是。人死了，鬼是找不着的。

第五，我们不是再不能见面了吗？不是的。我并非有下决心不回湖南。不过要有事才能回来，不能专为回来而回来。因为我们是以身许国的共产党人。这个曾和廉伯说过。

第六，子谷、群英、冰茹、何光南亲家都有信说到生活困难。这些事，我都不能给他们以满意的答复。只能说清下面几点：

第一，土地改革、减租减息是我们主张的，尤其是土地改革。土地的地主所有制，是中国反革命的根源，蒋介石是全国大地主阶级的头子，我县大地主刘毓卿，不知他杀了多少人。土地的地主所有制，也是中国穷困的根源，它把农村的生产力束缚了。今年湖南大丰收，虽然是雨水调匀，但打击了地主制度，也是原因之一。中小地主的罪恶虽然不大，但他们总是跟大地主走的。所以定要实行土地改革，种地的农民要抬起头来管事。

第二，人民政府照顾到了各个方面。《土地改革法》是天公地道的，给地主人员以出路，尤其对富农及小土地所有者。近又颁布新解放区农业税暂行条例，也是天公地道，负担减轻。这都载在报上，定要实行的。

---

1 何先生系何叔衡同志（1876—1935），中共一大代表；姜先生系姜梦周同志（1883—1929），1922年入共产党，参加反帝反封建的文化活动，被誉为“湖南革命的先锋”，1929年被捕遇难；南岭，系谢觉哉的堂侄。早年参加革命，共产党员。1927年大革命失败后被国民党杀害；桂初系何桂初同志，湖南宁乡人，共产党员，是大革命时代何叔衡同志的侍从，大革命失败后，被国民党杀害。

第三，由地主的土地所有制，进到农民的土地所有制，即是由地主当权进到劳动人民当权。在某些人家，正如子谷说的：“我家是由有到无”，但只是一方面。另外一方面则是“由不对到对”。收租，是有，但不对；不收租，是无，但是对。何况我们家还有够种的田，够住的屋，能做事的有事做，小孩子念书还可以取得公费，有甚么不好。这是一关，不要看成由好关进到“难关”，而是由不对的关进到对的关，也即是由不好的关进到好的关。

应该看清楚些，体会着新世界的事物。

老阿婆[1]有个信，请告他老人家，我接到了。所言的，区政府、乡农会总会依照法令做好的。

愿全家好！

焕南

九月七日

1　老阿婆，指谢觉哉的继母。

致谢子谷、谢冰茹，自北京（1952年1月1日）

子谷、冰茹：

接你俩信，颇使我安心。

人总要有上进心，从困难中打开局面，也必然可以打开局面。不自己努力，依靠人，这样的办法，现在吃不开了。

子谷坚持办学校“不向困难低头”，是很好的。看你的前后信，以前的困难，过去了；现在最新的困难，进步中的困难，可以克服，且克服一次，必然有新的局面，你的人生观也会跟着进步。

改造思想，不容易也容易。所谓容易，现已有很多便利环境和便利条件，国际、国内、城市、农村的形势，天天在进步，要求我们改造，也不容许我们不改造。所谓不容易，小资产阶级的知识分子，要和工农劳动人民打成一片，建立不为个人而全心全意为人民服务的观点，是要脱去一层壳的，脱壳必然有一阵痛苦。如果怕痛，下不了决心，那就要堕落；但如经过这阵痛，以后的心情就会新生，就会愉快。

友仁[1]学生这么多，每个老师平均要教二十多人，而且教材教法全是新的，要天天学，天天想。估计大家都很忙，不要嫌忙，只有忙中得到的安慰，工作进步的安慰，才是真安慰。

来信说“团结还不十分好”，不十分好，也许有了九分好，或还不及九分，还要很好注意。学校里应该教员团结一致，然后师生才能团结一致，然后学校与社会才能团结一致。要教员团结一致，必须在大家要求进步上，在共同把教育搞好上，还需在互相照顾、帮助、规劝，而又互相原谅上才有可能。你们早晚都学习马列主义和毛泽东思想，是好的，但应顾到学习时间过多，妨及业务，或感到疲劳；又说：理论的认识，远超过行动，联不上实际。上句颇费解。毛主席说：实践，认识；再实践，再认识。不会有认识超过行动的事。而应该说：有些同志读了马列主义和毛泽东选集里一些名词和道理，却联不到实际或用到实际中去，那倒不要性急，实际会逼上来了，自己到实际去体验一回就会知道。记得前年我劝你专心办学，后又劝你不要怕困难，你接受了，经过两年的实践，你应已大体体会，改变了当时的观点。此事如此，其他事亦然；我如此，别人定也一样。

兼武南学校[2]校长，应在这样的条件下：一、你的办学作风，能贯彻到那里去；二、那里有得力的副校长。否则你的屁股是坐在友仁一边，而对那边又要负责任，是有点难办。

关淑[3]能念书，进步快，值得称赞。利他[4]回家种地，早就该如此。我因忙，不知道他的功课如何，似乎务农是于他有益。

---

1 友仁，系现在的宁乡六中。

2 武南学校，宁乡另一所学校。

3 关淑，即何关淑，谢子谷妻子。

4 利他，系谢子谷的双胞胎儿子。

听放儿[1]说：你学校的俸米可够吃了，你又在县人代会当常务委员，须常去否？

冰茹信，不那样悲观了，很好！冰茹还只三十三岁，如能思想搞通，有点文化，又能掌握技术，那自有她的前途。现在不许做寿，做寿是无谓的花费，生日一年一度，无可度的理，北京已没有做寿的。

廉伯久未来信，谅还可以过下去吧！

我相当忙，年又老了，偶染点病，恢复较难。但在老人中，我还不是衰弱的。私人的信，很少写。你们如有学习上困难问题，经过考虑还得不到解决的，如来问我，可能给你们答复。

望你们好。

觉哉

一九五二年一月一日

---

1 放儿，指谢放。

致吴岂凡，自北京（1952年1月16日）

岂凡同志：

连接两次信，事忙没有复。

盐姜收到，谢谢寄祥。

你于教学外，还参加一些社会工作，很好，应该这样。但必须注意同群众关系好，同乡的社的干部关系好，取得其信任。八小时营业制问题既已提出了，也许他们有他们的困难，你可等一下，暂不要去谈。问题反正总会弄好的。

觉哉

一月十六日

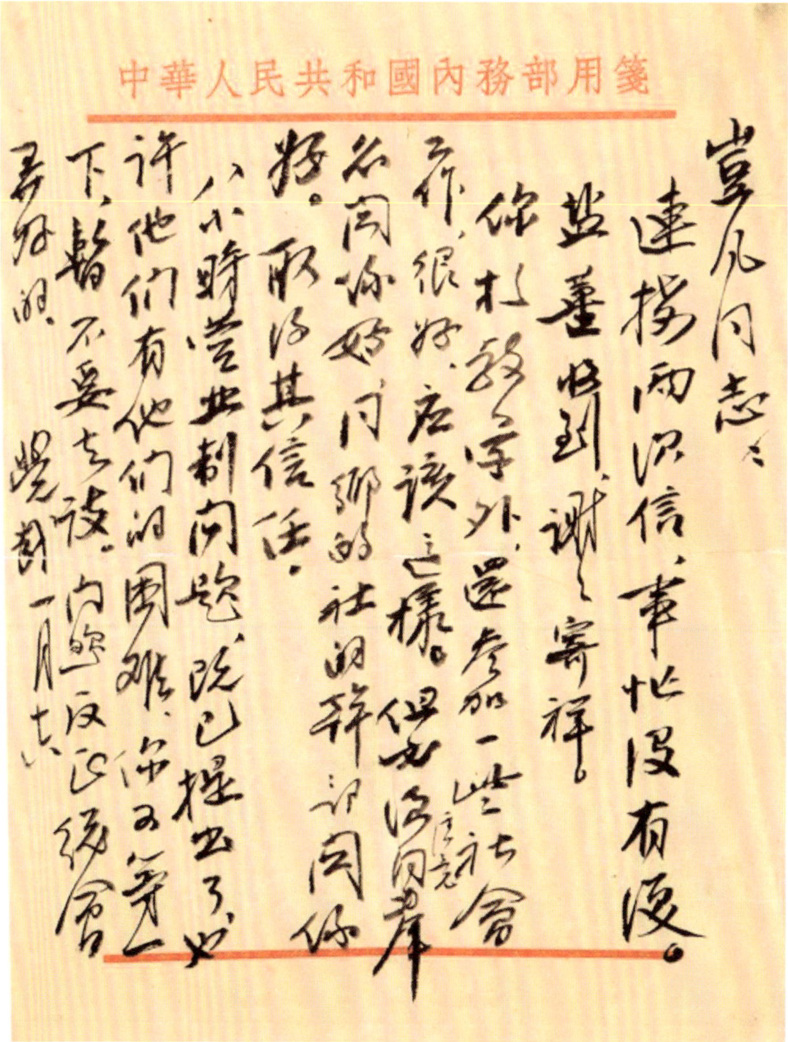

中華人民共和國內務部用箋

岂凡同志：

連接兩次信，本也沒有復。照片收到，謝謝寄給。

你於教學外，還參加一些社會工作，很好，應該這樣。但要注意同群众同你好，同鄉的社的幹部同你好，取得其信任。

八小時營業制問題，既已提出了，也許他們有他們的困難，你可寫一下，暫不要去談。內部反正總會弄好的。

覺哉 一月十六

原件手迹

致吴岂凡，自北京（1952年3月28日）

岂凡：（湖南宁乡黄材罗家洞横岭完小）

信收到。

你的信有些话是聪明的，有些则尚需考虑，如说来京学习机会等。

小学教师是个很好的职业，将逐渐为人民所尊重。你屡次来信，你对这个工作是称职的，人民对你的感想还好，就是不好，也应自己在业务上努力，而不是离开它。

学习是必要的，除日常学习外，还可以有离开工作时间的学习。现在一般的学习（如革大[1]……等）渐成为过去，但专业的学习（如教员训练、司法训练、技术训练等）还没普遍。你既教书，应不放弃有关教书的学习，你也没有放弃（如参加暑期讲习）。你感到不满足，是应该的。但机会必然多，在省或县，而不在北京。要来北京玩玩，决定于你。我们无假期，任何时候都一样。

---

1 革大，即人民革命大学，是解放初期为解决干部不足而创办的干部学校。当时湖南有华中人民革命大学湖南分校。

并问寄祥母子好。

谢觉哉

一九五二年三月二十八日

致何关淑等，自北京（1952年6月26日）

关淑、冰茹、萍云[1]等：

关淑、萍云能写信，有文化了，很好。但你们为什么要学文化？来信没有说。旧社会学文化，为的是“出人之上”，能吃到剥削饭；现在学文化，为的是会搞生产，能为人民做事。……闲的时候，学习认字、写账、打算盘，做到能看通俗报纸，知道现在已经什么样社会。这是你们急需要的，只有这样，才有自己的前途。

利他、胜我[2]是嫩苗，应该像一般戴红领巾的孩子一样说：我要当劳动英雄，我要当工程师，我要当航天员，我要做个好农民、好工人，但是他们没这样说，只说要看天安门。因此我颇怀疑子谷办学校的方针，是否已经改革，赶得上时代？农村里的中学学生，都是农民子弟，一部分是要升学，但必有好些不会升学，仍从事农业，应如何注意农业政策和农林技术知识，以及农村组织等。中学虽然不是专门

1　该信发给廉伯（大儿子）、子谷（二儿子）、正行（三儿子）、冰茹（小女儿）、关淑（二儿媳妇）、萍云（孙女）、学初、学安（孙子）。

2　利他、胜我是双胞胎小孙子。

学校，但新的人生观必须在此打下基础。

农村劳动力有剩余，我家孩子多，应该把一些送出去做工做事。但目下我家则很缺乏劳力，廉伯一人种地，他年纪也老了。萍云如住家，帮助父亲劳动是本分。

妇女们应记住：一、不要依赖丈夫，夫妻虽有互相扶助的义务，强的应帮助弱的，但主要妇女应力求有独立生存的能力。二、不要依赖儿子，儿子有养父母的义务，但只有当儿子能自己劳动生产的时候。学初、芝初才学做事，应该鼓励他们不要顾虑家事，不要希望他们回钱。一则他们只有初级津贴，只够零花；二则将使他们心里不安。

冰茹能学习很好。你学了手工，并不就是工人阶级。兰州不少工厂，如能继续做你的手艺，是最好没有了。

田土不在做得多而在做得好。做不了这多，把些交给农会。雇人做田土，是不合算的，不知廉伯考虑过没有？政府奖励丰产，多打粮食不多征公粮。许多地方的丰产模范，一亩能打上一千四五百斤谷子。（一亩地是六十方丈。我乡五担毛谷地板的样子。）湖南新化劳动模范刘洪莫，去年做八十刁[1]红薯，挖了五百二十斤。如果照每刁五斤计算，一亩土栽三千刁，就可以有一百五十石红薯。他的做法是：薯种是广西红皮种，土犁得很深，栽得很稀；每刁隔一尺，每行隔二尺。每刁下底肥牛粪二斤半，草木灰一斤；到七月底长薯的时候又淋上一勺大粪。藤长到五六尺长时，把它领起来，使土能见阳光，通空气，锄三次，不许有一根草。红薯长出土面，就用土培刁，每锄一次就培一次，刁培上尺多高，红薯也就长一尺多长。

1 刁，是一棵红薯苗的意思。

行行出状元，一切事情，只要努力做，用心学习，抛弃旧的不好习惯，没有什么做不好的。

谢觉哉

一九五二年六月二十六日

致谢谦芳[1]，自北京（1952年10月1日）

复谦芳：

信悉。

服了我的方子"病已大有好转。"这样的方子赞成的人多，真能实行的人不多，在这上面证明你是聪明的。

人的身体是一付机器，但不同于一般的机器。一般的机器坏了要请人修理，人身体有的不好，身体的机器自己能修理。比如疲劳了休息一会就复了员，蚊子叮了起个疙瘩，过一回［会］就好了，这是人人都知道的事。独对于脏腑有病，不知道保养它让它自己恢复，反而发愁、着急，乱吃药去伤害它，越急越愁越病，重的就至于死，这已是常见的事。

如果你把脑子静下来，甚么也不想，这叫做"静坐"，像学佛学道的人一样，脑子静了，腑脏的机能还在动，慢慢地把受伤的地方修理好了。报上载的气功疗法，道理就是这样。

西医说清润性的肺病并不是病，只是要病的样子。当时我说：你

1　谦芳，即谢谦芳，谢觉哉的侄女。

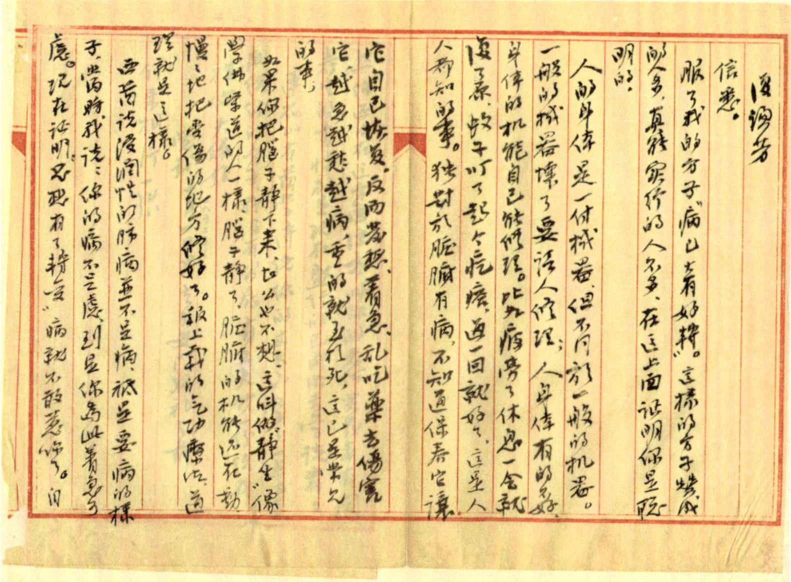

復翔芳：

信悉。

服了我的方子，病已大有好转。这样的方子帮成功的人多，真能实行的人不多，在这上面证明你是聪明的。

人的身体是一付机器，但不同于一般的机器。一般的机器坏了要请人修理；人身体有的好多部件的机能自己能修理。比如疲劳了，休息一会就复了原，蚊子叮了起个疙瘩，过一回就好了，这是人人都知的事。独对于脏腑有病，不知道保养它，让它自己恢复，反而着愁、着急，乱吃药去伤害它，越急越愁越病，重的就至于死，这已是常见的事。

如果你把脑子静下来，什么也不想，这件做静坐，像学佛学道的人一样，脑子静了，脏腑的机能还在动，慢慢地把受伤的地方修好了。我的气功疗法道理就是这样。

西医说浸润性的肺病并不是病，只是要病的样子。当时我说：你的病不足虑，倒是你为此着急可虑。现在证明只要有了静坐，病就不敢惹你了。自

原件手迹1

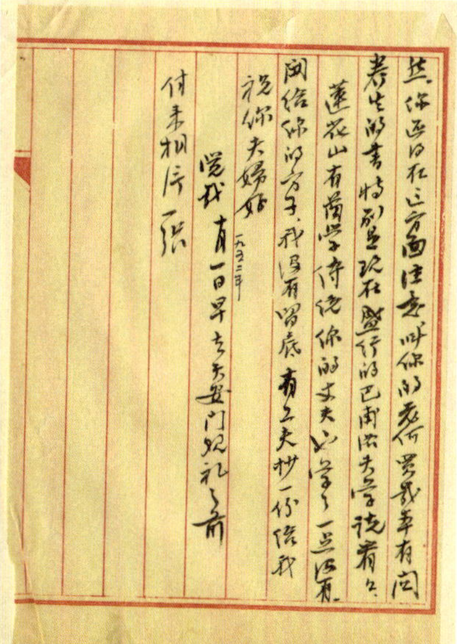

然。你要日日在这方面注意。此外你的病，你要我寄有关养生的书，特别是现在盛行的巴甫洛夫学说，看看。

莲花山有普学寺，待你的丈夫好了一点，还有闲给你的方子，我没有留底，请丈夫抄一份给我。

祝你夫妇好

觉我　一九五三年十月一日早去天安门观礼之前

付来相片一张

原件手迹2

的病不足虑，倒是你为此着急可虑。现在证明："思想有了转变"，病就不敢惹你了。自然，你还得在这方面注意，叫你的老何[1]买几本有关养生的书，特别是现在盛行的巴甫洛夫学说看看。

莲花山[2]有医学传统，你的丈夫也学了一点没有？开给你的方子，我没有留底，有功夫抄一份给我。

祝你们夫妇好！

觉哉

十月一日

早去天安门观礼了，前付来照片一张。

1 老何，系谦芳的丈夫何季阳。

2 莲花山，地名，何敦秀的娘家。

致谢廉伯、谢鲁宜，自北京（1952年10月30日）

廉伯儿：

十月二十日信收到。

母亲[1]病了，我不能回家看她老人家，真可惜。

涛叔[2]夫妇想已回家，后事已否准备好，甚念，寄回一百元备用（备祖母后事用）。

1　母亲，指谢觉哉继母王氏，于1955年去世。

2　涛叔，即谢鲁宜，是谢觉哉同父异母兄弟。

鲁宜弟：

想你已到家，惜我不能回家，一切须你负责。

母亲设有不幸，葬在哪里，你应考虑。我已是不信风水的人，葬煤炭仓[1]不如葬屋后山里便利，你以为如何？

觉哉

1952年10月30日

1 煤炭仓，指宁乡黄材水库煤炭仓山坡，谢觉哉父亲等葬于此地。

致谢放，自北京（1952年12月23日）

谢放：

……

我颇忙，身体渐渐应付不了忙。医师检查脏腑都正常，可以活下去。只是左耳聋甚，会场上听话常不清楚，目力不足，每天总有一些时是模糊的，是近视，不是散光，不能求助于眼镜。

我的养生方法是“戒骄、戒躁”，“留有余地”，国仁曾见过的：“吃饭莫饱，走路莫跑，说话要少，睡觉要早，遇事莫恼，经常洗澡”。颇简单易行习惯了，主观定了，有时稍忙一些也不要紧。

父　字

十二月二十三日

致谢子谷，自北京（1953年7月9日）

子谷：

我现在很忙，想以仅存的精力替人民做点事，尽管做得不能令人民满意。对家中或戚友的信，近来颇少答复也不必答复，且没工夫答复也。

人民革命，替人民造下一发展机会，并不能也不应给人或一部分人以不费力的好处。在改革时候某一部分（如地主豪劣）人有些难过，实在是他们自食其果，但也对他们也有好处，即是从此摆脱寄生生活，变成新人，只要他们自己能振作。

你有意把学校[1]搞好，不在困难面前屈服是对的，但要我们打电给郭专员[2]关顾，就不对。公事公办，中央土地改革法规定，凡靠土地收入办的公族学，人民政府应替他筹办法，但不能那处多，那处少，如说有情面，就必然办得不好。至于你那学校的情况，在于自己说明，说过了分，不对，说的不足，也不对。

1 学校，指宁乡友仁学校，谢子谷任校长。

2 郭专员，指当地政府的官员。

事情总慢慢会好的，只要总的方针是对的。不是吗？你校开始和农会不对劲，现不是打成一片且帮你忙吗？农民要的是农民的学校，讨厌那不中用的非农民的学校。你应该自己农民化，带领学生都农民化，教的东西要合乎农村发展的需要。下期或明年学生定会多起来。你们学校就会在农村中或树立起信用。你的学校不是要我帮忙，我帮不了，而是要农村人民帮忙。他帮不帮呢，看你们工作如何而定。

听说乡下有些人无饭吃，吃蒿子，红花子，自然不好，但也不要奇怪，中国穷人吃草的多着。又有人告诉我，湖南今年生产好，如不遭水灾，粮食比去年要大大增多。前信说要咬紧下牙关，很快就会迎接好的生活，不知你们以为然否？

孩子们想已找到出路，延仁有信来，笠仲有信来，其他几个不知在作甚？我并不望他们来信，只要他们自己能振作，不依赖。群英、鲁宜前要我叫他们的孩子弄回，弄回有好处，我没理也不能理。

洗冷水面澡，很好，可锻炼身体，我近几年冷水洗脸，感冒就不大有了。

盼你努力。

觉哉

七月九日

致谢金圃[1]，自北京（1953年8月7日）

金圃：

你提的三个问题：

一、养生。总说你身体不好，用老话讲，是先天不足，但可以用后天来补救。照你讲的病状，你首先要学会安静，不急躁、不愁。“做事东扯西拉”，是很不好的，应该一件了一件，做不了的不妨放下。古人说：“日计不足月计有余”，就是指此。其次，要乐观，不要为病着急，也不要胡乱找药吃，慢性病只能用慢性药治。空气、日光、快乐，适当的运动，讲清洁，是主要的慢性药品。我少年时身体也不好，现七十了还不很坏，可见后天补救是可行的。我自三十以后就没发过大脾气、吵过架，也曾学过静坐，你也可试试。家里曾有些中医书，可以看看。十多年前，我患过血压高症，医生以为年纪大了，不可能低下了，但现已低下了。我定了几句话：

吃饭莫饱，走路莫跑；

说话要少，睡觉要早；

1 金圃是谢觉哉的孙子，体弱居家，当时在家乡任小学教师。

遇事莫恼，经常洗澡。

这在你们年轻人或不大合适，但可以参考。

二、学习。自学是最好方法。有些科学，难于完全自己学到，但一般文化、常识，没有不可学到的。文字须求通顺，纠正错别字，学好标点符号。但也不要性急，要一点一滴的累积。农村的先生多，广大劳动人民是你的先生，报纸书籍是你的先生。问题只在你自己肯学肯想。

三、找爱人。这是你自己的事。我建议你：要找就得找个能劳动的农家女子，挑得起，放得落的，识不识字是次要的。

我年已老，工作又忙，不能常给你写信，盼你自己努力。

你的祖父

一九五三年八月七日

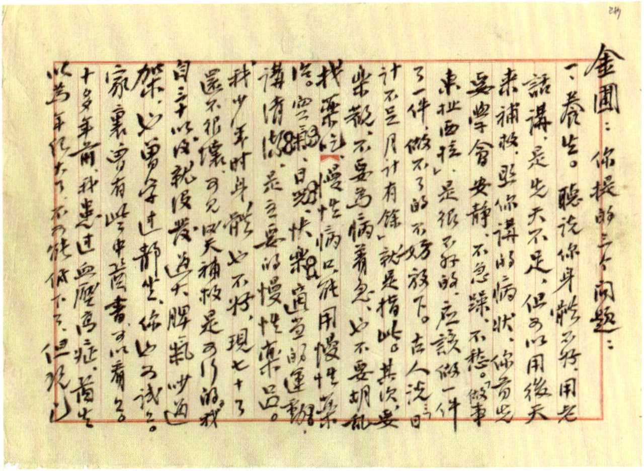

金圃：你提的三个问题：
一、养生。听说你身体不好，用老
话讲，是先天不足，但可以用后天
来补救。照你讲的病状，你首先
要学会安静，不急躁，不愁。做事
东扯西拉，是很不好的，应该做一件
了一件，做不了的不妨放下。古人说日
计不足，月计有余，就是指此。其次，要
乐观，不要为病着急，也不要胡乱
找药吃，慢性病只能用慢性药
治。空气、日光、快乐，适当的运动，
讲清洁，是主要的慢性药品。
我少年时身体也不好，现七十了
还不很坏，可见后天补救是可行的。我
自三十以后就没发过大脾气，少过
架，也习过静坐，你也可试试。
家里有些中医书，可以看看。
十多年前，我患过血压高症，[illegible]
以为年纪大了，不可能[illegible]。但现已

原件手迹1

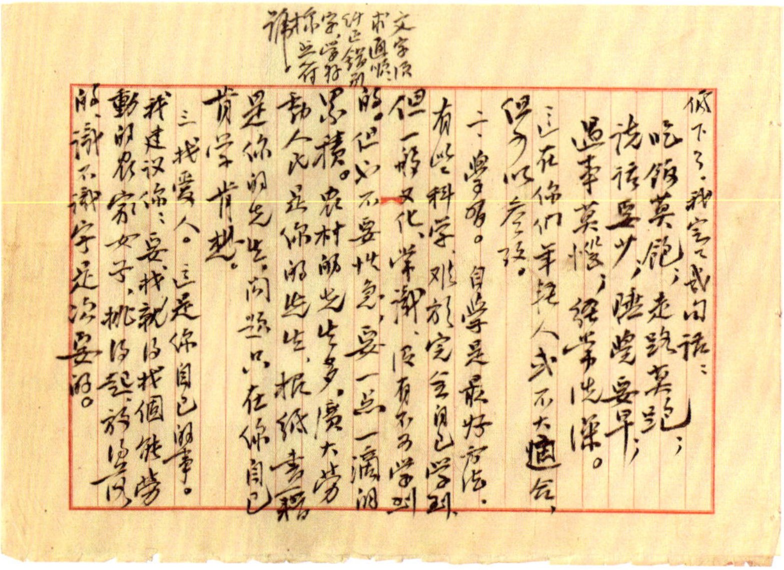

文字须求通顺，纠正错别字，学好标点符号。谢

做下了，我写几句话：

吃饭莫饱；走路莫跑；说话要少；睡觉要早；遇事莫慌；经常洗澡。这在你们年轻人或不大适合，但可以参考。

二、学习。自学是最好方法。有些科学难于完全自己学到，但一般文化、常识，没有不可学到的。但也不要性急，要一点一滴的累积。农村的先生多，广大劳动人民是你的先生，根据书籍是你的先生。问题只在你自己肯学肯想。

三、找爱人。这是你自己的事。我建议你：要找就找个能劳动的农家女子，挑得起放得下的，识不识字是次要的。

原件手迹2

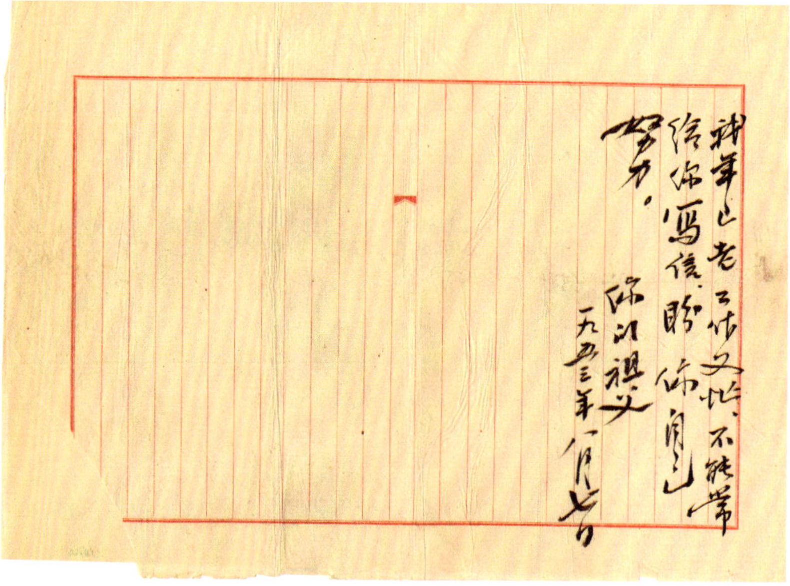

我年已老，工作又忙，不能常给你写信，盼你自己努力。

你的祖父

一九五三年一月七日

原件手迹3

致谢廉伯、谢子谷，自北京（1953年10月6日）

廉伯、子谷：

北京有些升不了学的干部子女，一样要从事劳动生产，有的要回乡去。

我这里也有些孩子，我对他们说：满了十八岁，求学做工就要靠自己，父母管不了许多，也许他们到十八岁，我已不在世了。

当兵不是职业，以前参军的，除军官外，都已复员或快复员了。

读书是好的，但读书为着更加善于劳动生产，小学毕业、中学毕业、大学毕业，都要从事劳动生产，虽然劳动的方法不是一样，不劳动想吃饭的路，已经堵塞了。

你们以为我这里总可以找到饭吃，我这里不是劳动生产机关。前年子谷向我找事，我说这里没有你做的工作，你还是去教书罢！姜国全[1]来碰了钉子，何汉明[2]来又碰了钉子，这里现在裁人，有好些人还得回乡去，你们不阻止何汉明来，反荐引他来，可见你们对

1　姜国全是谢觉哉的大女婿。

2　何汉明是谢觉哉的妹夫。

外面情形一点不清楚。

我家小孩子有一股要进学校和升学的风，可是会读书的很少，读了若干年，连我的信都看不懂。我写的抄的本子、藏在家里的都当做烂纸丢了[1]，你想还读什么？

当然，不能完全怪小孩子，你们做大人的应该指教他们。我年已老，目蒙耳聋，不愿管你们的事了，一切你们自己打主意。

觉哉

1953年10月6日

1 指1910至1920年代谢觉哉藏在家里的一些日记、笔记本被丢弃了。1957年他回乡后只找到几本遗下的。

致谢子谷、谢廉伯，自北京（1954年4月16日）

子谷并告廉伯：

子谷的长信，有工夫再答。

不少年，我的生日是在忘记里过去的。现既有令不做生，所以你们不必在这时候来。

要来，还是冬季好，北京夏天也很热。

前寄了点钱回去，内有老阿婆与二婶[1]各贰拾万元[2]，估计可维持下去。我的经济，大概也要下年才能寄路费给你们。愿

你们好。

觉哉

四月十六日

1　老阿婆，系谢觉哉的继母王氏；二婶，系谢觉哉二弟谢礼卿的妻子。

2　当时的人民币旧币万元，为现在的一元。

致谢冰茹，自北京（1954年6月11日）

冰茹：

信早收到了，因为有点小病，久没有回你。

我不反对你要来京看我，但不愿你即时来，到明年甚么时候来罢！

你来京一回，要用上百万元钱，我现在还招待你不起。我们是供给制，是按人口给粮的，虽有点津贴，并不多。建娟[1]在此，用了一些钱，现在还在亏空着。我知道你也没多钱，即令有点剩余，应该寄点回家，去养你的儿子。

你现在最要紧的事是稳定你的职业。你以前做手艺工人，后来学电机，都是好的，但你把它抛弃了。现在做的甚么，有无成绩，对工作趣味如何，来信没有说。总之，不论做甚么，自己总要出力、用心，是人家信任你，组织上需要你；绝不可依靠人家照顾你。这是你第一要记住的。

读书、学文化，为的是劳动生产。你兄弟姐妹，都不大懂这道

1 建娟，谢觉哉的孙女，当时患结核性脑膜炎，到北京住院治疗。

理。我前在家，坚决要你介哥[1]耕田，现在不还是靠他一人支持吗?你们姊妹还向他打主意吗?——你把儿子交给（了）他。可是，你介哥也老了，耕田没有帮手。虽有儿子、侄子，送读书费了力，现在不能顶事，将来也未必对老一辈有大的帮助。你的儿子不知道几岁了，你现在就要教儿子在身边耕田或学习手艺，我想生活总可以维持下去，但她没有这样做。儿女有抚养父母的义务，尤其是衰老、残废的母亲。她应该责令她的儿女（我只知道他们有一个在志愿军），每月寄一点钱，三万或五万，每个儿女都寄点子，住在乡下，一月有得上十万元就会过得不错。

我七十多了。虽说还健康，但总是老了。我虽然不要靠儿女养老，但也不能帮助已长成的儿女。

此信抄琼英[2]一份。琼英现在宁乡卫生院治病。

父　字

六月十一日

1　介哥，指谢廉伯。谢觉哉大儿子。

2　琼英，即群英，系谢觉哉大女儿。

致吴岂凡、谢寄祥，自北京（1954年9月12日）

岂凡、寄祥如面：

我因外出并事忙，致几次来信未复。

公教人员公费治病，中央已有文件公布，现正在准备实施。京中与各省市进行情况都差不多，且决不会收外地的病人。

肺病不是可怕的病，可怕的是病人为此而着急。愉快、乐观、不过劳是治此病的特效药剂。来信说“为此十分着急”，这是不好的。应该是十分不着急，轻视此病，病就会离开你了。

我可以举出很多例子。达观的、适当保养的、不乱服药的患肺病的人不只病好了，而且可以长寿。

十年前，我患血压高、心脏病等，□□以为年老人患此，无法根治。但我并未停止工作，只行了下列几点：

吃饭莫饱，走路莫跑，遇事莫恼；

说话要少，睡觉要早，经常洗澡。

经过一二年的时间，这不是好了！

我劝你不要着急，也不必全不工作（如还可以工作的话），但必须乐观，适当休养，不过劳。住医院，不定很有效。

中医书上说：白芨治肺病很有效（白芨中药铺有买，研末可作糊糊吃，或糖调着吃），吃大蒜也有效。友仁用此治好了肺病，你不妨找医书看，试试。

养病，一半靠自己，尤其是慢性病。不要忙，不要急。

愿你们安好！

觉哉

九月十二日

致吴岂凡、谢寄祥，自北京（1955年3月2日）

岂凡、寄祥：

信悉。你做一个农业社调查工作，能把具体情况告诉我否？要一点不假，是啥说啥。

从事生产劳动，就是为人民服务。穿绿长衫、吃轻松饭的时代，早已被打倒了。愿你们好！

觉哉

三月二日

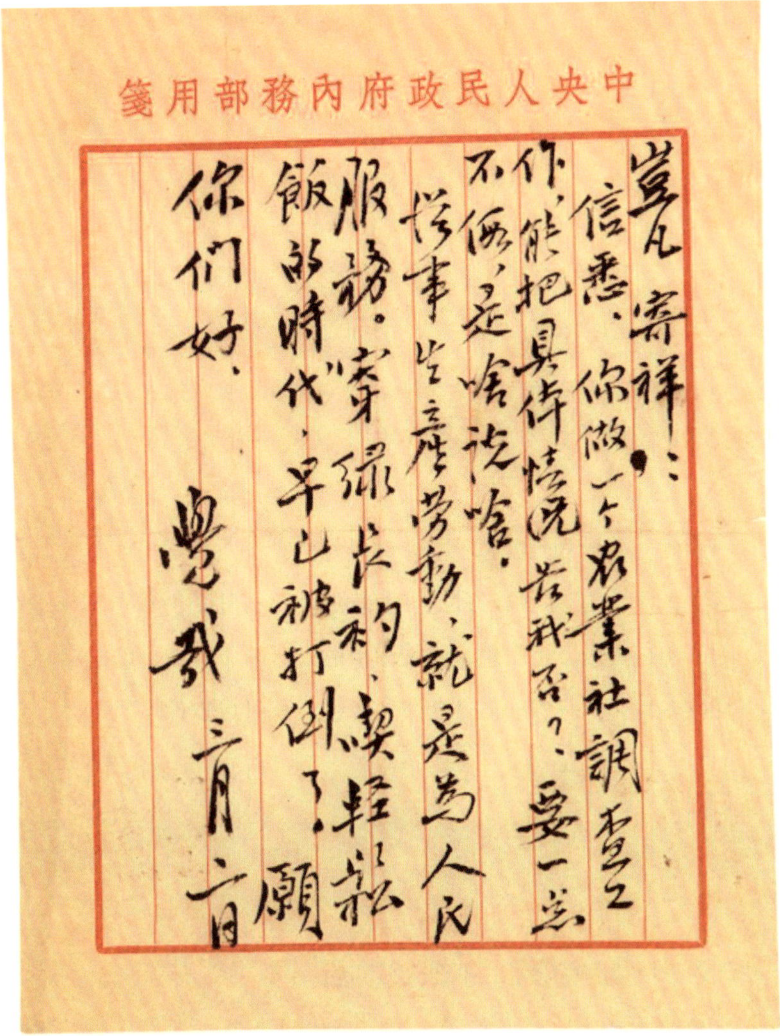

中央人民政府內務部用箋

岂凡、寄祥：

信悉。你做一个农业社調查工作，能把具体情况告我否？要一点不假，是啥说啥。

从事生产劳动，就是为人民服務。"穿綢长衫、喫轻松飯的時代"，早已被打倒了。願你們好。

觉哉　三月六日

原件手迹

致谢廉伯，自北京（1955年4月21日）

廉伯：

信收到。趁早为公公墓上立块碑是好的。

碑上的字，我可写好寄回，但他们生殁的日子，我记不大清楚了，起个草稿寄来，可拿神主内或谱上的对正一下给我，以便写好。

立碑大概在秋收后，估计要用多少钱，秋时可寄你。

父 字

四月二十一日

碑约三尺多高就够了，不要砌墓圈圈。

我身体还好，只目力差些，但每天仍是要看。听说你脚有点不好，好了吗？

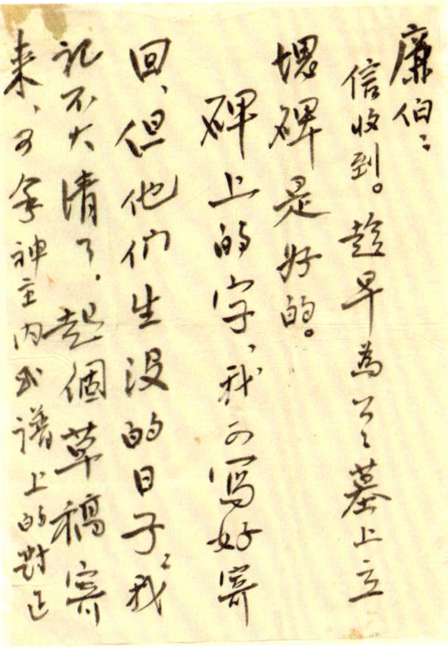

康伯：
信收到。茲早為公公墓上立
墈碑是好的。
碑上的字，我今寫好寄
回，但他們生沒的日子，我
記不大清了，請一個草稿寄
來，可查神主內或譜上的對正

原件手迹1

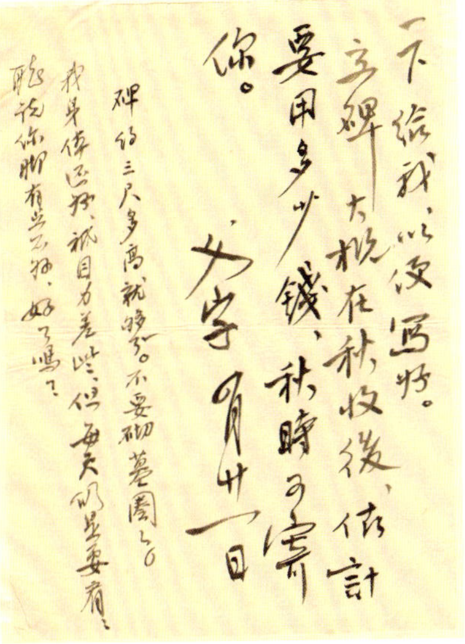

一下給我，以便寫好。
立碑大概在秋收後，估計
要用多少錢，秋時可寄
你。
父字 月廿一日
碑約三尺多高就够了。不要砌墓圈了。
我早作過狎，祇目力差些，但每天仍是要看。
聽說你腳有些不好，好了嗎？

原件手迹2

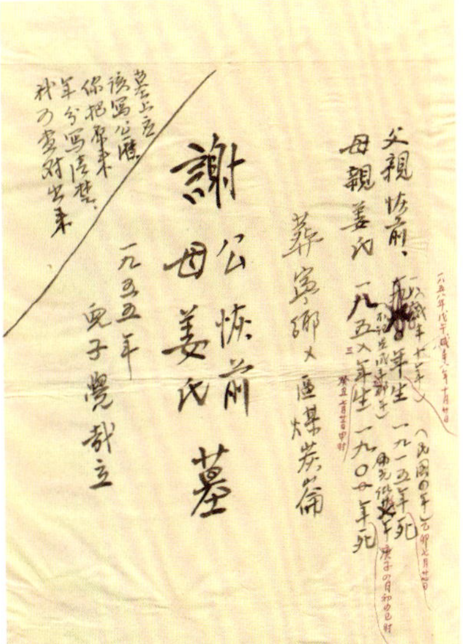

父親協前
母親姜氏
葬寧鄉
謝公協前
母姜氏 墓
一九五五年
兒子覺哉立
墓上立後寫公曆，你把農曆來年分寫清楚，我乃查對出來

谢觉哉为父母撰写的碑文原迹

碑文：

父亲恢前[1]，一八五八年咸丰八年戊午十月二十日生，一九一五年民国四年乙卯七月二十七日殁，葬煤炭仑，与妻姜氏合冢坐左。

母亲姜氏[2]，一八五三年咸丰三年癸丑七月二十二日申时生，一九〇〇年光绪二十六年庚子四月初四巳时殁，葬煤炭仑与夫合冢坐右。

儿子　觉哉　立

1　恢前，谢觉哉的父亲，名谢先绍，字恢前。

2　姜氏，谢觉哉母亲，生四子五女，谢觉哉为长子。姜氏四十七岁时病逝。在母亲病重与去世前后的三年里，十六岁的谢觉哉曾为母亲徒步去南岳山还“饿香”三次，尽显孝心。

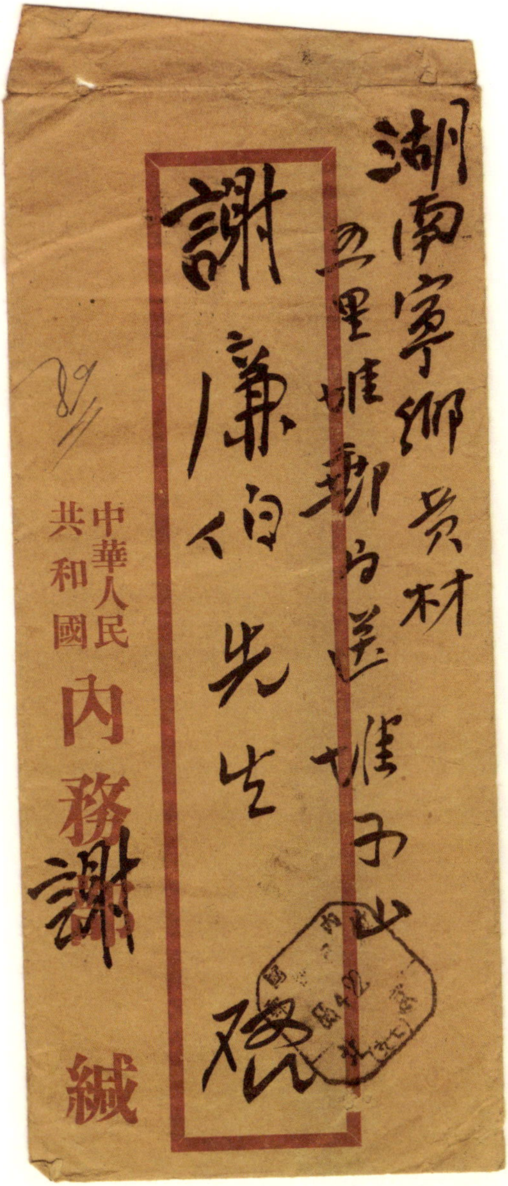

原件信封

致谢子谷，自北京（1955年6月22日）

子谷：

学初[1]来谈，要知道家里一方面形势好，一方面又不好。主要是缺乏劳动力，听说关淑[2]和你母亲因为营养不够很瘦弱。家里有土地，有生产条件。学初主张在你的两个小孩子中抽一个回家劳动，我很赞成他这一主张。对公社有利，对家里有利，对从事劳动的本人也有利。这个道理，想你现在已经懂得了。

廉伯及其媳文义[3]，最好也回家去，廉伯熟悉庄稼，虽然老了可以出主意。已要学安动员他们。我老了，你们兄弟也老了，应该采纳已经长大的孙子们的较为成熟的话。

1 学初，即谢学初，谢子谷儿子，谢觉哉孙子。

2 关淑，谢子谷妻子。

3 文义，即曾文义，谢廉伯的儿媳。

在西安看到你姐群英。

前信已收到。很好。

觉哉

六月二十二

致谢子谷，自北京（1955年10月16日）

子谷：

信收到。

耳朵聋，每天用手掌把左右耳开合几十次，叫做鸣天鼓，帮助耳膜震动。有人告我：他已行之有效，至少不再变坏，要行之有恒，我已行了几个月。年纪大了，眼昏耳聋，西医能诊断，无治法，中医有药方不都有效，靠碰运气。你是否跟外公学过医？看点医书有好处，我看过一册陈修园[1]的医书，你可看看，我这里有五十种，不知还在否？

我写的东西没有保存价值的，不过自己的心血有时总想再翻翻。大概二十以前是些应试文章，八股课本早已丢失，存下的所谓策论诗赋，记得有几篇可诵的；当教员时代有几本笔记，不知遗失在哪，办报时代（通俗报[2]、湖南民报[3]、宁乡青年等）写得较多，报纸已早没有；

1　陈修园，清代医学家。著有《伤寒论浅注》、《长沙方歌括》等医书。

2　通俗报，指《湖南通俗报》。

3　湖南民报，大革命时期中国国民党湖南省党部机关报。1926年7月创刊，由谢觉哉主编。1927年“马日事变”后被迫停刊。

秘密工作时代，写得不多，都随写随丢；延安到现在，写的大都印刷过，但保存并不全。总之，好的少，发表后就算了，也未必有人想再读。你校报刊不多，我偶然写的东西，你未必看到。不看，就算了吧！如想看，可教你的儿子为你收集。

农村的社会主义改造即合作化正在进入高潮，从事农业劳动生产的将更加奋发。已责令群英的小女儿回到祖父母处作田作土，地主家的子女只有老老实实作田作土，从劳动中改造自己，才是出路。

放在云山[1]的书，三十年了，谅已散失。云山完小教师和我通过几次信，我未提此事。他们都是后生子，说也不会知道。定定已入高中，她成绩较优，由校保送。飘飘、飞飞在初中。今年取消公费生制，都需交膳杂费。立初入的军事学校，不需要钱。立初语文平常，写信都似乎无话可说，应常常嘱咐他用功，祝你全家身体好。

十月十六日灯下

觉哉

1　云山，指宁乡云山学校。1909年后，“宁乡四髯”何叔衡、姜梦周、谢觉哉、王凌波先后在校任教或担任校长，提倡科学与民主和劳动教育，积极宣传反帝反封建的爱国主义思想，是“五四”时期宁乡的新文化运动中心。

致谢廉伯，自北京（1955年11月10日）

廉伯：

祖母[1]去世，我们只能在此带纱志哀。

丧葬费用都是左借的，必须如数还清。前寄百元，怕不够用，兹再寄五十元，交你收用。

秦叔[2]已在长沙否？

市上不能买到好竹簟子，望为我请篾匠做一，床和竹簟子（明年三四月）寄来，要花多少钱，寄你。

父 字

十一月十日

1 祖母，系谢觉哉继母王氏，于1955年9月12日故去。

2 秦叔，友人。

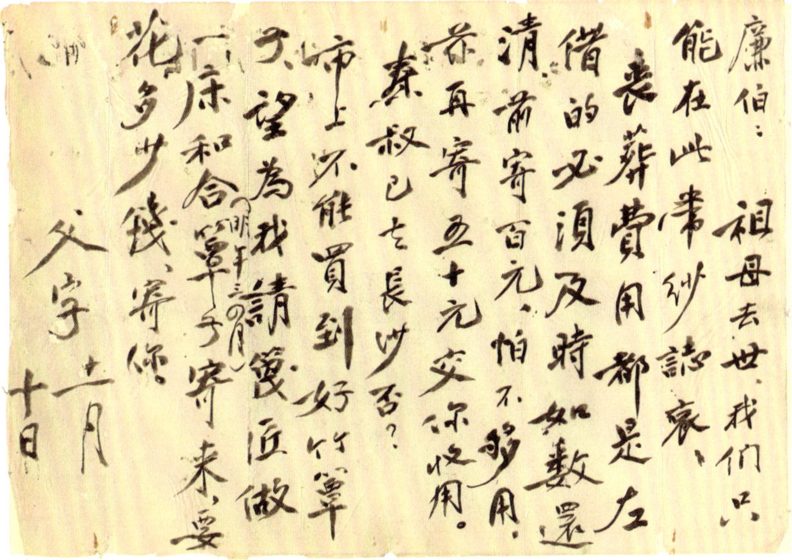

廉伯：祖母去世，我們只能在此帶紗誌哀，喪葬費用都是左借的，必須及時如數還清。前寄百元，怕不夠用，茲再寄五十元交你收用。秦叔已去長沙否？市上不能買到好竹簟，望為我請篾匠做一床和合竹簟（明年三四月）寄來，要花多少錢，寄你。

父字　十一月十日

原件手迹

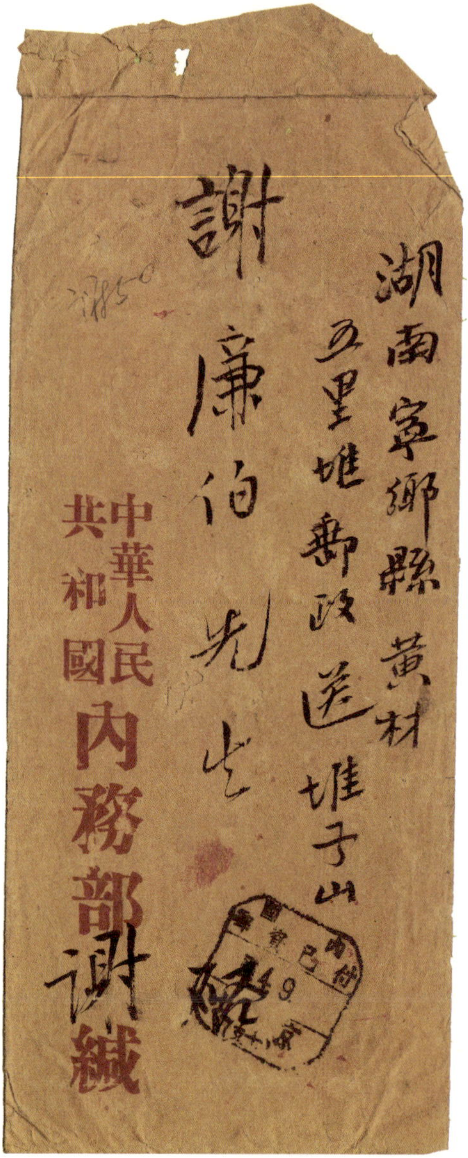

原件信封

致吴岂凡[1]，自北京（1955年12月14日）

岂凡：

《水口农业合作社办社一年来的成绩和收获》收到了，我请人读了一遍。

水口社本年除征购外每人平均分得稻子六百斤、红薯六百斤，再加上其他杂粮及社员家庭的猪、鸡、鸭、鱼、蔬菜等收入，生活比前是上升多了，请向社员同志们转达我对他们的祝贺。

这是我们初步踏进社会主义，生活美好的开始，也还仅仅是开始。党和政府要求我们在二个五年计划到三个五年计划期间，长江南北每亩地平均产量要达到八百斤；要求在第二个五年计划内要消灭灾荒；要求绿化全国，宅旁、水旁、路旁、荒山均要栽树；要求青壮年消灭文盲；要求消灭可能消灭的疾病；要求修路，大小路都修好，交通便利；要求第二、第三个五年计划内完成农业机械化。许多人说这些要求可以完全达到，且可提前和超额完成。我相信是这样，像我这样年龄的人也望能亲眼看到。

1 吴岂凡，谢觉哉的侄女婿。当时在湖南宁乡做小学教员。

虽然这样，但工作仍是艰巨的，路是要一步一步走的。骄傲一点，松懈一点，就会带来损失，不能前进就会后退。水口社今年增产了，明年定要比今年更增产，不然的话怎会一下就达到每亩八百斤或八百斤以上？（收获一千斤以上，现已到处有。）那就要想办法，找窍门。比如“陈砖土”、“塘泥”，明年不会像今年多了，而种双季稻，就得多施肥，厩肥是很好的肥料，如果饲料有的话，应该多养猪、养肥猪，有油、肉吃，又有肥料；发展耕畜，牛只吃草，又可“踩粪”。加生土，是好的。据说深耕可以把生土翻出，且可把虫卵压下去使它不能活。现还没有拖拉机，我在电影里看到双轮双铧的水田犁，两头大水牛背，好像耕得深一些，不知我地已使用否？国家已准备大批制造这样的农具。在材料里看到水口社防御洪水的仗打得好，但也看出你们的河堤有毛病，要结结实实地修好。种双季稻，长年要水，塘坝的水可否够用，也得先估计估计。烧的问题必须解决，从出煤地运煤来，学会烧煤，不然的话，树林就蓄不起来。这不是一个社能办到的，必须政府帮助，各社齐心，才能做到。

要进行这些工作，都要资本（买牛、新农具、水车、修堤……等），国家只能贷给一部分，主要靠自己储蓄，积起来，力量才大。因此，丰收之后，必须重视节约。毛主席把“增产节约”或“节约增产”四个字连在一起，是很有意义的。

我不是农民，对庄稼很外行，不能说出中肯的话，但喜欢听到农村进步的事。

你们的成绩已向上报了。报上载的先进合作社的经验和成绩，也应在农村传播起来。小学教师对此事应多负些责任。

要鼓励中小学毕业没有升学的学生从事农业劳动。他们有相当文化程度，在发展农业上很用得着他们，要打破他们读了书就不想“作田”的传统习气。

祝你们好！

觉哉

一九五五年十二月十四日

致谢凡宣、谢典衡[1]，自北京（1956年某日）

凡宣二哥、典衡八弟：

信收到。谷球[2]要学习工业，到什么地方去学，要看长沙有什么技工学校招生没有？如有，可由区乡政府介绍去。谷球是烈士之子，只要考得上，不会不收。我不管这方面的事，不知道哪里要人，也不能随便介绍。

来信说：谷球身体不好，于农业生产不适宜。据我所知，到工厂做工，更要有好的身体。如果想出外找点轻松工作做，那是很不容易的，请你考虑。

嘱为何志伟[3]君找工作，无法办到。因为：一、无论什么机关、厂矿招收员工，都要经过考取或由一定机关调用。没有可由私人推荐的，荐了也没有效果。二、现在各处都患人多，要减人，有些人还不免要回乡。出外找事是不容易，甚至无法找到的。

1 凡宣、典衡是谢觉哉的堂兄弟。

2 谷球，即谢谷球，谢觉哉堂侄谢南岭的侄儿。

3 何志伟，家乡友人后辈。

据我看，还是农村好。不要看农村现在有些困难；几年以后，农村生活将要逐渐比城市好。志伟既有文化，农村正用得着，不必到外边闯。

二哥你已八十多岁了，身体还健康吗？五姐姐还在世否？记得五姐出嫁，是我伴轿的，一眨眼就大几十年了，时间真是过得快。典衡弟病已好些吗？甚念。

此复。

谢觉哉

致吴岂凡，自北京（1956年10月16日）

复岂凡同志：

我有点忙，加上眼花，不愿写字，致许久没有复你。

合作化后，一方面出现很多想不到的进步现象，但也新出现许多急须解决的问题。在劳动上应给妇女以适当照顾，对年纪大、体力弱的须适当安排其工作，既是其中的问题之一。

廉伯来信似乎有些烦闷，你寒假中去和他谈谈，很好。我的视力、听力，吃了不少药，扎了一些针，有时似好一点，但不巩固。年华逼人是无可如何的事。

记得你前信还要我写几个字，我本来不会写字，年老了更写得不好。因此写了一个门额。希谅！

谢觉哉

十月十六日

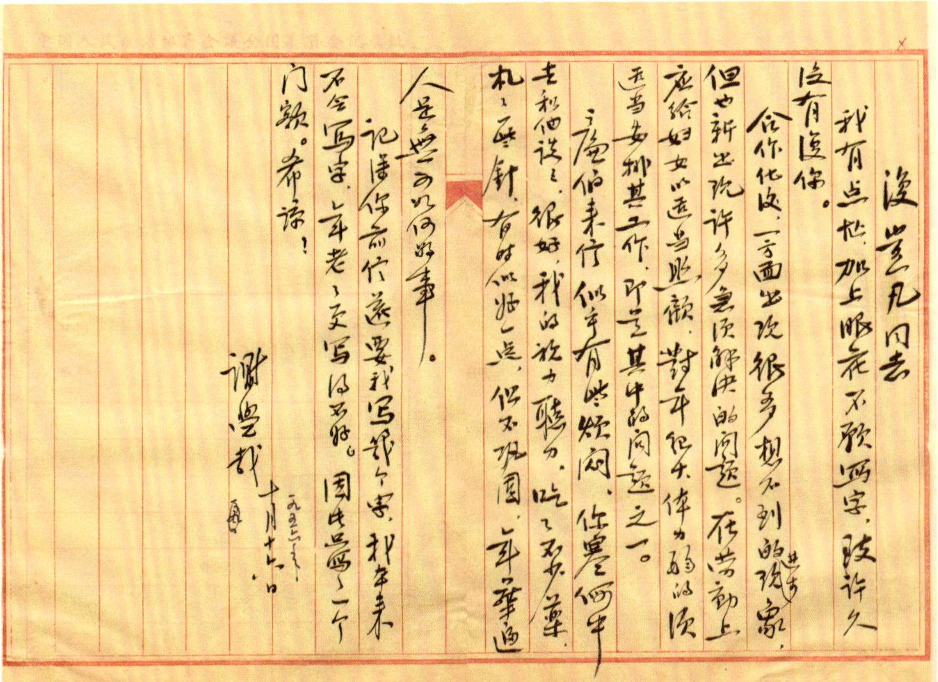

复岂凡同志

我有点忙，加上眼花不便写字，致许久没有复你。

合作化后，一方面出现很多想不到的现象，但也新出现许多急须解决的问题。在劳动上应给妇女以适当照顾，对年纪大体力弱的须适当安排其工作，就是其中的问题之一。

家伯来信似乎有些烦闷，你应俩中去私细谈谈。很好，我的视力听力，吃了不少药，扎了些针，有时似好一点，但不巩固，年华过人是无可如何的事。

记得你前信还要我写几个字，我今年来不会写字，年老了更写得不好。因此只写了一个门额。希谅！

谢觉哉

十月十六日

一九五六年

原件手迹

致吴岂凡，自北京（1956年11月26日）

岂凡：

十一月十一日信收到。

我的孙男孩子一个也不肯务农，我不知道写过多少次信，总是不听。现在是没有办法了。当兵、找事，不是出路；不做工就得务农，或者教员、医生等自由职业。

廉伯是个忠厚人。不耕田，做别的小工作，也可以。你想：他可以做什么工作，你可以帮助他一下。

寄祥目病，要善于养。抽点时间闭目静坐；不生气，不发愁，不性急，心神放宽广些；不吃刺激性的东西；可以渐渐好起来。吃药当然也需要，但就是对症的药，“眼百剂”，见效是不会速的。

今年工资调整，重点放在小学教师上，你们加了多少？

合作社的问题一定很多！中央发了几次指示，我县执行的情况如何？供销合作社的八小时营业制，引起农民不满，应该向上反映。今年乡里的选举情况如何？你知道一点否？

谦芳说有肺病，我给她开了个方子，和几年前给你的一样，最近来信说用了我的方子，已经好了。

你的进步很大，文字也有进步。……“真是两头出气”，应改为两头“受气”。

还有一些现在尚不通行的字样。

此复问你家好！

谢觉哉

十一月二十六日

致潘云冰，自北京（1957年5月17日）

云冰同志：

我很喜欢有像你这样聪明又能干的干孙女儿[1]。

这次回乡，看到许多女孩儿下田、挑担了，看到我的孙媳——文义[2]能挣得劳动工分又能管家了，更看到年仅十九岁已当了将近两年初中教员的干孙女儿。这些，在你们眼里是平常，而在离开家乡三十年了的我，不能不感到惊奇，因为变得太好了。这是新的社会带给我们青年一代的幸福，是女孩儿们真正站起来了的信号。

你想进大学，很好！但如进不了大学也不要失望。农村里很需要你这样有高中程度的知识分子。农村里有很多学校里不易学到的东西。你如爱好文艺，那农村更是充满现实和美丽的空间。比如友仁中学是一般中学，也是宁乡老粮仓[3]地方的中学，几百个学生绝大多数毕业后要参加地方的农业生产，那末就应教他们湖南及宁乡的地理、物

1 潘云冰，为宁乡友仁学校的青年教师，认谢觉哉儿子、学校的校长谢子谷为干爸爸。

2 文义全名曾文义，为谢觉哉孙子谢金圃妻子。

3 老粮仓，为宁乡地名。

产、耕田、作土、养猪、养鱼、蓄林等知识，教给他们以办农业合作社、搞社会主义的种种知识，使学校与农村联合起来，使学生毕业后从事农业生产不感到生疏。我到宁乡县正值他们开生猪会议，开得很好；张县长说正准备一个蓄林的文件提交人民委员会讨论；他们也准备写宁乡县志——不是旧县志而是记载新的，人民看了有用的书。这些，在搞教育的人看来，是何等宝贵的事。

四十年前我们在云山教书，已粗略感到科目有些空虚，会在规定的科目外加上乡村地理、应用文等，但当时的教员不都具有这些知识。现在好了，听到的、看到的、学生和家长要求的，都是现实的东西，只要我们去发掘，得到的总是宝。你问问你的干爸爸准备怎样，你们可以帮他出些主意，出些气力。

我还想告诉你：三十年前宁乡是什么样子？那时长沙到宁乡县、到黄材，没有公路，现在有了；那时宁乡县城街道窄而湿，现在完全变样了；那时只长沙有电灯，现在不仅县城有，沩丰坝电站已给农民家送电了，很快你们学校也可以用到双凫铺电站（听说已建设）的电了，不仅用电照明，而且将用电作动力；那时粮食没有这样多，现在约已增加了一半。一点使我不满意的是，解放中间森林遭到破坏，听说县府已采取措施，你和红领巾们要注意这事，因为这不是件易事，一棵树的长成要在十年以后。

试想想，将来（不久）你工作的地区：家家流水，户户垂杨；社社粮满仓，猪牛满圈；花果山到处是；科学文艺人人会。多么美满呵！多么快乐呵！

美好在前面，困难在面前。我们、你和你的红领巾们，要努力工作、学习，脚踏实地地前进。

你的语文还好，字写得清楚，文写得通顺，这是每个人不可缺少的工具。但是要练习，要下点功夫，我希望你一次比一次写得好。

我毕竟老了，视察回来尚在休养。你要继续和我谈，我欢迎。但先告诉你，不一定都给你回信。你可将此信给你干爸爸看，我不再给他写了。

愿你们都好！

谢觉哉

1957年5月17日

致姜一[1]，自北京（1957年5月21日）

一姐姐：

四月二十六日我回到了北京，同时接到了你的信。

我想要给你写一篇传，传呢，就是这封信。你看了，不要哭，只许笑。八十多岁的老人，伤心是不可以的。

你比我要大八九岁，我记得事的时候，在外婆家没有看见你，你已到彭家做“细媳妇”[2]去了。我第一次见到你，是同“上戴家湾里”一些人去河对面的山上杀草，走了很远，见一个屋子，说是彭家，我们在山上，你出现在阶基上，半大子人姑娘。我没有进屋，没和你说话。

后来，见面时候少，但你的行止，常听得说。你是一个勇于和环境斗争的人。正如你说的“从小苦起”，其实不只是苦，还有不少人欺负你，但你没有屈服。你又能顺应环境，当你流到宁乡县城的时候，流到长沙市的时候，我想没有人给你温暖的，但你却在困难中抚

1　姜一，谢觉哉的表姐。

2　细媳妇，湖南方言，即童养媳。

养大了你的儿女。我佩服你这员女将!

你又是一个富于情感的人。听说长沙马日事变后，你打听不出我的消息，听到浏阳门外杀人，就到刑场上去看，看有没有我的厂首;你又为我许过“回龙山”的“保烛”。当然，不只是因为我是你的表弟，而是你相信我们是好人，好人是不会做坏事的。

我外家的人都聪明，你是最聪明的一个。如果不是穷，读不起书，不是重男轻女的社会，那你必然能做出很多的事。但是，这样的社会已经打倒了，你应该为这件事欢喜。

你是一个能干的人，不怕困难的人，又是一个聪明的人，你的儿子、媳妇、孙儿女，应该向你学习。

四舅[1]活得最久，但没有看到革命成功，想他死时必然还在为我的命运操心。满舅母[2]孤苦一世，我初以为她早死了，后打听她还在，寄点钱去，已来不及用了。我对于外婆家没有帮助，对你也没有帮助，用不着感谢。

人是不能不死的，但多活些时间是可以做到的。只要你心事放宽，不忧愁，再活十多二十年并不是难事，老姊弟再见面的日子还是有。

祝你好，你一家都好。

觉哉

1957年5月21日

1 四舅，系谢觉哉的四舅，是信中姜一的父亲。

2 满舅母，系谢觉哉的小舅母。

致谢廉伯等，自北京（1957年7月8日）

廉伯、子谷、岂凡、鲁瞻[1]、笠仲、冰茹：

综合回你们一次信，比分别回信要易一些。

子谷似乎还没有看到我给云冰[2]的信。那封信里说："友仁中学是一般的中学，也是宁乡老粮仓地方的中学，几百个学生绝大多数毕业后要参加地方的农业生产，那末就应该教给他们湖南及宁乡地方的地理、物产、耕田、作土、养猪、养鱼、蓄林等知识，教给他们以办农业合作社、搞社会主义的种种知识，使学校与农村联合起来，使学生毕业后从事农业生产不感到生疏。"岂凡信说："月山乡的一个社每个劳动日已定分三元，现正在找寻其它门路，争取分得三元二角到三元四角"。月山乡能这样，我县其它地区应该都能这样或者超过。子谷信也说："肉有吃了，油也没问题了，粮食也补销了一批。"这是合作化后人们生活逐步走向富裕、克服贫穷的具体表现。如果今年宁乡的养猪计划实现，平均每人一年能吃到十五斤肉，

1　鲁瞻，谢觉哉的外孙。

2　云冰，指潘云冰。

谢觉哉回家乡宁乡与儿女们合影（1957年）

那就等于过去富农生活了。友仁学校种的“背时禾”五六十石坂田，也长得好，可望丰收。

以上这些都是教育学生的绝好教材，关键在于教师们如何运用。

试想想：一个劳动日能分配三元多，一个全劳动力一年做二百个劳动日，就分得六七百元。现在城市的工作者的工资绝大多数也不过六七百元，两下比起来，农村比城市强得多。这样的例子，已不是个别，已逐渐加多和普遍起来，今年比去年多，明年应比今年多。人口向城市流的现象，会改变为向农村流。几年前我讲过的话，现应该可以供你们回想。

不升学参加劳动生产（主要是农业），升学呢，迟几年参加劳动

谢觉哉重返宁乡云山学校（1957年）

生产。反正是一样。宁乡六十五个完小，七个中等学校，学生很多。试想，如果读了书，就不劳动，那社会会成什么样子？教育对人民有什么好处？子谷说："学生抵触情绪很大，教师也感到缺乏理直气壮来说服学生。"事实摆在面前，应该这样，也不能不这样；党中央和国务院的文件又说明了总的道理。那末，为什么还不能"理直气壮"？我很怀疑"抵触情绪"不在学生而在老师。教育人的人须先受教育。这就是你们目前对解决不能升学的毕业学生，从事农业生产问题的症结所在。办学校的尤其在农村办学校的，除按规定的课程外，还必须把学校所能接触到的生产工作、合作社工作、地方组织工作、地方的发展远景，当做教育的重要材料。我给云冰的信说："将来你工作的地区，家家流水，户户垂杨；社社粮满仓，猪牛满圈；花果山到处是，科学文艺人人会，多么美满呵。”这些都是已经肯定了的，但不知打动了这女孩子的心没有。

勤俭建设、勤俭治家，有计划的生儿女，是农村的重要事。芝芬[1]说困难，原来她已生了七胎，没有储蓄，这对国家对个人都不好。

我这次回家[2]，看到满意的事很多，唯一使人难过的就是森林的滥伐，岂凡告诉我沩山和沙田的护林办法，都很好。不久前我给宁乡县长写了信，摘抄如下：

总而言之，我们做了一件蠢事，正如《新湖南报》说的，为了今天，不为明天，更没有为子孙打算。

这个错误，我们负有责任。须公开承认这个错误（主要是上级领导考虑不周、宣传不够），然后可以：

一、可以向农民作交代。林业局报告说：“农民对育林护林不起劲”，是可以理解的。农民说：“你们把大的或容许把大的砍掉，又要栽小的，这是什么意思？”要向农民讲清楚，滥砍是错的，容许滥砍更是错的。

二、错了就要忍受错的后果，即：1、水旱有忧了，防洪防旱更吃力了；2、烧柴困难了，要节省烧，要烧茅烧草（煤还不能马上普及）；3、用材困难了，要节约用。——忍受这些后果，且不是短期的事。

三、因而可以激发农民对育林、护林的热爱。要爱护幼林像爱护孩子一

1 芝芬，系谢觉哉的四弟谢式坤的三女儿。

2 1957年3月26日至4月3日，七十四岁的谢觉哉在离家三十一年后，第一次返回老家宁乡，并在故居南馥冲住了两晚。他探访亲友，为中学生、教师、乡干部们多次做报告，遍访了故乡的山水、村落、县镇。

样。在育林中要发动群众讨论，采取好的经验；护林也要靠群众的力量，打击那些破坏者使之不敢再破坏。

四、被砍了的地方要有计划地栽种，缺水果的可栽些果树；大量发展油茶、油桐等经济林和用材林等。

复兴森林应和水利一样，成为农业社的头等任务。“农林水利”从来是连在一起的。县、乡人民代表大会要经常讨论森林问题，经过代表们去教育与领导他们所代表的人民育林、护林。县、乡人民委员会要经常讨论与检查这一工作。

如果我还活着，十年以后再回到家乡，到处都是几丈高的幼林，风景又优美了，水旱又无忧了……社员的林木不论已入社或没有入社，都应该不许滥伐并要有计划地栽培。因为这不只是关系个人利益的事。入社林木作价，低了树主不愿意，高了合作社出不起。可以采取由社管理，每年出产，树主可分红几成。如何分、分多少年，可以由双方合理规定。

群英受病的苦，年纪老了，好在儿女对她好，只要心里愉快，还可以多些时期。

笠仲是个乐观主义者，依我看，应还有些计划——生活上的、工作上的——才好。

小谷[1]吃粮问题，高世文[2]有信给冰茹。这类问题，应可以解决。小谷你可告诉你祖母：你是梁山伯的英雄，“行不改名，坐不改姓”，你永远姓何！在兰州读几年书，能够单人旅行了，你就要回去看祖母，要你祖母把户口证开给你。你祖母很穷，要你母亲

1　小谷，系谢觉哉女儿冰茹的儿子。

2　高世文，谢觉哉的秘书。

寄她一点东西。

茶叶我有，岂凡不要寄了。煤炭仑的碑[1]，迟一点立，可以。没接到吴岳中[2]的信，我不知道司法手续，据说上诉期过了，如有一定的理由，还可以申诉再作审理，但不一定都一律受理。看董院长[3]在人代大会上的报告就可知道。

岂凡问你岳父立嗣问题，立嗣是否必要？值得考虑。我这里几个男孩子，他们除父母外，家族的任何人都不知道，也不会回家乡。立了有何用？可嘱咐芝芬、寄祥[4]的孩子年节去打扫打扫外祖父母的墓。礼慈[5]的孩子隔得远，谦芳的孩子更难说了。

任何事都有困难，但困难总是可以克服的；社会主义建设正在猛进，但是要我们去争取。你们有的年纪已大，但比我还年轻。望自己思考，前进。

最后把在路上写的打油诗给你们：

（一）

一为迁客去长沙，回到长沙不识家。

人物依稀城廓改，天心园里看桃花。

（二）

四十离家七十回，亲邻半在鬓全催。

1 指为谢觉哉父母立墓碑一事。

2 吴岳中，是吴岂凡的哥哥。

3 董院长，指最高人民法院院长董必武。

4 芝芬、寄祥，系谢觉哉四弟谢式坤的两个女儿。

5 礼慈，系谢式坤的大女儿。

入门相见不相认，握手先通名姓来。

谢觉哉

一九五七年七月八日

致谢笠仲[1]，自北京（1958年2月4日）

笠仲：

信都收到了。

我知道你的生活困难，但没有多力量帮助你。我也是一月了一月。自己有意造成较紧的情况，去今两年，我买公债不少，每月要扣去1百元工资，这就自然不得不节俭一些。

你父亲和你介哥的姊都问我要旧衣，旧的穿在身上，只好买点旧的寄给他们。

记得在你家里，我说过：不要害病，我知道有人害病，就会发生麻烦。自然谁也不会想要害病，但是病是可以预防或使之少发生的。你父母都50以上了，应时刻注意保养自己。唐人诗："身多疾病思田里"，大概老病的人住农村会好一些。你一定会问："伯伯不是老人吗，为甚又住在城里？"回答："我不能不住城里；我住的地方比你处好；但我还是喜欢农村。"

你早起晚睡"精神很充沛"，好的。但你不说犹可，一说我又多

1 谢笠仲，是谢觉哉的侄子，即同父异母的弟弟谢鲁宜之子。

心。为要保持长久“充沛”，你：一要有志气，常像早晨的太阳一样；二、要有知识，包括卫生知识、持家处世知识在内；三、要多用脑筋，工作、生活都有计划，任何事来，心不乱，有法子对付。

勤俭持家的风尚，报纸上说的很多，蕙风姑娘[1]，你爱人（名字忘了）谁在这方面在行些？问问。

我去年昏了一下子[2]，也许是“报信的”罢。七十四岁了应该报信了。不过我现在还好。《中国青年》第三期有你一篇文章，原稿送我看过，我改了一些，不知为什么“改稿”并没送达编辑部。待查问。

你要我支援四十元，如数寄你，请查收。

并祝你父母亲“勿药有喜”。

“勿药有喜”是易经上的，不要吃药，病就好了。

你的伯伯　觉哉

一九五八年二月四日

1　蕙风、笠仲是姊弟。

2　指谢觉哉在接待外宾时，突然晕倒的事情。

致谢子谷，自北京（1958年12月15日）

子谷：

我刚从武昌回京[1]，看到你的信。你要来京看我，是可以的。在长沙过生时，梁栋[2]已告诉我。我年已老，身体一天天衰，你有机会来谈谈也好。

你说要买机器，我不知道哪里有买。只知道机器分配不来，有也要经过一定机关，私人关系是买不到的。贺学文[3]说甘泗淇[4]主任答应他买点什么，不知道他买回没有。要有，可能是某部门所管的事业，有什么不用的东西。

贺学文来了两次，现想已回家。你来，不要带甚么买机器的使命，会使你回去时不能交账。

红五月社晚稻亩四百多斤，连早稻大概是八百斤。贺学文说晚稻

1 1958年10月，谢觉哉赴河南、湖南、广西等地视察工作，11月到武昌出席党的八届六中全会。

2 梁栋，系谢觉哉的外孙子。

3 贺学文，是家乡的基层干部。

4 甘泗淇（1903—1964），湖南宁乡人，曾任中国人民解放军总政治部副主任，上将军衔。1918年，曾就读于宁乡云山学校，是谢觉哉的学生。

也是四百斤连早稻每亩达一千二百斤，是否如此?

问家人好。

觉哉

十二月十五日

致谢群英等，自北京[1]（1960年3月29日）

群英女儿、鲁瞻外孙
并抄送鲁宜、笠仲、廉伯、子谷、冰茹、耘平[2]：

不久前看到冰茹、鲁宜、笠仲、廉伯、子谷、耕平、群英、鲁瞻，只冰茹、子谷较健康，其余身体都不大好。本来将近六十岁的人，出老相是常事，但注意的好，活到七八十岁甚至更多，身子还健康是可能的。三四十岁的人有点养身病也是常事，但把它治好并不很难，问题在于自己会调养。

讲点故事：我母亲（群英的祖母）生我们兄弟姊妹九个，有两位很小就死了（三弟三岁，九姊大概不到十岁），其他几位都是二十多岁死的，只有你四叔活到四十多岁。你祖母也因痛儿女得病，只四十八岁就死了。有好几位的死，我都亲侍奉过，请医求神，忙过不了，但是病人总是一天天坏下去。我很心伤，开始怀疑治法不对

1 1960年2月14日至15日，谢觉哉第二次回故乡宁乡。由于反感“隆重接待”，他在故居只待了二个小时，即离去。

2 鲁瞻，即姜鲁瞻，谢觉哉的外孙；鲁宜，谢觉哉的弟弟；笠仲，谢觉哉的侄子；廉伯、子谷，谢觉哉的儿子；冰茹，谢觉哉的女儿；耘平，谢觉哉的孙女。

谢觉哉在湖南与女儿群英及外孙鲁瞻合影（1961年）

头。年纪大了，看过一些卫生书籍，知道人是要死的，病也是可以治好的。所谓“尽其天年”，活到你不能不死的时候，还能走路做点事，完全可能。

不信吗？我现在七十七岁，比我父亲多活二十年，我父亲身体比我结实，又不缺乏衣食，只性情急躁一些，有些事我看了很平常，他看了就生气。你们知道的，桑树坡的李曙亭四公听说活到将百岁才死，吴秀南听说活到九十多岁。这两个人的物质生活都不很好。据我记忆所及，他们都是心平气和，从不和人计较，我没见他俩生过气。

由此可见，人要身体好：医药、饮食……等客观物质虽然是重要，但最主要还是心怀宽大，精神快乐，加强自己的生命力，同时又善于与各种危害身体的东西作斗争。客观物质有时受到限制，主观的精神则是没有限制的。“心怀宽大”不只是“看得开”、“心术好”，而且要经常抱着为“别人好”的心思，而不能只顾自己。你们都过过剥削生活，我也过过，只是比你们离开的早些。剥削生活是可耻的生活，不止害人而且害己，使得自己心肠窄狭，没有真工快乐的时候。你们事实上离开了这种生活，还要从思想上感到那种生活是可耻的，狠狠地把它摔掉，走入另外劳动生产的路，这样，精神才能得到解放。

十年前曾同一些老的同志扯谈，谈到同辈的朋友，都不在了，而我们却还存在，大家认为参加革命是重要原因之一。心怀开敞，没有忧虑，只要不被敌人杀害，多活一些年月，是会有可能的。

道理是这样：人身内的生命力，时时刻刻在和危害他的敌人作斗争，一直斗争到生命终结。这个生命力的总机关是脑筋，即神经中枢。心怀宽大无忧无愁的人，他的脑筋健全，血液流动正常，因而很容易把衰弱的地方补充起来，把危害驱逐出去。那些心肠狭窄多愁多虑的人，脑神经常受到损害，其作用也就要差得多。

要做到精神舒畅，容易也并不容易。有的人虽然是革命者，但常不免为点小事如工作上的挫折、个人的委屈，就埋怨起来，忧虑起来，因而就影响身体，甚至害起病来。

二十年前，我患过高血压症，医生认为快六十岁的人，只能维持现状，不可能使之低下去。我听了不以为然。自己拟了几句治疗的话，写在壁上：

吃饭莫饱，走路莫跑。

说话要少，遇事莫恼。

睡觉要早，经常洗澡。

一二年以后，血压正常了。有人说：“遇事莫恼”，不易做到。我说只要想想“恼”是不能解决问题的，那就不会恼了。

现在年更老了，更受不起刺激。因而我总是力求避免刺激的事。遇有使人兴奋的事或忧虑的事马上静下来，不急不躁，心平气和，可以保身体也可以解决事情。气功治疗，是使脑筋静下来，得了休息，因而能加强本身生命力的抗病作用，道理就是如此。鲁瞻习气功，只要经常、认真，疗效是百分之百的。我看你们都可以做，这是不花钱不费时间的医疗方法，年轻人可以做，年纪大的、有病的，更需要做。

我所要讲的主要是这些。

吃的好些，是重要的，这在你们并不生疏。但如果办不到，尤其在荒年，那就不要把希望放在这上面。

医药不要乱用，最好要知道药性，我知道一点中药道理，是在自己害病中学到的。

适当劳动，适当休息，注意一些卫生常识，都很重要。

姜忠[1]调工作的问题，我不知道可不可调，如果可调，姜忠可以自己请求，如不可调，那旁人说也是空的。不要认为地位高的人可以说情，这是旧社会的习气，早已经不作兴了。要向媳妇说明。凡事都可以习惯的，吃麦子、高粱、包谷的地方多，那里的人都长得结实高胖，甚至比吃大米的还好。怕什么，我是吃大米长大的，现在什么都吃，从来没有吃不惯的事。你媳妇如果把这件事对人讲，怕也有点不好意思。

群英没有目只有耳，建议鲁瞻、罗叔和、良栋[2]每天念一回报，一

1　姜忠，谢觉哉的外孙。

2　罗叔和，谢觉哉的外孙媳妇；良栋，即姜良栋，谢觉哉的外孙女。

天每人大概念二十分钟，合约一点钟光景。念的人有好处，念比看要了解深，听的人有好处，可以开开脑子，心境也跟着快活了。

我这回到福建住了一个多月，又到南昌、杭州、上海，最近才回京，身子是老了，但没有甚病，我是不要你们操心的。

好久想写封信，总没有写。老了，连使熟了的笔也难得使了。

愿你们大家都好。

觉哉

三月二十九日

此信打印给每人一份。

致谢廉伯、谢子谷，自北京（1961年1月20日）

廉伯、子谷：

十二月三十日、一月十日信，都看了。

“现在人想向城里跑，不久恐怕城里人会向乡里跑，形势很好。”这几句话，你们知道了并说出来了，是一大进步。以前你们是不这样想的。但还要当真地知道农业是建设的基础，知道农村与城市的差别，脑力劳动与体力劳动的差别必须也正在逐渐消灭，然后，才能由口头说说进到有实际行动的打算。

劳动力正向农村返还，据说去年有二千万劳动力还乡了，今年还要回去一些。这些回去的人，是有精简的，有的是下放的（他们还领工资）。不管怎样，农业是基础，农村是老家，总得向那里去。将来也会想到那里去，你们的儿子暂时有的下放乡村劳动，将来还要退伍，就是学了技术的，也多数要用之于农业。第六中学实际是农业中学，为农业培养人才。那么，现在就要向这个方面打算。你们的儿子大的都出来了，小的现在应该想想，胜我、利他寒假时或在学校或在家，农活还多着，边做边学，养成爱农活的习惯。关淑只是个半劳动力，不能多向公社出工，但是养猪养鸡，在屋角路边种点蔬菜，收益也必不少。我在家没听说过死鸡的，关淑养鸡为何折了本，要研究原因，不要不想。

你母亲快八十了，她带儿子，带孙子不知费了多少心血，她一生不用钱，也不吃好的。估计她现在并不需要甚么，需要的是儿孙们招扶[1]她。八十岁的人随便碰一下可以致死，寒假时候子谷为甚不回家服侍母亲，而定要很远的来看你那不需要你服侍的本生父？这里你应该想想。

梅馨[2]很困难，你们有多钱可以帮助点子。

去年正月我到宁乡看了许多好东西，值得称赞的，但也有的看不顺眼。为甚么我只在南馥冲站了两个钟头就跑了，因为逼得我不能不跑。连夜由谭家湾修一条到我屋门走汽车的路，这是为什么？堆子山的木桥没有了，不修（听见细屋背嘴的桥也没有了），却赶修一条过汽车的桥——涨水就要被冲去。屋子里站几个穿白衣的招待员，不知道在哪里学来的。院子里站的不少，但没有一个是左邻右舍的。幼儿园几个幼儿从西湖冲赶来，那几个幼儿是长得好，但应该看看附近的托儿所及家庭的幼儿，但来不及了，只好走。

到流沙河[3]主要是看鱼，有人吹得厉害，后来我对张县长说："乘舟归去看蔬鱼"，不是看这样的鱼，这是摆样子的，应付参观者的。

在县里吃过饭跑到老粮仓不过二小时，你们要我吃饭，我不肯吃。关淑说：都是儿子，为甚不吃？我当时没回答。如在你的家里，

1 招扶，系方言，意照顾。

2 梅馨，谢觉哉的小妹。

3 流沙河、老粮仓均为宁乡地名。

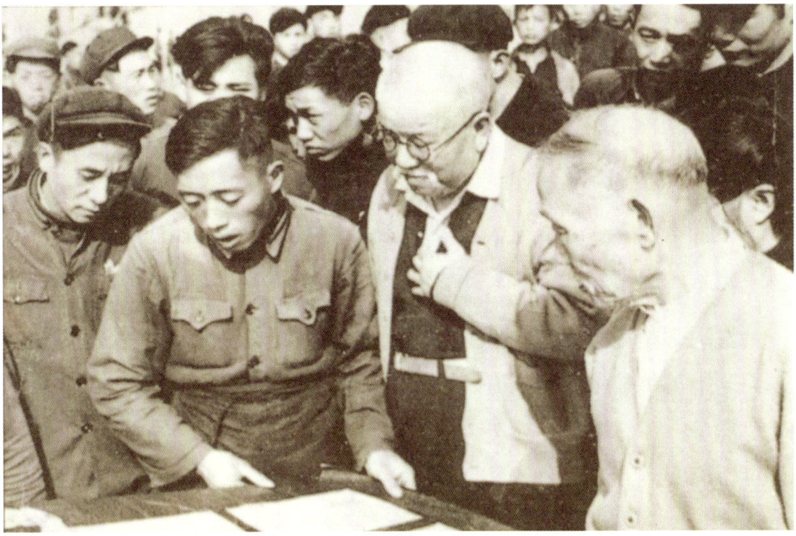

谢觉哉与徐特立到湖南参观视察（1961年）

关淑做几样小菜——煎豆腐、擦菜汤之类招待我们几个人，我一定高兴吃。可惜不是这样。在六中[1]吃饭有四桌人，我问为何这多人，说都是随我来的。流沙河社又是丰盛的饭，听说五里社也准备了饭，好像谢胡子是个冒底洞，可以吃个不停。到宁乡县，你们又都来了，又是几桌，也站不住，只好急走。

我四十多岁才离开乡村，乡里的印象留的很深。现已年老事少，到故乡住几天，随便看看谈谈，于人于己可能有一点益处。但必须给我自由，不要有这么多人围了我，允许我自由到食堂买。我不能同劳动，同吃同住总还可以。

这回，我不怪县、社的人，也不怪你们，只怪我自己事先没有严格说清楚。这对我是一个教训。

1　六中，指宁乡六中，原友仁中学。

当时没来得及向县委汇报，只在信上提了一下。

这次去长沙，可能住几天，你们可不必来，如要来，也只你们两个来，一宿两餐，因为我住在省委，那里不招待别人。不来也可以，要讲的话，只是这些。

你们都快六十了，体力劳动逐渐成为过去，但脑子思虑问题，应该比青年人强，希望你们凡事多想一想。

我历来是动眼动笔的人，现在也减弱了，只脑子还可以想想，但想的范围也不能不有控制。

好久不写这样长的信了，字也写得不成形了，就此搁笔，愿你们好！

父　觉哉

一月二十日

致吴岂凡，自北京（1961年5月23日）

岂凡同志：

眼昏手弱，复岳云[1]的信，正授意秘书同志在写，写完还得瞅打字员的空子打印，因此发出尚要等待几天。

岳云的信虽然没提民主集中制字样，但那里已有六十条[2]上民主集中的事实，现在要巩固这个制度，就是要遵守六十条的规定，按期召开“社代”、“社大”，认真讨论，把主张变为全体社员的主张，也既是成为他们自己的“担子”，自己整理的担子，自然挑得认真，有把握。要按期改选社队的干部，选举社员自己信任的人。听说沙田公社也撤换为小队，不称职的干部现要撤换。为什么不发动社员选举？好的，总会选上的。上面派来的人和自己选的人，在社员看了，味道是两样。管理委员会也要实行民主集中制，不能是领导说了算。要全体和多数同意，这叫做集体领导。“把生产权利交给社员”，不是“交”，

1　谢岳云，系当时宁乡县沙田大队的书记。

2　六十条，即1961年3月中共中央通过的《农村人民公社工作条例（草案）》，是为了纠正人民公社化过程中的“一大二公”、“共产风”、“浮夸风”、“放卫星”等不尊重科学，不尊重实际的极左倾向等问题而制定、贯彻的。

权利本来是社员的，以前被一些蠢人夺了去，站在社员头上瞎指挥。现在是收回权利的时候了。

同我上下年纪的亲属，只有姜一[1]姑是个能干人，假如她现还年轻，定是一员女闯将。她有个好儿子，听说她的孙男女也听话，她可以再活下去。老年人怕刺激，怕过劳，请告诉新瑞夫妇注意。

前信说“肝瘦”，我疑是“干瘦”之误。慢性病，主要要看不起病，让自己的生命力来克服。吃药只是一种助力。

感谢你们送咸鱼。后不可为例，应留着自己吃。祝

你好！

觉哉

五月二十三日

1 姜一，系谢觉哉的表姐。

致谢寄祥，自北京（1961年7月1日）

寄祥：

6月20日信收到。

你大队说："谢老同意你去肖家湾[1]住，大队就同意"。安排社员的住屋，是你们大队的事，为甚么向我推？肖家湾不是我的，那里人住进住出，不止一个，为甚么对于你去住，要问我？这不是很奇怪吗？

且把这件搁下。我想和你们大队谈谈。

下面是我要问你们大队的话，请寄祥转给他们看看。

"我是沙田大队的人，离家太久，不一定认得你们。但如提到你们的父亲祖父，或者不止认得而且很熟，望你们不把我当作外人，和我通信，我保证一定回信。

"沙田大队包括哪些地方，哪些地方的屋子，我还依稀记得。前几年有来人说：我们那里人增多了，但屋子并没有增加，我就想到家乡住屋的困难。何况又拆掉一些，拆屋子作肥料，是天大的蠢事，但蠢事已做过了，挽不回来，目前是如何安排一些没有房子住的人，都

1　肖家湾，指谢觉哉出生的故居，土改后分给他人居住使用。

得安置。你们大队的管委会讨论过没有？和群众商量过没有？定出甚么办法没有？办法总是可以想到的，只要去想，大家去想。

“失去屋子的人有多少家，他们是些甚么人，请你们调查一下告我。拆掉的屋，是要赔的。但屋不比其他东西，其他东西也主要要赔实物，已没有实物而可以买到的，也可以赔钱。屋是有钱也买不到的。要起，起屋不容易，要砖瓦、要木料，要打地基，一下子哪能做到。在社员个人难，就是公社大队也不易，要经过一个时期才能恢复。但人却不可以一天没有屋住。必须重视这个问题，这就关心人民生活，万不可推出不管。

“怎么办，只有一个办法：‘挤’。没有分配给社员的公家屋子，可以暂时分一些给没屋的人住，等他的屋子起好了，再搬。肖家湾如属于你们大队，听说是没有分配的，是公屋。月行山祠堂是公物可以住两家；堆子山公所和茶亭，可以住两三家等等。还有，有些屋权是属于私人的，但屋子有多，可以商量和他租（但不可强租，要主人自愿），租金由被拆掉屋的人负担或由公社、大队负担或补贴。你们可斟酌情形办理。

“此外，要起屋。首先搞易的，听说石屋子冲屋拆了，屋基（屋脚）想还存在，可以不费大力恢复简单的房子。你们想还记得萧十瓦匠，在金圃园的瓦窑住过几十年，那样的屋总不难起罢。当然你们还应有远景，把人民的住宅搞得更好。

“目前是最困难的时候，凡社员个人解决不了的困难，大队要帮助他们想办法，并动员大家想办法，即互相帮助地想办法。肖家湾的屋子不关我的事，屋权不是我的，是大队的。你们说可以给寄祥夫妇住，就可以给他们住，不要问我。

“我还想知道你们大队生产生活的一些情况以及整风整社的一些情况。如能告诉我一些，那更感谢。”

下面再向寄祥说几句：不记得以前寄给关于保护身体的信没有，如有请注意体会。要的药，买到了就给你寄。

我老了，写字看书都很困难。对于你们的帮助只能是几句话。以后写话也难多了。愿你们好！

你的伯父　觉哉

七月一日

致谢子谷，自北京（1962年4月26日）

子谷：

子谷信收到。

群英一家鲁宜一家，无条件自搞副食品，故前信只谈精神修养。你不同，在校在家都可以搞点“小自由”。我现住的院子，也种菜、养鸡，只肥料少，喂料少，收益不多。

“医方倍旨”上有“习玄？”一章，即现在的气功疗法，老年人习下子，有好处。

金圃[1]说：关淑、书四伯母[2]现在南馥冲，几个老女人劳力有限，春假时，建娟、胜我、利他应回去做点重活——如平整菜地、挑肥料等。

你提到十二条政策，没提到人民公社工作条例六十条。六十条想已到了乡间，金圃说沙田社的大队已划小了，但没说社员大会及社员代表大会。你说的“反偷窃”应动员社员在会上讨论，变成群众的行动；同时对于真正困难的人，应予以照顾，估计偷的人总有些是实在

1 金圃，即谢金圃，谢觉哉孙子。

2 关淑，谢子谷妻子；书四伯母，系谢廉伯再婚妻子。

没有办法的。“偷窃风”不是硬禁可能杜绝的。

我很担心你梅馨[1]姑姑是否能活下去。她没有劳力，人又笨。她住在高仑峰，离南馥冲不远，你们可去看看或叫她来，替她计划一下，如何布置以后的生产、生活。她是要帮助的，但帮助做甚么，帮助多少，帮助到何时？她来信都说不清楚。你们应替她计算，不只是开口要，而是估计能做到也必须这样做（包括公社帮助在内）。详细地告诉我。

群英已到西安。

我精力已衰，不能和你们多通信。

觉哉

四月二十六

1　梅馨，系谢觉哉同父异母的妹妹。

致谢子谷，自北京（1962年5月15日）

子谷：

你的信来了很久。我已不像从前，不能多写信给你们！

农村估计已有好转，大概执行了六十条政策比较彻底的地区要好些也好得快些，而执行六十条的主要政策又在民主集中制上面，不知你们看法怎样？煤炭仑的立碑费用[1]如需要补，可告知我，直接寄去。

今年生日我没有外出，写了一首诗给你！我人还好，勿念，祝你好。

觉哉

五月十五日

1 指为谢觉哉父母亲墓地立碑之事。

致谢金圃[1]，自北京（1963年5月23日）

金圃：

四月二十日来信接到了。

你和婶婶、文义偷砍树木是很大错误[2]。公社对你们的处罚是完全正确的。不久前，我在回复沙田大队的信上说：要你们在社员代表大会和社员大会上做检讨，而且不只一次，要直到大家不要你们检讨了为止。又说：你们应该向前人做检讨，想想水德塘、乐家岺、肖家湾直到南馥冲过去的树林，你们的前辈是怎样爱护树林的，而你们却在破坏树林。你们还应该向后人做检讨，前人栽树，后人遮阴，你们的儿子、孙子连遮阴的地方都没有，他们会埋怨你们做父亲、母亲、祖父、祖母的。

1　金圃是谢觉哉的孙子。

2　婶婶，指谢金圃的婶婶何关淑（谢觉哉的儿媳）；文义，即曾文义，谢金圃的妻子。1962年冬，湖南宁乡县一带滥伐林木成风，谢觉哉故居南馥冲附近的山林遭到严重破坏。何、曾二人曾向有关部门反映这一问题，并提出合理采伐修缮故居的请求，但未引起重视。她们便赌气在自留山内滥伐树木。事情发生后，社、队领导对她们的滥伐行为做了处理，砍伐的树木除留部分修缮故居外，其余的予以没收，并每人罚款一百元。同时大队向谢觉哉同志反映了这一情况，谢觉哉随即复信批评了自己亲属的错误。

这次，你们偷砍树木，一面是违反了国家的政策法令，一面是只顾自己、不顾别人的剥削阶级思想在作祟。你们是地富家庭出身的人，思想没有得到改造，觉得树木不是你们私有的，你们就可以轻易去砍伐。因此，我说你们这次所犯的错误，不是一种偶然的、不自觉的，而是自己的剥削阶级思想在作祟。所以，在这次农村开展社会主义教育运动[1]中你们要很好地做检讨，尤其你是个共产党员更应严格要求自己，深刻地挖一挖自己的思想根子，认识错误，求得提高，保证以后不再犯。

对护林、育林的重要意义你们不是都了解的。我去年在内蒙写的那首大兴植树之风的诗[2]已寄给吴岂凡转你看看。四月三十日人民日报上登有乐天宇[3]的:《森林在发展农业中的重大作用》的文章，你可以找来看看。上面说：如果失掉了森林的气候调节作用，必然要破坏优越的农业气候，以致使农业收成减少，甚至无法进行农耕。也即是说：没有森林就没有农业，没有好森林就没有好农业。上回你到北京对我说：南馥冲那里只有三根竹子难得保全。我说最要紧的是竹娘，应交生产队保全，大概你没有照办，可能现在都没有了。你说，护林与破坏森林一直在斗争着，这是对的。可是你们在这斗争中站在哪一

1 社会主义教育运动，是指当时先后在农村开展的“清政治、清经济、清组织、清思想”的运动，又称“四清运动”。

2 谢觉哉1962年春在内蒙视察，途中写的诗《大兴植树之风》全文如下：

百年之计树人，十年之计树木。树木何止十年，计划应该百世。农林水本一体，务林有多好处。
可使气候温和，可使土壤肥沃。可使庄稼保收，旱灾水灾不惧。用材燃料不愁，水果油料丰富。
内蒙植树成林，尚止一角半角。防沙遮日美观，已使多人羡慕。只要号召有方，人人就会自觉。
社社育苗有圃，人人护林有约。宅旁路旁水旁，山上沟里都植。爱小树如小孩，爱大树如老父。
收益分配章程，公有私有兼顾。有关风景林区，千年百年保护。十年之后改观，到处树浓花馥。
满仓满圈家家，流水垂杨户户。人力改造自然，塞外江南名播。

3 乐天宇，农学家和生物学家。

边呢？过去你们是站在破坏的一边，现在应站在保护的一边。而且不是口头上说保护，而要有具体的行动。要知道现在树林既然少了，剩下的就更可贵。因此，我写过要爱小树如爱小孩，爱大树如爱老人，不知你认识到这些没有？

我年纪老了，身体衰了，可能不会再到宁乡了，也不打算再回去，即使到宁乡，也不想再到南馥冲，你们也不要来，除非你们变成了建设社会主义发展生产的积极分子，变成了育林、护林的模范或先进分子，到那时你们再来，也就不觉得惭愧了。

上回寄你一本书接到没有？这次来信未提及，如未接到，可来信，再给你寄去一本。你的信还有些错字，句子也有不大通顺的地方，当小学教师的人首先应该自己的语文通顺，不写错别字，才能教导学生，不然就会误人子弟。

觉哉

一九六三年五月二十三日

第二辑
致王定国夫人及儿女

一九五〇至一九七〇年代

谢觉哉（前排左四）与王定国（前排左二）在兰州（1937年）

1937年9月，谢觉哉在甘肃兰州八路军办事处与王定国结婚。

王定国1913年2月出生于四川营山，家庭穷苦，曾被卖做童养媳。1931年参加革命活动，曾任县苏维埃妇女部长、妇女独立营营长等；1934年随红四方面军长征；1936年在西征路上被俘，后找到组织，开始营救失散战友，后回到延安。新中国成立后，王定国历任内务部机要科科长，最高法院司法行政处副处长，政协副主席秘书等职。历任全国政协第五至七届委员。创建及参与了中国长城协会、中国文物协会、中国关心下一代委员会等民间组织的大量社会活动。至今健康，为知名的“百岁红军”。

谢觉哉与王定国夫妇共生育有五男二女，并长年抚养了亲友们的十多名子女。

与谢觉哉结婚时，王定国还是个文盲。在谢老的教导下，她开始认字、学文化，以至写诗作文。北京的这些儿女，多数与父亲相差五六十岁，正在读小学、中学、大学。谢老工作之余与孩子们通信，用自己独特的方法教导、培育他们。

本节书信中收集了三十三封谢觉哉与夫人及学龄儿女们的通信，从中可以深切地感受到谢老的夫妻、父子等亲情，以及独特的情趣和诗意；从中也可以对他的教育思想与方法，以及文风、文采有具体的了解， 值得阅读与玩味。

谢觉哉夫妇在山西后甘泉村与孩子们（1947 年）

谢觉哉王定国夫妇（1951 年）

致张曙时等[1]，自北京（1952年12月23日）

致张老、吴均、陶承[2]：

接到几次信，没有复，不是由于忙，是懒！好像有些话要说，实则大家都知道，不说也罢。

吴均说她和七七发生了感情，七七虽然还记得张妈妈，究竟小孩子脑里印象有多深，那很难知道。

七七似比定定、飘飘要灵活些。现是见一样学一样，可惜没有人教！他的工作：每天我们上班，送到车上，敬个礼，握回手；下班回家，听到车响，赶忙去站岗敬礼：带了枪，行军礼，戴帽，行举手礼，不戴帽行鞠躬礼，一点不错。在门外行过礼，赶忙到内门行礼，像前清接官一样。

有一天，我们回来，七七说：出个谜子你猜："戴帽子睡觉，脱掉帽子走路！"

1　这封信虽是写给友人的，但主要内容是谢觉哉写儿子七七的故事，遂收入第二辑中。

2　张老，指张曙时先生；吴均为张曙时夫人，是七七的干妈；陶承，欧阳梅生烈士夫人，著有回忆录《我的一家》。

谢觉哉与四儿子七七（1950年）

我们没猜着。七七说是毛笔。“怎么是毛笔？”七七拿着毛笔：“这样（插入笔帽）不是睡觉吗？这样（抽出来写）不是走路吗？”

又一天，他说：四加五是多少？拿着粉笔在地板上写阿拉伯数字，不知是谁教会了他。

又一天，七七问：“列列不要中国领袖是不对的。”“谁是领袖？”“马克思第一，恩格斯第二，列宁第三，斯大林第四，毛泽东第五。马克思、恩格斯、列宁死了，斯大林是苏联人。列列说他只要斯大林！”“你呢？”“我，外国的也要，中国的也要。”

七七的话多着呢！

七七爱漂亮。他的新衣服，放在床上包着。一天，有一件放在他妈那里，他就睡不着，一清早就来拿跑了。

他说：我家第一调皮是列列，第二调皮是飘飘，第三、第四就没有了。

他接了绸衣料，很高兴。重庆他愿意去，只一条要妈妈同去。

现在三反忙，不反则已，一反到处有问题。

钱老诗集已付印，了却一件心事。他已不大做诗了。

老人通信只说健康，愿你们安好。

觉哉

十二月二十三日

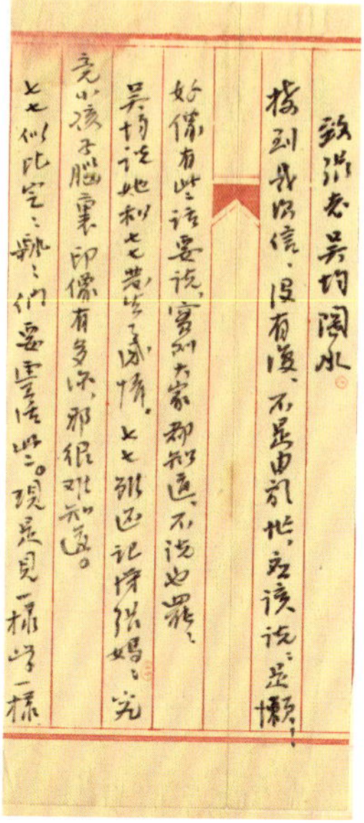

致[illegible]吴均陶冰

接到我的信，没有复，不是由于忙，应该说是懒！

好像有些话要说，写到大家都知道，不说也罢罢！

吴均说她和七七发生了感情。七七能不记得洪妈？究

竟小孩子脑里印像有多深，那很难知道。

七七似比定定飘飘，你们要写信些。现是见一样学一样

原件手迹1

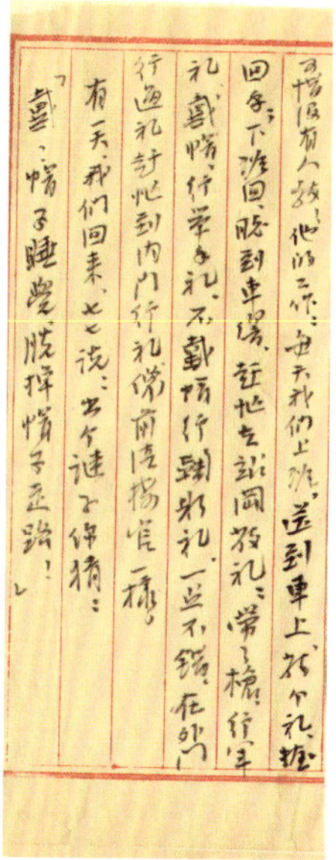

可惜没有人教，他的工作，每天我们上班，送到车上，行个礼，拉

回手，下班回，跑到车旁，[illegible]他去，认同行礼，带了枪，行军

礼，戴帽，行举手礼，不戴帽行鞠躬礼，一点不错。在外门

行过礼，[illegible]他到内门行礼，像前清磕头一样。

有一天，我们回来，七七说：出个谜子你猜：

"帽子，帽子睡觉，脱掉帽子走路！"

原件手迹2

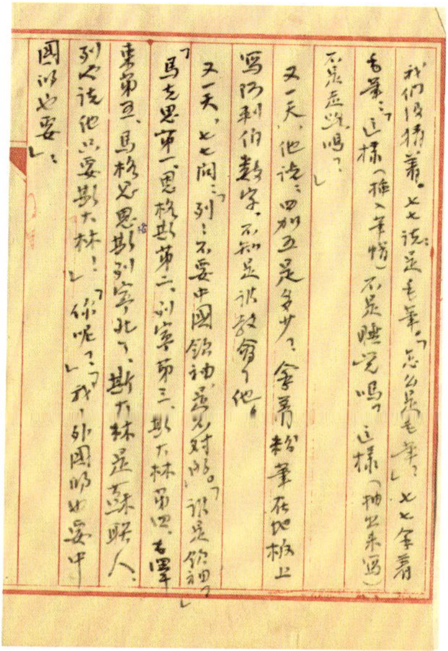

我们没猜着。七七说：是毛笔。"怎么是毛笔？"七七拿着

毛笔："这样（插入笔帽）不是睡觉吗？这样（抽出来写）

不是走路吗？"

又一天，他说："四加五是多少？"拿着粉笔在地板上

写阿拉伯数字，不知是谁教会了他。

又一天，七七问："列宁不要中国领袖，要多对的。""谁是领袖？"

"马克思第一，恩格斯第二，列宁第三，斯大林第四，毛泽

东第五。马、恩、列宁死了，斯大林是苏联人，

列宁说他只要斯大林！""你呢？""我，外国的也要，中

国的也要。"

原件手迹3

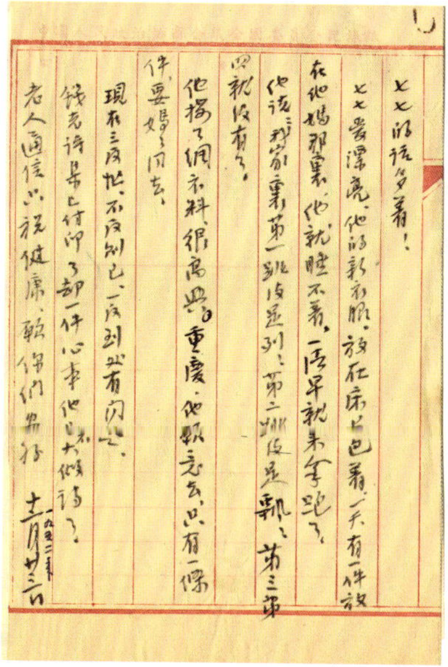

七七的话多着！

七七要漂亮，他的新衣服，放在床上包着，一天有一件放

在他妈那里，他就睡不着，一清早就来拿去了。

他说：我前面第一排是列宁，第二排是飘飘，第三排

只就没有了。

他做了绸衣料，很高兴。重庆，他[illegible]忘去，只有一件，要妈妈带回去。

现在三反忙，不反别人，反到自己，反到也有问题。

钱老诗集已付印了，却了一件心事，他已不大做诗了。

老人通信只祝健康，[illegible]你们安好

十二月廿三日 一九五二年

原件手迹4

致王定国[1]，自西安（于1956年6月18日来信上的批改）

（谢老上眉批：来时带几个信封，带黑眼镜来。）

谢老：

昨天甘主任[2]给你一信，寄去几份材料。才送走李法庄同志又要**（谢删“要”字）**送**（谢加“来”字）**西安的一位。西安民政局要你**（谢加“题”字）**词**（谢左侧批：题词寄回）**，听说二十号就要。走**（谢改“走”字为“你住”）**远了也有不少事来找你，没有法休息得好。**（谢右侧批：甘主任因参加会议要迟些才回，望告。）**

昨天从苏联来一电报，说王子宜的儿子在义务劳动中被树打死**（谢改“死”字的笔画）**了。那个小孩子已去两年了。我们已告王部长[3]了。王现在到**（谢改“到”字的笔画）**陕县去了。

我的感冒**（谢改“冒”的笔画）**已好一点，现有半月时间，吃药

---

1 王定国（1913—），四川营山人，童养媳出身，十三岁参加工农红军，是西路军的老战士；1937年与谢觉哉在兰州结婚后，开始识字扫盲。此信是她第一次给在外地视察工作的谢老写的信，谢老就边改错别字，边在原信上附笔回信了。

2 甘主任，系当时内务部的办公厅主任甘重斗。时谢老任政务院内务部部长。

3 王部长，系当时内务部副部长王子宜。

工作中的王定国（1961年）

也不（**谢改“不”字的笔画**）行，就是全身都痛。余（**谢改“余”字笔画**）人都好。谢七七[1]有点不听谈话，每天把小龙[2]打得哭。（**谢老左侧批：打小龙不对，责令改正。**）

祝你好！

定国

六月十八日

1 谢七七，名谢云，系谢老与王定国的四儿子，时年十一岁。

2 小龙，名谢亚霞，系谢老与王定国的二女儿，时年三岁。

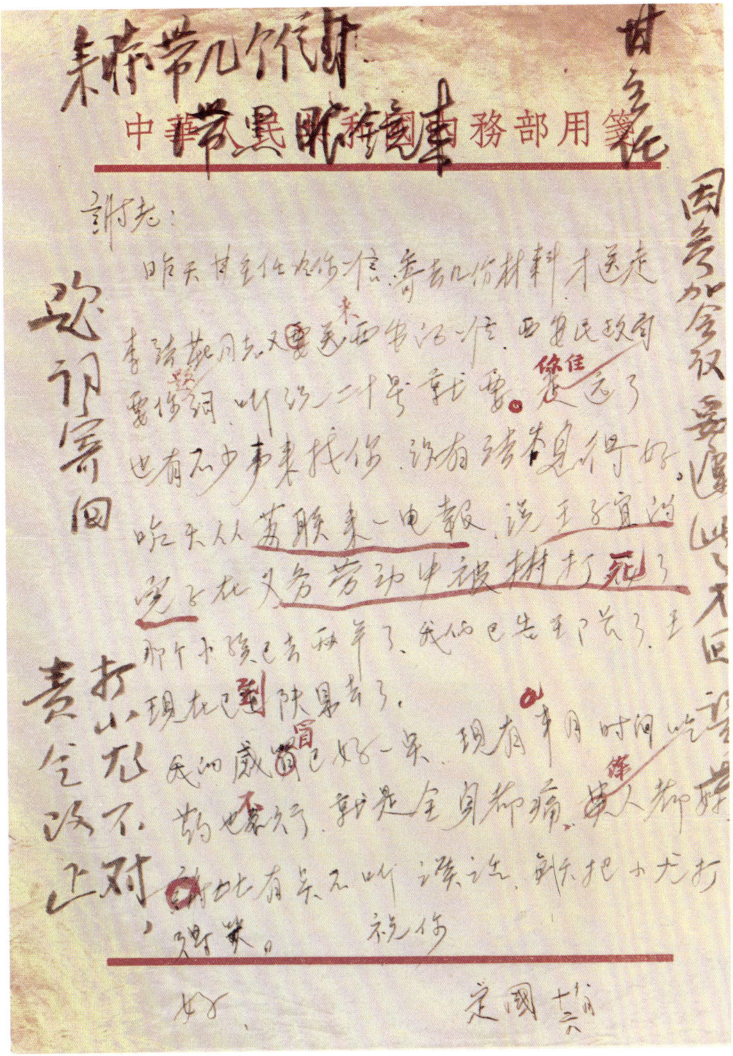

原件手迹

谢觉哉与儿子谢飞在河北平山（1948年）

谢老七十寿辰与孩子们（1954年）

致孩子们，自北京（1957年1月30日）

亲爱的孩子们：

我想对你们说几句话。

你们应该很好地爱护书本、图画、报纸和杂志。假如谁不爱护，就要批评他，帮助他改正。不管是小人书、教科书，还是课外看的书，看的时候不许把书面、画面弄皱；不可进了中学就丢了小学的书，进了高年级就丢了低年级的书。

下面来给你们讲点故事：

宋朝的大学问家司马光——就是那个打破缸救出来落水小孩的人，他接力的书很多，不管看过多少次，书还像新的一样整整齐齐地放在架子上。

另外，还有一个“徒读父书”的故事，讲战国时代的赵括读了父亲的书，不知道用。但从“读父书”三个字上，我们知道父亲的书儿子读，儿子的书读后孙子读，他们是如何爱护书啊！我小时候读的书，很多是我父亲——你们的祖父读过的。我没有把它们弄坏，到现在我还想念那些书，一九五四年谢放回去，说书都找不全了，我听了很难过。

我在列列这样大的时候，把书乱七八糟地塞在屉子里，被你们的祖父看见了，把我骂了一顿，并亲手给我整理。从此以后，我把读过的书，放在一定的地方，书坏了就补。

在延安，我对书报是很注意的。几年的《新中华报》[1]、《解放日报》[2]没有失掉一张（退出延安时埋在真武洞，被胡军[3]挖出损失了）。到北京后，我没有功夫亲自管理书了，这个工作，现在需要你们来做。

望你们注意并学会做！

你们的爸爸 觉哉

一九五七年一月三十日

1 《新中华报》，1937年1月至1939年2月是陕甘宁边区政府机关报，1939年2月改为中共中央机关报。1941年5月15日终刊。

2 《解放日报》，是中共中央机关报。1941年5月16日在延安创刊，1947年3月27日停刊。

3 胡军，指1947年3月进攻延安的国民党军第一战区司令长官胡宗南的军队。

致王定国，自长沙（1957年3月22日[1]）

定国同志：

外出就是休息，不像在家里，总是看啊，写啊，不到眼睛看不清了不止。

在汉口停了一天多，二十日晚九点多钟到长沙。三十年了，经过很多变迁，街道都不认识了，街名也改了，道路狭窄的长沙，现都是宽大的马路，高大的楼房。

气候温一些，对我似乎还相宜，夜里睡醒，口不干了，睡也较好，查血压并不高。

国仁[2]同志来过，她很忙，头发白了，人很健康。群英、鲁宜、笠仲都来过，他们生活似还可以。

每天有几个人来谈，工作不多。下周去宁乡，打算在县城住一个星期，回老家一个星期，路上来回要走四天，回到省还须住几天。如

1 谢觉哉于1957年3月17日赴湖北、湖南、河南等地视察，20日到长沙，这是他离开家乡三十多年后的第一次回去。

2 国仁，即姜国仁，当时任湖南长沙幼儿师范学校校长。

谢觉哉夫妇与孩子们在北京（1951年）

果身体许可，武昌、郑州还要留一下。回京会要到四月底。望告王副部长[1]，恐怕赶不上到火车站或机场来送行了。

代我吻一吻亚旭[2]。

愿你们好。

觉哉

一九五七年三月二十二日

康云[3]在此过身，没有来得及会我。

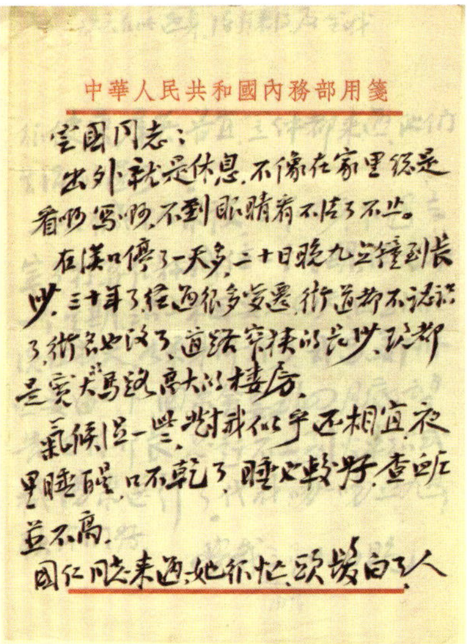

中華人民共和國內務部用箋

定国同志：

出外就是休息，不像在家里总是看呀写呀，不到眼睛痛不停了不止。

在汉口停了一天多，二十日晚九点钟到长沙。三十年了，经过很多变迁，街道都不认识了，街名也改了，过去窄狭的长沙，现都是宽大马路高大的楼房。

气候比这一些，对我似乎还相宜。夜里睡醒，口不干了，睡也较好，血压并不高。

国仁同志来过，她很忙，头发白了，人

原件手迹1

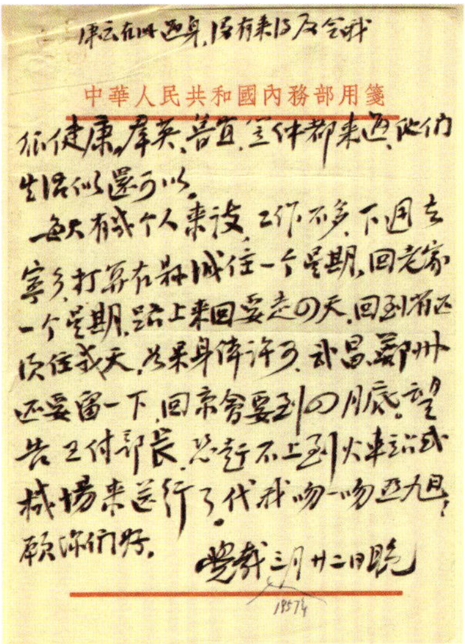

康云在此过身，没有来得及会我

中華人民共和國內務部用箋

很健康。群英、普宜全体都来过，他们生活似还可以。

每天有几个人来谈，工作不多。下周去宁乡，打算在县城住一个星期，回老家一个星期，路上来回要走四天，回到省还住几天。如果身体许可，武昌、郑州还要留一下。回京会要到四月底。望告王副部长，恐怕赶不上到火车站或机场来送行了。代我吻一吻亚旭。

愿你们好。

觉哉 三月廿二日晚

原件手迹2

1　王副部长，指当时任内务部副部长的王子宜同志。

2　亚旭，即谢亚旭，谢觉哉的小儿子，时年两岁。

3　康云，系林伯渠在边区政府时的秘书。

谢觉哉与王定国在山西视察幼儿园（1959年）

致王定国，自杭州（1957年4月5日）

定国：

……

年纪毕竟老了，一切不由自己。原想去宁乡，打算在县城住一个星期，回老家一个星期，走几处地方，但回家一步也没有出门，住两天，住不下去了，来的人多，没有精神应付；吃的人多，再住下去会把孙子、孙媳妇的粮食吃光。在长沙也不大安静。

四月十一日转到武昌了，住在东湖，风景好。高世文[1]说像北戴河；我说：这里没有风浪。

前几天在长沙要穿单衣，今天到这里，毛衣棉衣都穿上了。情景如好，想在此多住几天。

出来以后，血压高了一点，头有点昏，加上牙齿又有点痛。估计在此住几天会好。这里住的人少，只有我们三个。准备要看要谈的，只好听之，能谈则谈，不能谈就算了。

1　高世文系谢老的生活秘书，从延安到北京跟随多年。谢老为其题字“忠诚，老实，勤劳”。

李主任[1]刚从湖北回去，有关民政工作，不再找他们了，只看他们还有问题要提不？

安好！

觉哉

四月五日

1　李主任，系李法庄同志，曾任内务部优抚局副局长。

致谢飘，自北京（1958年10月6日）

飘飘[1]今天满十九周岁，诗以勉之。

飘飘年十九，正好学本事。
我年十九时，家塾读经史。
犁锄没学过，枪杆不会使。
旧式读书人，空空两只手。

飘飘年十九，学的机会有。
理论与实际，左右逢源是。
上课是学生，下课是工友。
一年当两年，学好好做事。

飘飘年十九，社会之花朵。
读的共产书，做的共产事。
志气要高超，战斗要持久。

1　飘飘，即谢飘，谢觉哉儿子，1939年出生。

谢老与儿子谢飘于内务部居所（1958年）

干劲加钻劲，前进如摧朽。

飘飘年十九，说小不算小。
在校高年生，在家弟妹首。
事事当模范，学会待宾友。
待你大学成，我年已九九。

父书
一九五八年十月六日

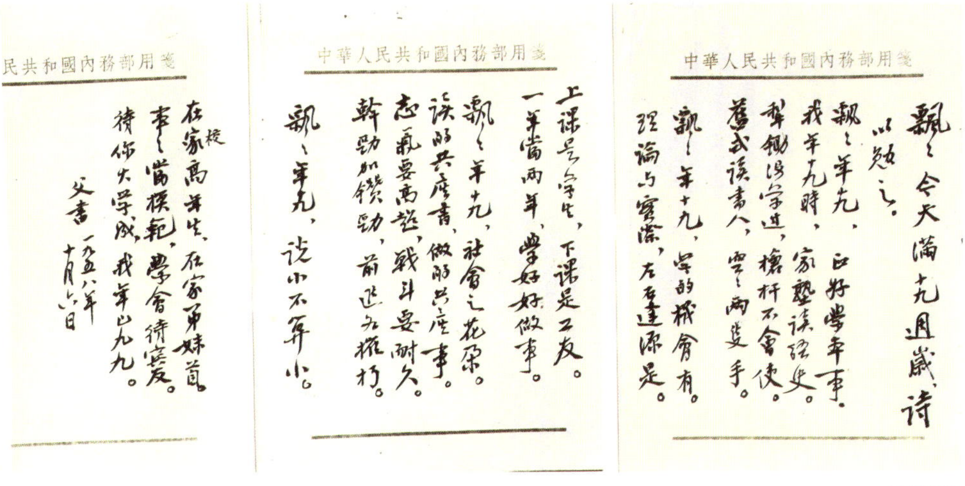
中華人民共和國內務部用箋

飄飄今天滿十九週歲，詩以勉之。
飄飄年十九，正好學本事。
我年十九時，家塾讀經史。
犁鋤沒學過，擔杆不會使。
舊式讀書人，空空兩隻手。
飄飄年十九，學的機會有。
理論與實際，左右逢源是。

中華人民共和國內務部用箋

上課是學生，下課是工友。
一年當兩年，學好好做事。
飄飄年十九，社會之花朵。
談的共產黨，做的共產事。
志氣要高超，戰斗要耐久。
幹勁加鑽勁，前進如摧朽。
飄飄年十九，說小不算小。

中華人民共和國內務部用箋

在校高年生，在家弟妹首。
事事當模範，學會待賓友。
待你大學成，我年已九九。
父書 一九五八年十月六日

原件手迹

致王定国，自庐山[1]（1959年3月10日）

定国同志：

高世文的信，想已收到。

我和马老[2]今天上庐山，住在原来蒋介石的房子，已经大大修了一下，比以前好得多。上庐山的马路很好，山上也可通汽车。山上气候还凉一点，但房子里有暖气设备。

座谈会要本月二十口才能完。他们出发参观了，我乘机游历一下。准备经杭州回，大概在月底。

我身体还好，只腿子的劲，眼睛的光已一天不如一天。

外边的伙食很好，勿念。

庐山有游泳池设备，暑天可以来。你身体好了些吗？能来游吗？你的身体主要要自己知道保养，药物只能起辅助作用。亚旭已去八一否？如已去，就不要带来。亚旭要养成他善于同孩子们作朋友的习惯。

1　1959年4月全国人大二次会议任命谢觉哉为最高人民法院院长；3月谢老赴庐山开座谈会准备接受这一工作。

2　马老，即马宝三（1887—1964），1924年入共产党；解放后曾任青岛市市长、山东省政协副主席、全国政协委员等职。

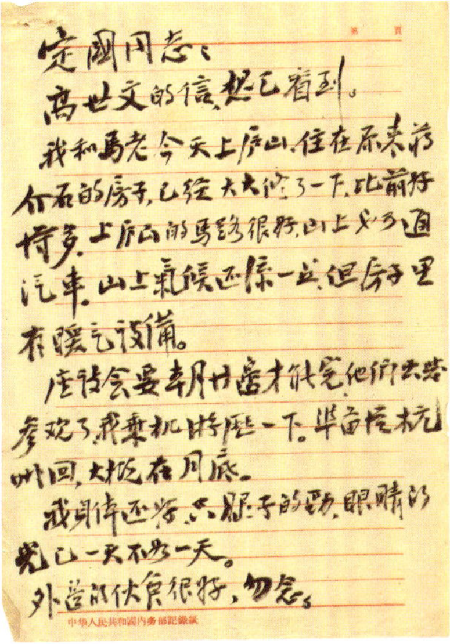

定國同志：
高世文的信，想已看到。
我和馬老今天上庐山，住在原来符合石的房子，已经大大修了一下，比前好得多。上庐山的馬路很好，山上也可通汽车。山上氣候还冷一些，但房子里有暖气設備。
座談会要本月廿日才能完，他们出去参观了，我乘机休歇一下。华南后於杭州回，大概在月底。
我身体还好，只腿子的酸，眼睛也覺已一天不如一天。
外婆的伙食很好，勿念。
中华人民共和国内务部記錄紙

原件手迹1

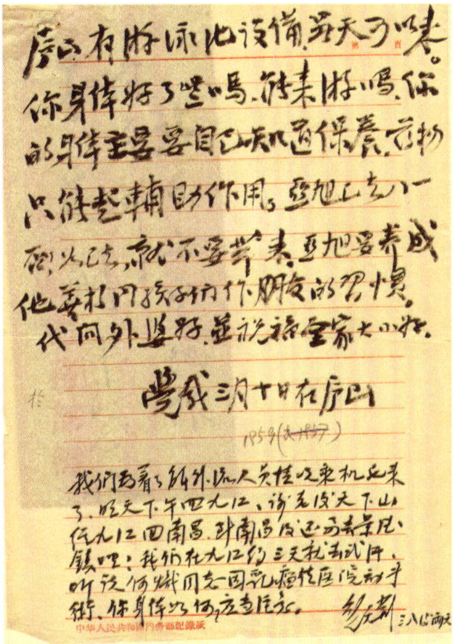

庐山有游泳池设備，每天可以洗澡。
你身体好了些吗？能来游吗？你的身体主要靠自己好好保養，药物只能起辅助作用。要想工作八小时以上，就不要苦熬，要想要養成他要和同孩子们作朋友的習慣。
代问外婆好，并祝全家大小好。
覺哉 三月十日在庐山
1959
我们为着了解外流人员情况乘机也来了。明天下午回九江，谢老後天下山住九江回南昌。到南昌后还可去景德镇吧；我们在九江约三天就去武汉。听说何燚同志因乳癌住医院动手术，你身体好了仍应当注意。 熊天荆 三八
中华人民共和国内务部記錄紙

原件手迹2

代问外婆[1]好，并祝全家大小好。

觉哉

三月十日在庐山

熊天荆[2]附笔：

我们为着了解外流人员情况乘机也来了。明天下午回九江。谢老后天下

1　外婆，系王定国母亲王李荣，时居住谢老家中。

2　熊天荆（1902—1985），1926年入共产党；解放后曾任内务部办公室主任、中国红十字会副主席等职。丈夫伍云甫，儿子伍绍祖。

山，经九江回南昌，到南昌后还要去景德镇哩！我们在九江约三天就去武汉。

听说何炽同志因乳癌住院动手术。你身体如何？应当注意。

熊天荆

三八后两天

致王桂芳[1]，自杭州（1959年3月27日）

桂芳：

你的信，不啰嗦，有情感，可以打五分。

写信，是练习写作的方法之一。因为它，写的是表达一定的事实或一定的感想，不能虚构；又要接信的人能看懂，不误会，不能不写得清楚。你和定定、飘飘、飞飞、列列、七七都应该常和朋友或师长们通信。

王老告我：你大姑[2]将同何莲芝[3]等一道去上海。那末，亚旭[4]此时想已上了火车。

我在江西游了井冈山、庐山、景德镇等处，有诗在庐山日报、江西日报、景德镇日报上登载。可惜年老力衰，诗也写不好了。

在杭州住了三天，这是风景很好，宜于疗养的地方。明天即去上海。愿

1 桂芳，原名王桂芳，为王定国的侄女。在谢觉哉家生活十年后，被收养为女儿，改名谢瑗。

2 指夫人王定国。

3 何莲芝为董必武同志夫人。

4 亚旭是谢觉哉小儿子，时年六岁。

你进步，并问你爹妈好！

觉哉二十七日夜

于杭州

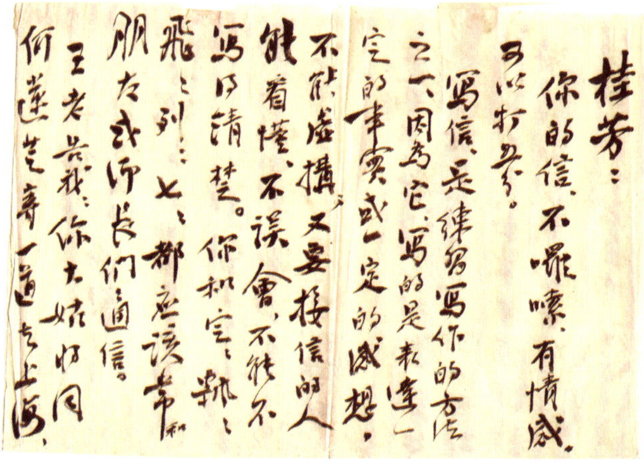

桂芳：

你的信，不罗嗦，有情感，可以打60分。

写信，是练习写作的方法之一，因为它，写的是表达一定的事实或一定的感想。不能虚构，又要使接信的人能看懂，不误会，不能不写得清楚。你和宝宝、瓶瓶、飞飞到了七、八岁都应该常和朋友或师长们通信。

王老告我：你大姑妈同何莲芝等一道去上海，

原件手迹1

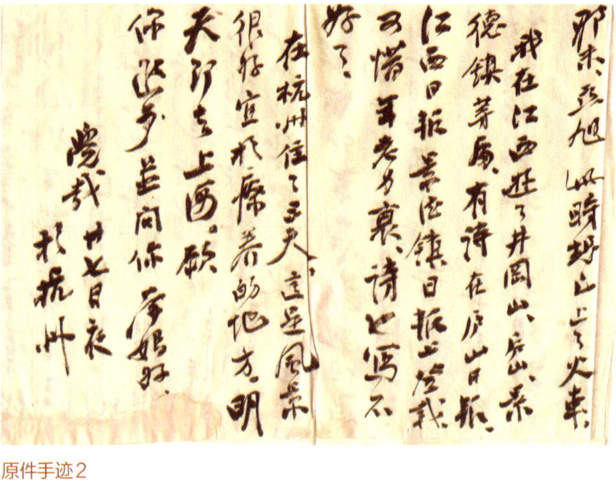

那末，亚旭[illegible]山上了火车。

我在江西游了井冈山、庐山、景德镇、萍乡，有诗在庐山日报、江西日报、景德镇日报上登载，可惜年老力衰，诗也写不好了。

在杭州住了三天，这是风景很好宜于休养的地方。明天到上海。祝你进步，并问你爹妈好。

觉哉 廿七日夜 于杭州

原件手迹2

致王定国，自北京（1959年7月29日）

定国同志：

坐了一点零五分飞机，降落到南苑，老王[1]、飞飞在等着。

中央会议在庐山开，明天上午坐火车去，到会完了，可以多住几天，不打算再来北戴河了。

你们可以住到八月二十左右。不下雨，可以洗澡。

房子没工夫去看。

去庐山，林准[2]和徐海清[3]同志，我想也可以了。小孩子不要高声吵闹，亚旭不要哭，免得邻居不安。

觉哉

七月二十九日下午四时

---

1 老王，系谢觉哉的司机王师傅。

2 林准，系谢觉哉的秘书。

3 徐海清，系谢觉哉的警卫员。

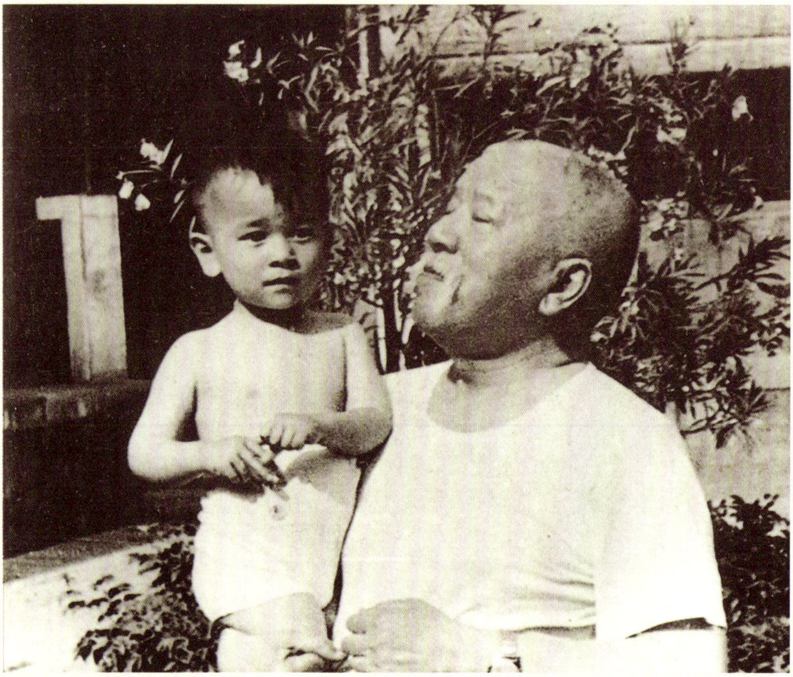

谢老与儿子亚旭（1956年）

致儿女，自广州[1]（1960年1月前后）

致儿女：

你们的贺年信接到了。定定、七七、亚霞用毛笔写的，你们学写不过几个钟头[2]，课件写字并不难，再用功，就会写得美了。

看到飘飘几封信，已回了他信。飘飘近来有进步。定定、飘飘有同样毛病，就是心眼儿有点窄，要学习放宽些，看得远，容得下。

这里气温还好，只是晴天少一些。

父

1　1960年新年，谢觉哉在广州、海南岛度过。

2　1959年年末，谢觉哉曾请书法家樊淑真每周日来家，教授儿女们书法。

谢觉哉在院内做操（1956年）

致谢飘[1]，自北京（1960年9月26日）

飘飘：

第三封信收到了。写信记明第几号有好处，满一年知道寄了多少信，以后就这么办为好。你妈妈和姨姨[2]下农场劳动了（法院、内务部合办的），国庆前会回来。

你提到吃苦问题，很好。

苦与不苦是比较出来的。同样的物质条件，某一地区或某一时代的人以为苦，而另外一时代或地区的人却以为甜。同样，怀有某种思想的人以为苦，而怀有另外一种思想的人却以为甜。

你们学校，无论从哪方面看，都应该是甜的。别的学校没有哪一个比得上。高粱米是好东西。我国有颇大部分地区以高粱米为主食。三十多前我到沈阳一个大地主家他给我吃大米饭，自己却吃高粱饭，他说大米饭不好吃，可见这是个习惯问题。你们吃了个把月的高粱饭，想已习惯了，如因吃高粱饭而身体更棒那更使我高兴。副食品，

1　谢飘，谢觉哉与王定国的大儿子，当时在哈尔滨军事工程学院读书。

2　指王定国及其妹妹王定和。

一般机关都自己种菜养猪，你们那里不会例外。立初[1]说他那系的伙食很好，有肉吃。你们尚未分系，估计也不会差。

你们现在是锻炼：锻炼身体，锻炼思想，锻炼学业。我们用锻炼这个形容词，好像矿石炼成铁，炼成钢，优质钢、合成钢等，是要经过烈火烧、锤子打的。这当然也可以说是苦，但接着来的是学得了本领，是甜，是高度的无限的甜。

不论物质上或精神上的苦与甜，是对立的又是统一的。俗话说："苦尽甘来"，可见甘是从苦中来的。而且不一定先苦后甜，在那苦时就能尝到甜味。又不一定一甜了不会再苦，任何事体都有困难，现在有将来也有，我们不能有苟且偷安安居中下游的思想，要常找难的事情做，以锻炼自己。

人们常说二万五千里长征是苦事，我是参加长征的，现在记忆中感到的倒不是苦而是甜。和苦斗争，本身是件甜事。如果当时都感得苦、难受，那就都会学你信上那个开小差的家伙，哪有今天的革命事业？办事处的钱[2]等你妈妈回来去还。

你可以写点给飞、列、七[3]，鼓励他们。

父 字

九月二十六日

1 立初，即谢立初。当时在哈尔滨军事工程学院读书。

2 谢飘去哈尔滨的车票是学校驻京办事处垫付的。

3 飞，即谢飞；列，即谢列；七，即谢云。他们均是谢觉哉的儿子。

致王定国，自福州（1961年2月10日）

定国同志：

去长沙，去福州已二十天，没写信给你，也没接你来信，好像我和你一样难于动笔了。在长沙住了七八天，没有出门，连市容也没有看。到福州，也只稍微走动一下。中央到福州来的人在铁路未通前，很少，现在也不多。这里气候比广州稍冷一点，青的树木没有广州多；但比北京好得多，空气温湿一些，不干燥，室内室外，温度相差不多。

温度高，易感寒，这是我近来的状况。头一次在北京南下的车上，喝了两碗姜汤才好，后有两次一感到就注意，没有使它成病。年龄大了的人随时都得注意。但只要注意，就可以免病。

在湖南看到莲［廉］伯、子谷、鲁宜、笠仲、群英、鲁瞻。除子谷外，看来身体都不好，有的年纪已大，将近六十了，有的年纪不大，但有慢性病。除了向他们讲讲我的卫生道理外，又有甚么办法。他们不一定能懂能信。你同我生活了那么久，你就不大相信，也不求了解。但我仍认为是个办法，现还找不出更好的办法。你的身体已渐衰弱，为着孩子们，请你还是用心地向我学。你看如何？

这里到北京，不经常有便车、便机，七七[1]回京要买票，但需要托个人同车的照料，因为路上要换车，虽然他自己说没有问题，但始终还是孩子，又没单独出过门，做父母的总有不放心。

你可以脱身了吗？估计春节后可以脱身。春节前我们在福建，春节后到江西。

飘飘估计没有回京，孩子们假期短，不可能外出。

你向管理局打听，总有便车可搭到福州或南昌。

详细情况林、高[2]当有信给你。我的身体和前一样。

祝你好！

觉哉

二月十日

1　七七，系谢老与王定国的四儿子，名谢云，时年十四岁。

2　林、高为谢老的秘书林准与高世文。

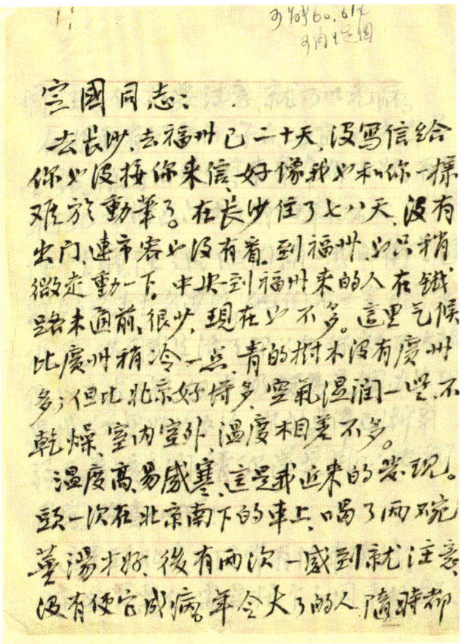
定國同志：
去長沙、去福州已二十天，沒寫信給你，也沒接你來信，好像我也和你一樣難於動筆了。在長沙住了七八天，沒有出门，連市容也沒有看。到福州，也只稍微走動一下。由北京到福州來的人在鐵路未通前很少，現在也不多。這里氣候比廣州稍冷一点，青的樹木沒有廣州多；但比北京好得多，空氣溫潤一些，不乾燥，室內室外，溫度相差不多。
溫度高易感寒，這是我近來的發現。頭一次在北京南下的車上，喝了兩碗薑湯才好，後有兩次一感到就注意，沒有使它成病。年令大了的人，隨時都

原件手迹1

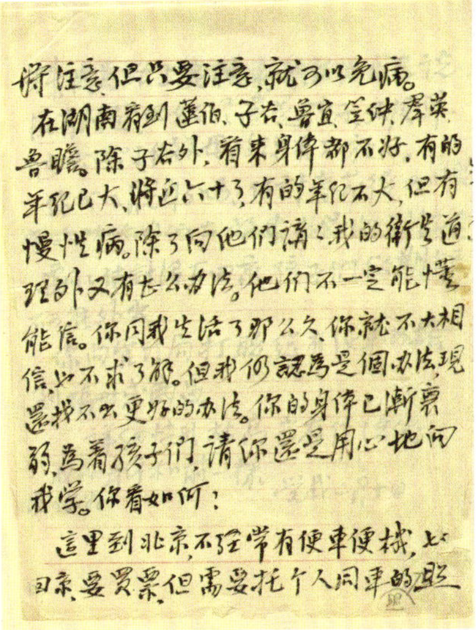
得注意，但只要注意，就可以免病。
在湖南看到蓮伯、子右、魯宜、笠鈇、摩英、魯瞻。除子右外，看來身体都不好，有的年紀已大，將近六十了，有的年紀不大，但有慢性病。除了向他們講講我的衛生道理外，又有什么办法。他們不一定能懂能信。你同我生活了那么久，你就不大相信，也不求了解。但我們認為是個办法，現還找不出更好的办法。你的身体已漸衰弱，為着孩子們，請你還是用心地向我学。你看如何？
這里到北京，不經常有便車便機，上北京要買票，但需要托个人同車的照

原件手迹2

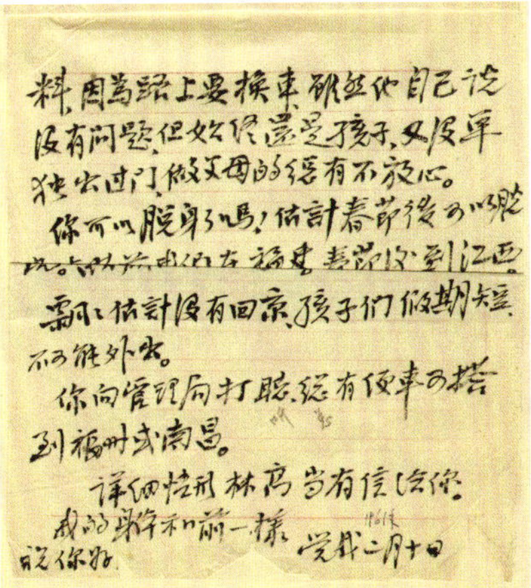
料，因為路上要換車。醒然他自己說沒有問題，但她們還是孩子，又沒單獨出過门，做父母的總有不放心。
你可以脫身了嗎？估計春節後可以脫
[illegible]
[illegible]，估計沒有回京，孩子們假期短，不可能外出。
你向管理局打聽，總有便車可搭到福州或南昌。
詳細情形林高當有信給你。
我的身体和前一樣
祝你好。
覺我　二月十日

原件手迹3

致儿女，自福建（1961年2月28日）

定定、飘飘、瑗瑗、云云、列列、七七、亚霞、培新、莉莉、星明[1]：

名字一大堆，信也是一堆，我总的回你们几句话。

没有列列和亚霞的信，应该补起来。不是凑多，而是应该写。

定定，桂芳，飞飞信说这一向“妈妈够累了”，能认识这一点是进步，但应更进一步，怎样使你妈妈不这样累？

你妈妈累的事，很多你们都能帮助做或代替做，不要等人叫你做才做。而是人不要你做也争着做，这样做才有趣味，才能学到知识。我几岁的时候，见你祖母蒸饭、切菜、炒菜、洗衣，总要去动手，有时你祖母要我们走开，我还是站在旁边，等到她一歇手，我又动手了。我知一点做饭菜的知识是那时学的。只是洗衣只知踩，不会搓，那时候没有肥皂，洗衣是相当费力的。十几岁的时候就帮助你祖父写账、算数、数钱（那时用的穿眼钱要个个数）等等，我的珠算是那时学的，打珠算能眼睛不看也不会大错。我没做过庄稼，但也知道一

1　定定、飘飘、瑗瑗、云云、列列、七七、亚霞、培新、莉莉、星明等，系当时住在家里的学龄青少年及儿童孩子。有谢老与王定国的五男二女，也有王定国弟弟、妹妹的孩子二男二女。

谢觉哉夫妇与孩子们（1959年）

点，是小时候跟农民在一起学的。

你们可以替妈妈做些事，有些要问妈妈，教示你们怎样做才去做，有些不要问就自动去做：如打扫房屋，洗衣服，帮助做饭菜，春天到了，还要种菜等。做些针线活——尤其是女孩子。还有大孩子照顾小孩子，替小的孩子收拾衣服，书籍，洗洗等。还有收拾书报等，我曾经写一张字贴在柜子上，不知你们还记得不？

这样，你妈妈不就会不大累了吗？对你们自己也有好处。

定定、飘飘、桂芳、飞飞都想争取入党，使我听了高兴。入党不止是组织上批准你入党，而是要你自己总想行动像个具有共产主义品质的人。你们已读过不少关于共产党典型事迹的书籍或戏剧，你们自己可检查一下，如果有只顾自己，不顾别人，不无私的帮助人，团结人，学习、劳动、工作上有缺点，不能艰苦朴素……等，就要下决心改正，因为这是和共产党员不相容的。望你们依照你们自己定的志愿好好去做。

你父母听到你们进步的消息，心中就愉快了，我也能多活几年，你妈妈也会不觉得累了。

培新、七七、亚霞、星明、莉莉等年龄还小，但一天天在长大，也要一天天进步。

莉莉叫我爸爸，恐怕是个老爸爸，难以抚育你这个小女儿，哈哈。

到福建休息了一个月，明天将要离此，不要好久就会回来。

此信定定等看后可转寄飘飘，定定给桂芳[1]信可抄记或摘抄一些给他。

父

二月二十八日

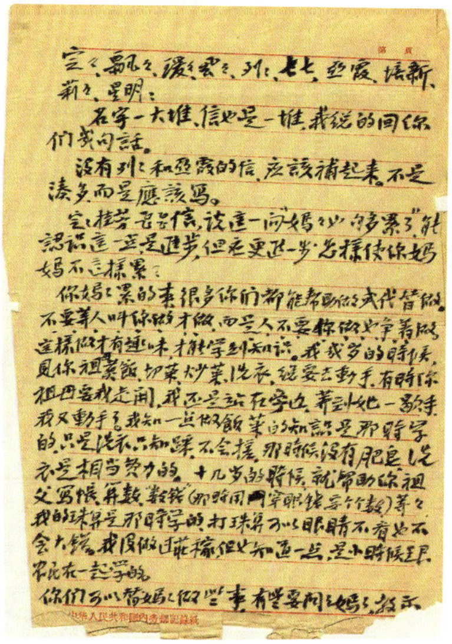
定定、飘飘、瑷瑷、云云、列列、七七、亚霞、培新、莉莉、星明：

名字一大堆，信也是一堆，我说的同你们说的话。

没有列列和亚霞的信，应该补起来。不是凑多而是应该写。

定定、桂芳云云信，说这一向妈妈少了很多累了，能认识这一点是进步，但还要进一步，怎样使你妈妈不这样累？

你妈妈累的事很多，你们都能帮助做或代替做。不要等人叫你做才做，而是人不要你做也争着做，这样做才有趣味，才能学到知识。我我少的时候，见你祖母做饭、切菜、炒菜、洗衣，总要去动手，有时你祖母要我走开，我还是站在旁边，等到她一歇手，我又动手了。我知一点做饭菜的知识是那时学的，只是洗衣不知缝，不会補。那时候没有肥皂，洗衣是相当费力的。十几岁的时候，就帮助你祖父写帐、算数、数钱（那时用铜钱，穿眼钱要个个数）等等，我的珠算是那时学的，打珠算可以眼睛不看也不会大错。我没做过庄稼，但也知道一点，是小时候和农民在一起学的。

你们可以替妈妈做些事，有些要问问妈妈，有些不

原件手迹1

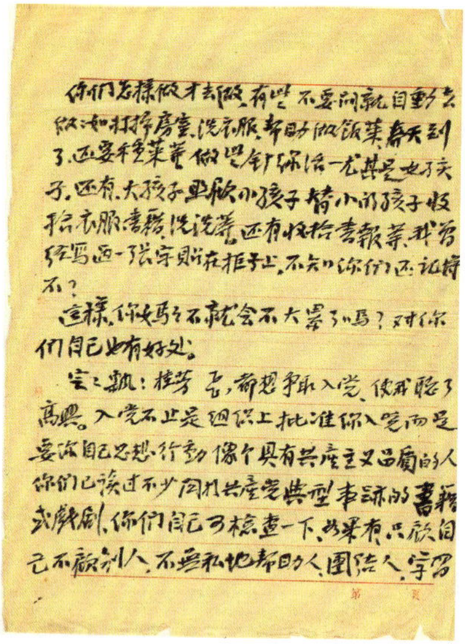
你们怎样做才就做，有些不要问就自动去做，如打扫房屋、洗衣服、帮助做饭菜，春天到了，还要种菜、养……做些针线活，尤其是女孩子。还有，大孩子要做小孩子，替小的孩子收拾衣服、書籍，洗洗等等。还有收拾書報等。我曾经写过一张字贴在柜子上，不知你们还记得不？

这样，你妈妈不就会不大累了吗？对你们自己也有好处。

定定、飘飘：桂芳云云，都想争取入党，使我听了高兴。入党不止是组织上批准你入党，而是要你自己思想行动像个具有共产主义品质的人。你们已读过不少关于共产党典型事迹的書籍或戏剧，你们自己可检查一下，如果有只顾自己不顾别人，不无私地帮助人、团结人，学习

原件手迹2

1 桂芳，即谢瑗，谢觉哉的侄女兼养女。

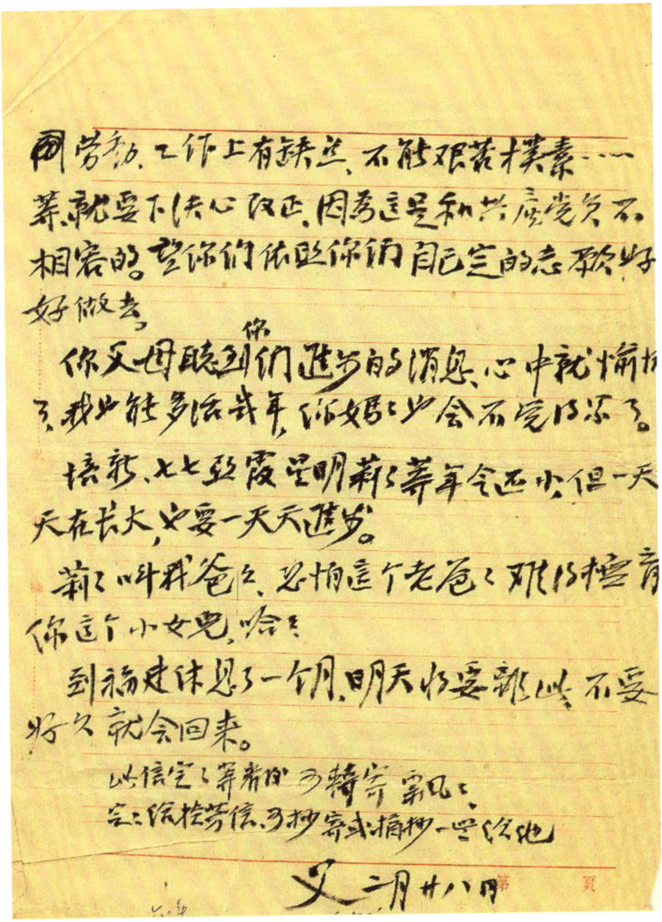

同劳动。工作上有缺点、不能艰苦朴素……等，就要下决心改正。因为这是和共产党员不相容的。望你们依照你们自己定的志愿好好做去。

你父母听到你们进步的消息，心中就愉快了。我也能多活几年，你妈妈也会不觉得苦了。

培新、七七、致霞、呈明、莉莉等年令还小，但一天天在长大，也要一天天进步。

莉莉叫我爸爸，恐怕这个老爸爸难以培育你这个小女儿，哈哈。

到福建休息了一个月，明天仍要离此，不要好久就会回来。

此信宝宝等看后另转寄家凤凤。

宝宝给桂芳信，另抄寄或摘抄一些给她。

父　二月廿八日

原件手迹3

致谢飘，自北京（1961年3月19日）

飘飘：

还没有收到你一次信，想你学习工作身体都好。家里人和前一样，都好。

付来针药二小瓶，用法见医院另单，请你校大夫使用。

父母

三月十九日

相持[1]拿了熊大妈[2]的一本书，熊妈妈要，放在那［哪］里？要相持告诉她。

（母字）：带来一个小灯，吴姨[3]带来的四川高级糖分给你五十课［颗］，没有别的东西带。

1 相持，系林伯渠同志的儿子林用三的小名。
2 熊大妈，系熊天荆同志，伍绍祖的母亲。
3 吴姨，系家庭好友吴均同志，四川政协主席张曙时夫人，时住成都。

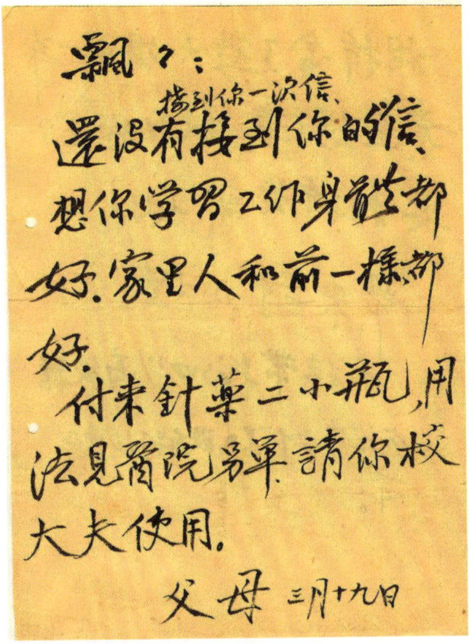
飄飄：

還沒有接到你的信（接到你一次信、）

想你学習工作身体都好、家里人和前一樣都好、

付来針藥二小瓶，用法見醫院另單、請你校大夫使用。

父母　三月十九日

原件手迹1

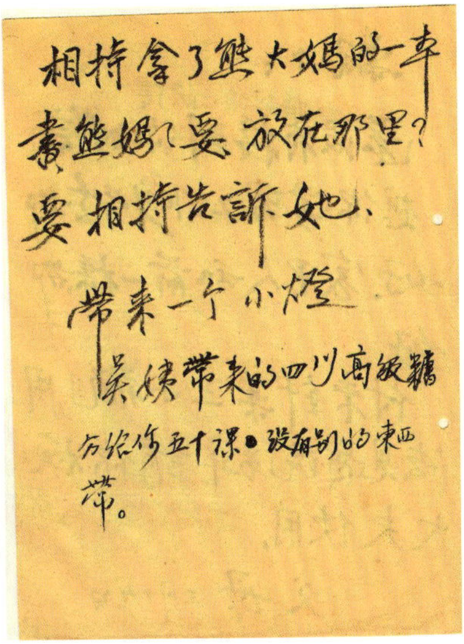
相持拿了熊大媽的一本書，熊媽媽要放在那里？要相持告訴她、

帶来一个小燈

吴姨帶来的四川高級糖分給你五十顆。沒有別的東西帶。

原件手迹2

谢觉哉与家人在圆恩寺家中合影1（1961年）

谢觉哉与家人在圆恩寺家中合影2（1961年）

致儿女，自北京（1961年4月2日）

定定、飘飘、桂芳、飞飞、列列、七七、亚霞、培新、星明、莉莉[1]：

我一月二十二日出去，三月二十五日回京，一共六十二天。在途中接到你们的信（只亚霞没有信），我都看了，现综合答复你们几句。

“做事，不只是人家要我做才做，而是人家没要我做也争着去做。这样，才做得有趣味，也就会有收获。”——这是我前信上的话。举个例子：去年飞飞和同学在我们院内种了一块油料作物——蓖麻子，接着桂芳也种了一行。种过以后，没见你们管理，也没见你们收获。只耕种，不收获，这样的农民，天下怕少有吧？为什么这样？估计是你们学校只布置你们种，没有要你们管理，最后也没检查你们有无收获。而你们呢，推一下，动一下，并没有想到管理和收获。总之是“事不关己”。这很要不得。从这一件事，看出你们还不知道我上面信上说的道理。一定要以此为戒。凡学习或工作，都要自己负责，做不

1　定定，即谢宏；飘飘，即谢飘；桂芳，即谢瑗；飞飞，即谢飞；列列，即谢列；七七，即谢云；亚霞，即谢亚霞。他们均为谢觉哉的儿女。培新，即王培新；星明，即谢星明；莉莉，即王黎。他们是谢觉哉的外侄儿女。

好或做得好，都要自己检查、记住，作为下次做的教训。不要再重复去种蓖麻子的笑话。

自己的东西，要自己清理保存。衣服书籍是自己要用的。教科书、作业本、学校给的记分簿、奖状、证书等，是自己用过功得到的，别人拿了没用，在你们自己则是宝贝。常见你们对这些宝贝不大爱惜。你们自己可检查一下，看还保存有多少！去年七七为找不到小学证书哭了几次，哭得很伤心。是中学要检查你小学毕业证书哭，还是因为失去了证书哭？大概是为了前者。你们平常失掉东西，也许只急一下，没有哭；也许哭了。哭是好的，但要在哭里得到教训。以后不再乱丢东西，要好好收起。你们都有桌子、抽屉或小箱子可以收。看了别人的东西不可乱拿，要放回原处，不要使别人难找。几年前我写过一张要孩子们爱惜书报的信，贴在书架上，不知你们还记得不？那时你们都小，现在好几个是大人了，不应该再不记在心上了。

哭了，如果还像以前一样懒散，那流的是狗眼泪，一钱不值。

定定说：她的学院送给某部两个毕业生都退回了，理由是“语文不好”。语文是学习、工作的工具，文字不通顺的人，学习有困难，工作也一定有困难。桂芳、飞飞的信写得好一点，但也仅仅好一点，定定、飘飘，在中学时的作文还比较好。记得定定五六岁时写过两段文章，我颇赞赏她的聪明，把它抄在本子上。写过“学语涌如三叠水，抽思努似六时春”的句子。飘飘也不差，我写过“八月知行礼，两岁能念诗”的句子，为甚么上了大学，反而写不好了？没有别的原因，一是没有练习，二是写的时候不用心。

要文理通顺，词能达意，不是一件很容易的事，当然也不很难。不管写甚么东西，要想想写通了没有？人家看得懂不？如有毛病，就得修改。看书报也是一样，对于好的文章，不只要了解它的内容，还要欣赏它的写法。比如毛泽东选集里的文章，都是明白如水，容易懂，也容易记。我们要用心学。

字要写得清楚，容易看。不要使人猜，甚至还猜不出，那是很坏的习气。去年给飘飘信，批评他的信、字写得不清楚，可能这封信飘飘没接到，因而他也没有改。字要写大一点，年老人眼睛不尖了，看不清。我有句诗："大儿远来书，字小如蚁挤"，是说飘飘的。

桂芳说要习毛笔字，很好。不过写毛笔要砚池，要磨墨或用墨汁，比写钢笔麻烦。其实钢笔也是一样，林准同志[1]的钢笔字写得清楚大方，你们应向他学。可能你们写滑了手，有些字的形象忘记了，那就翻翻字典。用心练习，个把两个月，就会好。不要舍不得下这一点点功夫，致将来工作上不方便，甚至有被用人机关以"语文不好"四字考语退回来的危险。

我只在看你们的来信时考你们。

飞飞说："学习导演，对我来说是复杂、困难的，它须要丰富的经验和广博的知识，而这些，我经验了解思考都很少"。这话很对。经验知识是无穷尽的，只要用心，随时随地都可学到东西；只要虚心，别人的书本上的经验知识，都可变为自己的经验知识。

大孩子——十五以上到三十以下是黄金时代（前信说二十到三十是黄金时代，是指已满二十的人说的。实际会学的人十几岁就可以学得比较好）要用心；小孩子也要用心。不是说不要你们玩。会玩的人也许是会学的人。当然专门玩是不可以的。

1 林准，即当时谢觉哉的秘书。

今天是星期日，下午四时定定、列列、亚霞都走了，接到瑗儿[1]信及戴大帽子的照片。不免吟诗一首：

欣看雏凤向空飞，面目依然毛羽非。

好似排风初上阵，偏偏小女戴金盔。

（京剧《雏凤凌空》演杨排风的是个女孩子。瑗儿可能看过。）

我身体没甚么病，只衰老了一些，不想动作。好在还能吃饭。此信打印分给你们，可仔细看看。以后若有机会再写。

四月二日写　觉哉

（注）衣服包括鞋子、袜子、盖被、褥子等，脏了要洗，坏了要补，要爱惜，收藏得好，不使它坏。我曾看见农民有一双鞋穿上十年的，有一件衣服穿几代的。且常常像新的一样。听说你外婆出嫁时穿的一件好衣，是你老外婆遗下的，你外婆准备给你母亲。你们不知道这种情况了，常常要添买新的衣服？不仅要花钱，而且要出现市面上的供应紧张。书籍也是一样，书可以读几代，我小时读的书，很多是我父亲读过的。现在家里有很多书，不管你们读不读，总要爱惜收藏好，不得损坏。

觉哉

1　瑗儿，桂芳，均系谢瑗，谢觉哉养女。

致谢飘、谢瑗[1]，自北京（1961年4月12日）

飘飘、瑗：

上星期一封打印的长信，谅已接到。

瑗儿说同学们都以接到家信为很大幸福，父母对于远离的女儿也是一样，一晌不来信就要记挂。似乎我们回京后，尚未接到飘飘的信——有一封是到校时发的，收到时我们还没回来。写信可以长，可以短，写明信片也可以，不要为此耽误学习和工作。

这封信，作为短写的榜样。

父母

昨天亚旭满六岁　四月十二

1　即谢飘、谢瑗，当时谢飘在哈尔滨上大学，谢瑗在西安上大学。

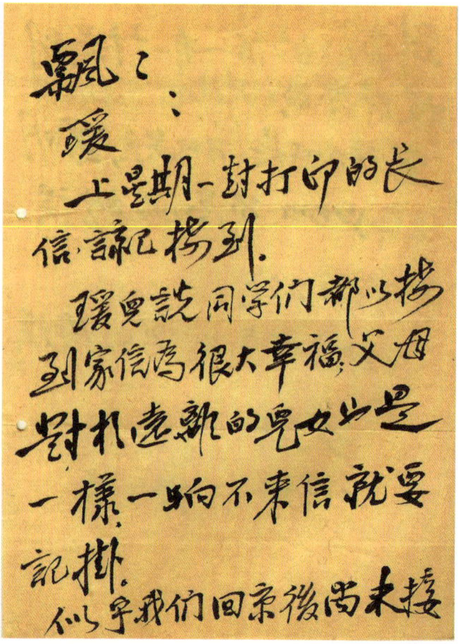

飄飄：
瑗：
上星期一封打印的長信諒已接到。
瑗兒說同学们都以接到家信為很大幸福，父母對於遠離的兒女也是一樣，一晌不來信就要記掛。
似乎我们回京後尚未接

原件手迹1

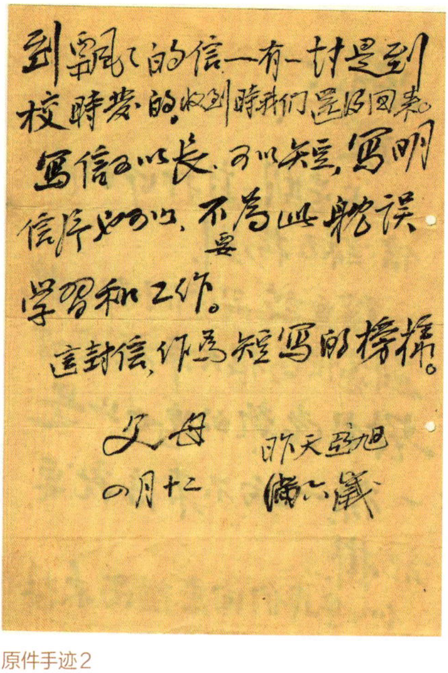

到飄飄的信，只有一封是到校時發的，收到時我们還沒回來。
寫信可以長，可以短，寫明信片也可以，不要為此躭誤學習和工作。
這封信作為短寫的榜樣。

父母
四月十二

昨天亞旭
滿六歲

原件手迹2

致谢飘，自北京[1]（1961年4月25日）

飘飘：

十七日的信收到了。

会说会写，是做任何事情的工具，一定要学会掌握这个工具。话是说给人家听的，要人家听得清，就需要口音正确，要人家听得懂，就需要语句清楚。这需要练：练习讲普通话，青年人口音善变，一学就会。练习讲话，先想清要讲的意义，没有意义的话，可以不讲；有了意义，要想如何才能使意义表达得好，使听的人好懂。

你说：在小学时还会讲演，现在"说两三句腹内就空了，说的多了，就变得反来复去……"，这并不全是坏事，也许是你比前老练了些，没有必要的话就不想说；也许是为了说明一个道理，让对方明白，对方总是不明白或不全明白，需要反来复去地说。这是好的。如果你真是腹内空空，没有说的，或者不是腹内没有，而是没去分析，哪些应说哪些不应说，于是只好不说；更或者是无意义地反来复去，

1　谢觉哉的这封信，当时打印数份发给他的子女谢飘、谢宏、谢飞、谢列、谢云、谢亚霞和养女谢瑗。

使听的人讨厌，连自己也不知道为什么要这样说。这是不好的。总之，说话要打“腹稿”，即先想清：也要“藏得话”，即心里有话不随便说，成熟了的话也要在有效的时候说；但也要爱说，不可做“泥菩萨”和“闭口道士”。

写文章写信，是给人家看的，要人家看得清，需要字迹分明；要人家喜欢看，还得字写得美（印刷的例外）。如果人家看起来费力，自然就会忽视写的里面的意义了。有些人写的东西，文既不佳，字又潦草，恐不止老年人感到难看，年轻人也不见得欢迎。

写，是把要说的话写在纸上，但并不会也不应该完全像说的一样。说是面对面，听不清可问，说不清可再来一遍。写就不同，定要人一看就懂，所以写，更要练习。首先是想要写些什么，如何才能写得好，这也是打“腹稿”；然后再写出来，边写边想，使写的比原来想的更好；写出来后，再仔细看看，把不明了和粗浅的字和句子改掉，有时甚至不惜把全文丢掉另写。

飘飘，你说：“在中学时喜欢作文，因为我那时写起来不费什么气力”。这是好处，表现你还有点聪明；也是不好处，是没有费什么气力。世界上没有不费气力可以做好的便宜事。你们的病就在这里。写字不肯费气力，作文、写信、记笔记不肯费气力，写出来人家不欢迎，自己也未必满意；以至讲话也不肯费气力，“当了班长更感到不行”。“书到用时方恨少”，这已经或将在你们的身上考验。

飘飘说得对，“由于几年没有练”，那就练起来吧！

定定、飘飘、桂芳[1]、飞飞，都有点聪明，早练早成功，迟练迟成功，不练不成功。

1　桂芳，即谢瑗，原名王桂芳。当时在西安市上大学。

飘飘这次来信开始好转，飘飘说："我也不知道是怎么回事，人大了，这些事情反不如小时候了"。可见说和写并不难，小时候就能做，大了应该也能够更好，因此你们也不要着急。练就前进，不练就后退，就是这么一回事。我希望我的信像针，能刺着你们的痛，你们就会前进了。

当然，说和写只是工具，你们要学习的还不在这里，但能说会写，可以帮助你们学习的进步。

飘飘说："我想爸爸还是尽可能给我们多讲一些，我感到父母的话，孩了是最能接受的；别人讲的虽对，自己接受起来，却不那么服气"。你妈妈常怪我没和你们多讲，的确我讲得太少，可是今后已不能对你们多讲，连长的信也不会多写。你们现在主要的不是望人家多教，而是在自己如何学，不是看来教的是什么人，而是自己如何计算去学。

父母的话，孩子们易于接受，这是很自然的。"别人讲的虽对，接受起来却不那么服气"，这却是极错误的观点。毛主席经常说，不懂就得学，对高于我的人学，也对低于我的人学，"放下臭架子，甘当小学生"，"这些干部、农民、秀才、狱吏、商人和钱粮师爷，就是我的可敬爱的先生……"（见《农村调查》序言）。这些话你们须找出来看看。这可证明你们读毛选体会还差。何况你们接触的多是你们的老师或者同学，应该向他们请教，有什么不服气？这是极要改正的错误。

我对你们讲得不多，但是我讲的却不少，出版社曾搜集我的一些文章出过几本小册子，你们的箱子里有没有，看过没有？要你们自己答复。还有从一九四二年到现在写的随笔，高高[1]把它定为三十本，你

1　谢觉哉自注：孩子们叫高世文秘书为高高。

们也可看看，不过我还在世时只能允许你们在我的房子里看，不允许携出去，一，怕丢失掉了，二，自己有时想翻翻。

总之，父母教导是要的，但主要是靠自己学，靠向老师及其他的人学。目前你们学好学校的各项课程，做到身体好、学习好、工作好，这是你们对做父母的极大安慰。

飘飘怀疑我没有去看乒乓球锦标赛，我去看了，并写有词[1]，录如下：

一

乒乒乓乓，十个台子削、杀、挡。
二百多人，北京城里会群英。
弧圈飞出，你善攻来我善御。
脚下回旋，跬步之间路几千。

二

飞虹闪闪，眼光缭乱难寻取。
左右逢源，落而又起小星丸。
你追我赶，万千观众惊呼喊。
胜负高峰，彼此相差只一分。

三

大家庭里，小将敢同老将比。
一鸣惊人，去岁犹悬红领巾。
边打边练，跃进红旗无不利。
不为奖杯，夺得奖杯颜亦开。

1 谢觉哉自注：这个词的调子，叫“减字木兰花”，是比较容易作的。

四

精深球艺，顷刻寰区洋溢遍。

戒躁戒骄，那山还比这山高。

万邦友谊，球往球来牵线密。

试听韶箫，“世界人民心一条”[1]。

今天就写到这里。愿你们个个都好、进步、可爱。

父

4月25日

1　谢觉哉自注：闭幕时高奏《全世界人民心一条》乐曲。

致谢飘、谢瑗，自北京（1961年5月7日）

飘飘、瑗：

瑗儿五一前信，飘飘不署名字及日期的信都收到了。

我给你们的长信（两次）要细细看、细细想，我等待你们的回答。

瑗儿给林准[1]信，写“我到这里已两个多了”脱去“月”字；飘飘的信没有尾，可见你们心粗，这样粗的毛病一定要克服。

瑗儿说五一要到临潼玩，把临潼误写“临通”是否现已改了字？问飞飞、定定、七七都不知临潼的故事，你们地理学的太不好了，应该补习。

目前不打算去东北，可能暑假前还外出一趟，去那［哪］里，再告知你们。

据有人反映，你两个学习成绩都不差，我们听了欢喜。

此信要定定或飞飞抄一份分寄，那［哪］一个接到我亲写的一

1 林准，谢觉哉秘书。

谢老夫妇与孩子们（1961年）

份，那看高高[1]装信封时的便。

家里一切都如常。

父　字

母同发

五月七日

瑗儿二日信收到。似乎你们还接到我打印的第二封长信。

1　高高，即秘书高世文。

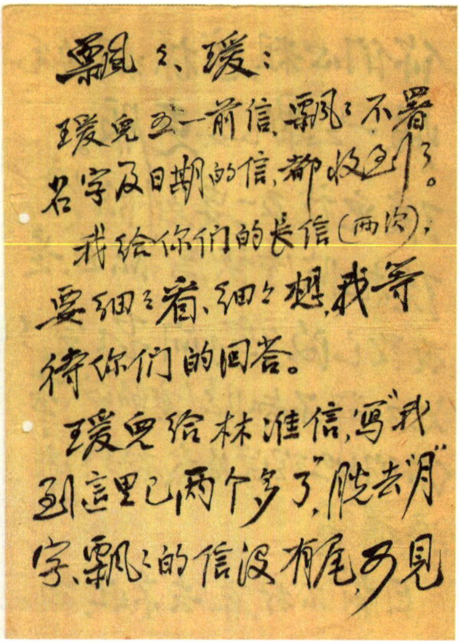
飘飘、瑷：
瑷儿五一前信，飘飘不署名字及日期的信，都收到了。
我给你们的长信（两次），要细细看、细细想，我等待你们的回答。
瑷儿给林淮信，写我到这里已两个多了，脱去"月"字，飘飘的信没有尾，可见

原件手迹1

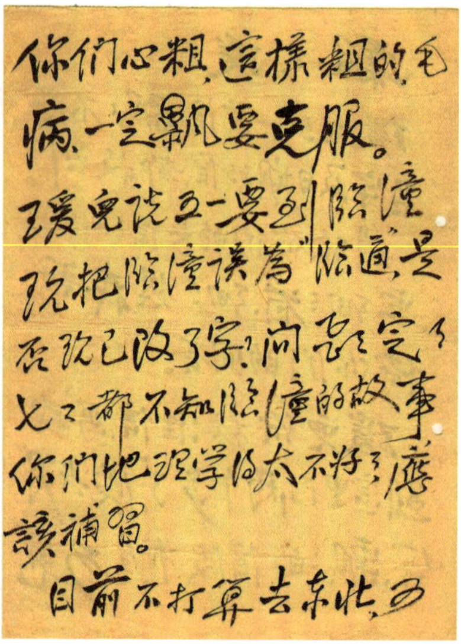
你们心粗，这样粗的毛病一定要克服。
瑷儿说五一要到临潼玩，把临潼误为"临通"，是否玩已改了字？问飞飞完了七七都不知临潼的故事，你们地理学得太不好了，应该补习。
目前不打算去东北，可

原件手迹2

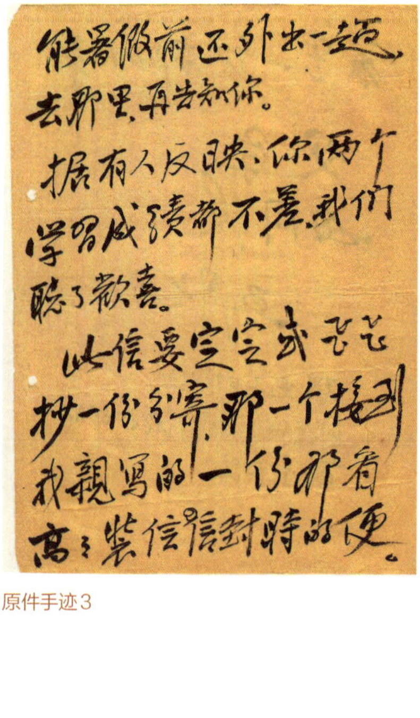
能暑假前还外出一趟，去那里，再告知你。
据有人反映，你两个学习成绩都不差，我们听了欢喜。
此信要宝宝或飞飞抄一份分寄，那一个接到我亲写的一份都看，高高装信信封时的便。

原件手迹3

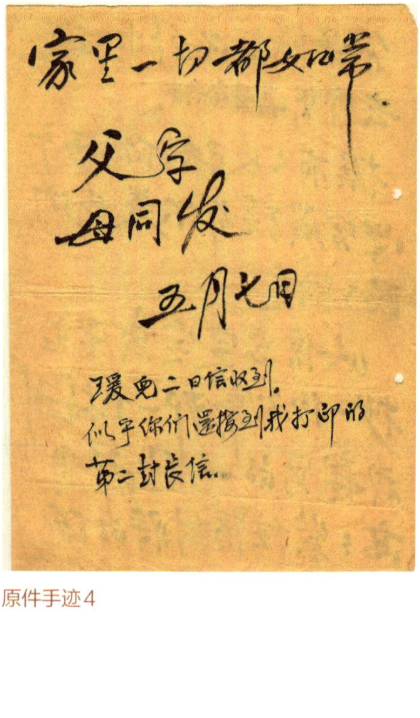
家里一切都如常。
父字
母同发
五月七日
瑷儿二日信收到。
似乎你们还接到我打印的第二封长信。

原件手迹4

致谢瑗，自北京（1961年7月11日）

瑗儿：

你望放假前接一信，可以满足你的希望。有两信被发现了，登在中国青年上，不是“院讯”被发现，而是他们在何姨[1]那里听到的。亚旭回了，要跟我去北戴河，但我还没走。可能等你们同路。北京也热，比西安应该好点。1937年七月，我在西安待过几天，热得难过。

今年高中生比去年少，列列升学颇使人担心。飞飞的车子被人偷了，你们还没有失东西的经验，应注意。你婆婆、妈妈每天清早就务莊稼，很有兴趣。包谷、向阳花长得不错；蔬菜不那么好，大概是肥料不足。

六月三十日，我们和徐、吴、董[2]在董老家照相并吃饭，这是制片厂要做的。我写了诗：

太液池边秋复春，

鬓华又趁岁华新。

1　指董必武夫人何莲芝。

2　指徐特立、吴玉章、董必武同志。

江山如此宜留影，

插到茱萸少一人。[1]

你妈妈说：回时不用打电话，你学院可能打电话，不打也不要紧。反正你们行李简单，提着就回来了。

愿

你们一批孩子升级顺利！

父　七月十一日晨七时

1　指“延安五老”中已去世的林伯渠同志。

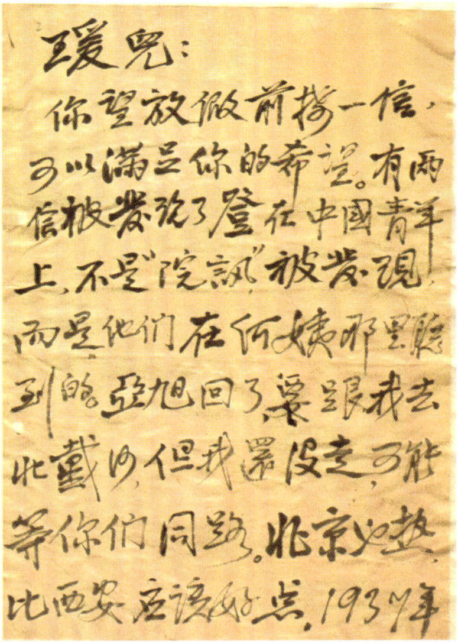
瑗兒：

你望放假前接一信，可以滿足你的希望。有兩信被發表了登在中國青年上，不是"院訊"被發現，而是他们在何姨那里聽到的。亞旭回了，要跟我去北戴河，但我還沒走，可能等你们同路。北京之熱，比西安應該好点。1957年

原件手迹1

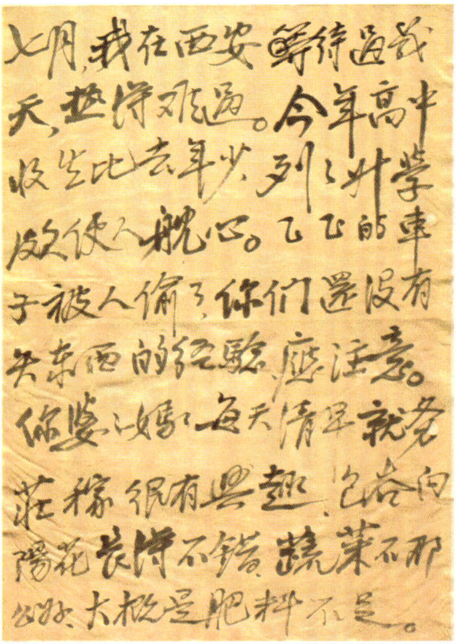
七月，我在西安等待過几天，熱得难過。今年高中收生比去年少，列列升学，致使人耽心。飞飞的車子被人偷了，你们還没有失东西的经驗，應注意。你婆婆每天清早就去莊稼很有興趣，包谷向陽花长得不錯，蔬菜不那么好，大概是肥料不足。

原件手迹2

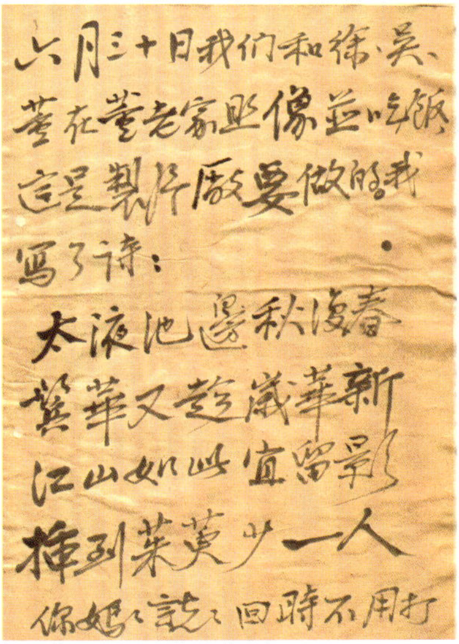
六月三十日我们和徐、吴、董在董老家照像並吃飯，這是製片廠要做的。我寫了詩：

太液池邊秋復春
冀華又趁歲華新
江山如此宜留影
棒到茱萸少一人

你媽媽說回時不用打

原件手迹3

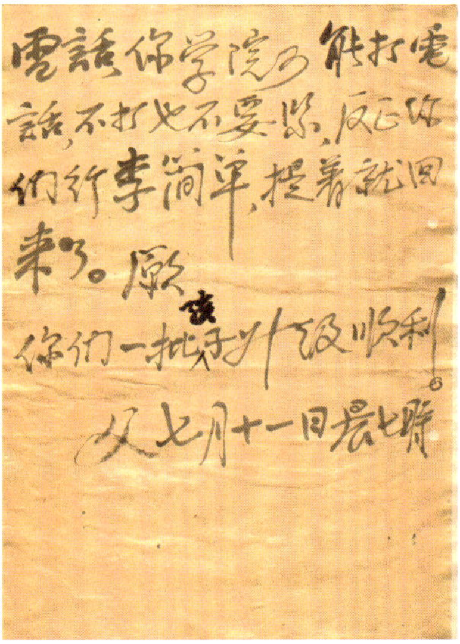
電話，你学院可能打電話，不打也不要紧，反正你们行李簡单，提着就回来了。廠

你们一批孩子升級順利！

父 七月十一日晨七時

原件手迹4

致谢飘，自北京（1961年7月17日）

飘飘：

你五月的一封信，前几天定定才找出来给我。信内容很好，可见你正在前进，正在努力。

我们还没有去北戴河，等七七、亚霞等放假才去。北京虽热，我们的房子大，还可以过得下去。瑗儿说是十八号放假，你们那里要迟些。

列列正在考高中，今年高中收生比往年少，大约有半数还乡的初中生不能升学。列列没能争到保送，考取与否不能保险。你回来可以召集弟妹开会，督促他们认真学习，懂得一些待人接物的道理。你们讨论，许比大人话有效些。

定定想学英文，你可以带点英文书回来教教她。

七七前夕在董老[1]家照相，徐老吴老都来了，可是林老[2]已不在了。题了一首诗：

太液池边秋复春，

1 董老，即董必武同志。

2 徐老，即徐特立；吴老，即吴玉章；林老，即林伯渠。加谢老被称为“延安五老”。

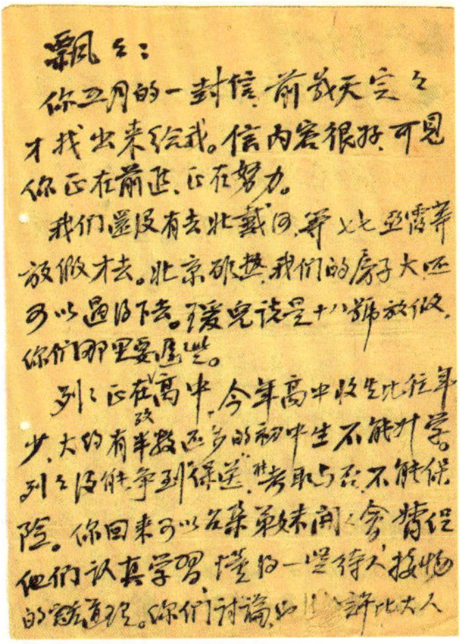
飘飘：
你五月的一封信，前几天宝宝才找出来给我。信内容很好，可见你正在前进，正在努力。
我们还没有去北戴河，等飞飞放假才去。北京酷热，我们的房子大还可以过得下去。瑷瑷说是十八号放假，你们那里要早些。
列列正在高中，今年高中收生比往年少，大约有半数还多的初中生不能升学。列列已经争取到保送，然考取与否不能保险。你回来可以在弟妹间多谈谈，帮促他们认真学习，懂得一些待人接物的道理。你们讨论出……许比大人

原件手迹1

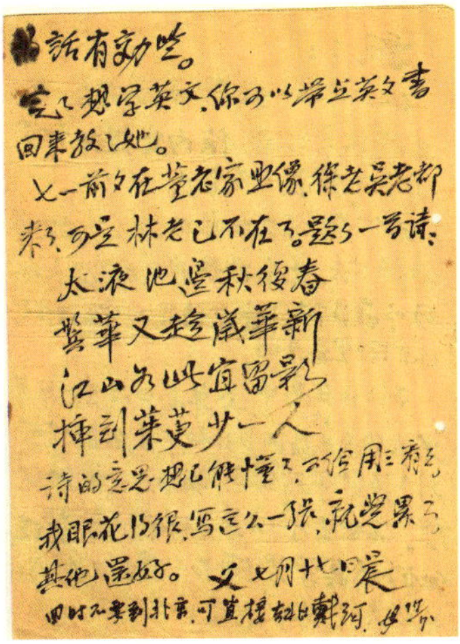
的话有劲些。
宝宝想学英文，你可以带些英文书回来教教她。
飞飞前几天在董老家照像，徐老吴老都来了，可是林老已不在了，题了一首诗：
太液池边秋复春
鬓华又趁岁华新
江山如此宜留影
插到茱萸少一人
诗的意思想已能懂了，可给用三看看，我眼花得很，写这么一张，就觉累了，其他还好。
父 七月十七日晨
回时不要到北京，可直接去北戴河。母亲

原件手迹2

鬓华又趁岁华新；

江山如此宜留影，

插到茱萸少一人。

诗的意思想已能懂了，可给用三[1]看看，我眼花得很，写这么一张就觉累了，其他还好。

父

七月十七日晨

回时不要到北京，可直接去北戴河。

母亲　7.17

1　用三，系林伯渠同志儿子，也正在哈尔滨军事工程学院读书。

致谢飘[1]，自北京（1961年9月27日）

飘飘：

九月二十日信收到了。

你立志读书并有计划地读书，能动脑子想问题，都是值得称许的。但骄傲的帽子，一定戴不得。要牢牢记住毛主席“虚心使人进步，骄傲使人落后”的话。切不可认为自己正确就可以骄傲，或认为人家说我骄傲不要紧。要知道正确不正确，在没有经过实践证明以前，谁也不能作最后的结论。就是你的见地比别人高明一点，但总还有不足之处，应该向人请教——对高于自己的人请教，也要对不如自己的人请教。这叫做“好问”，叫做“集思广益”。即令自己真的是对，那你就要说服人，说服人要“和风细雨”，要表示谦虚。否则人家是不会信你的。你可能那一点比别人强，在另一点比别人弱。弱要谦虚，强也要谦虚。要注意你的态度，可能言语生硬，样子难看，于是结果不使人家对你信服而是说你骄傲。

你必须克服这一弱点。

1　谢飘，当时在哈尔滨军事工程学院读书。谢觉哉写给他这封信，未署名。

你四五岁我写过一首打油诗：

忽然嬉笑忽号咷，绝顶顽皮绝顶娇；

顽则要嫌娇要惜，最难对付是飘飘。

是否还有些幼时气态没有改？还有没“老练”？你要对此注意。

你说我讲过“不怕得罪人”，这句话如简单化起来，那就要坏事。人家不对，要和和气气同人家说而不是得罪他；人家始终不听，要等待他，再和他说；说服他，也不是可以得罪他。只是人家要做坏事，你就要劝阻他，不可附和他，要拒绝他，以至揭发他，而不怕得罪他。这也是对你动脑子的考验。

九月二十七日

致谢飘，自北京（1961年10月14日）

飘飘：

九月二十七日信，给你讲了“骄傲就让它骄傲吧”错误的话的问题，还有一句“犯错误就早点犯，免得将来工作时再犯”错误的话，我没有讲。我要定定给你信讲，她写的意思是我说的。你十月九日信没提到，可能她的信你写信时还没有到。

我喜欢你能动脑筋，更喜欢你一动脑经就碰了问题。如没有问题，人家就难给你启示，使你知道如何前进。你信上有两句好话：“从学习的角度来看，最好的业务是最好的政治；从而对人的角度来看，恐怕处好这些事情也是最好的政治。”证明你的想法正在前进，已不是机械地看问题了。但也不要把上述的话简单化，以为政治就可以不学了。

你信上有错句错字：

“反正我自己‘与’心无愧”。

“与”字是介词，如我与你之类；应该是自己“问”心无愧，或“于心无愧”。

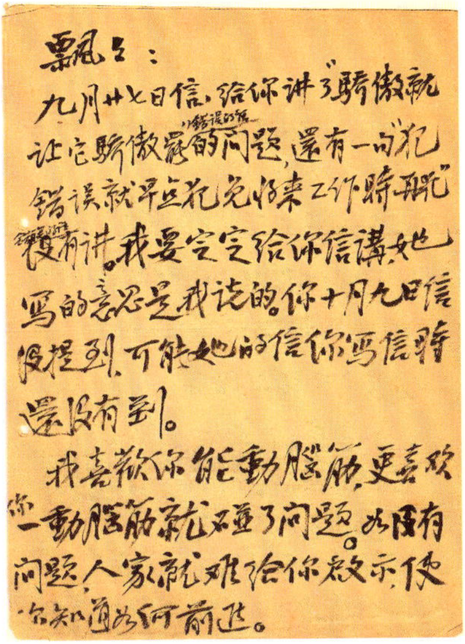

飘飘：

九月廿七日信，给你讲了骄傲就让它骄傲（小错误的话）的问题，还有一句"犯错误就早点犯，免得将来工作时再犯"没有讲。我要定定给你信讲她写的意思是我说的。你十月九日信没提到，可能她的信你写信时还没有到。

我喜欢你能动脑筋，更喜欢你一动脑筋就碰了问题。如没有问题，人家就难给你启示，使你知道如何前进。

原件手迹1

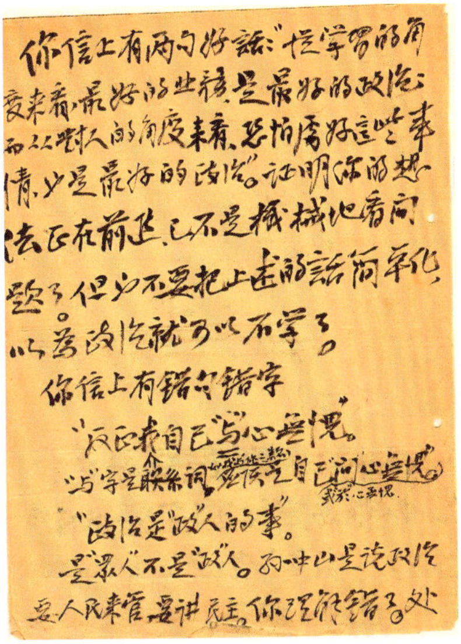

你信上有两句好话："从学习的角度来看，最好的成绩是最好的政治；而从工作人的角度来看，就是搞好这些事情，也是最好的政治。"证明你的想法正在前进，已不是机械地看问题了。但也不要把上述的话简单化，以为政治就可以不学了。

你信上有错句错字

"反正我自己与心无愧。"

"与"字是联系词，应该是"自己问心无愧"或"于心无愧"。

"政治是政人的事。"

是众人不是政人。孙中山是说政治要人民来管，要讲民主。你理解错了。

原件手迹2

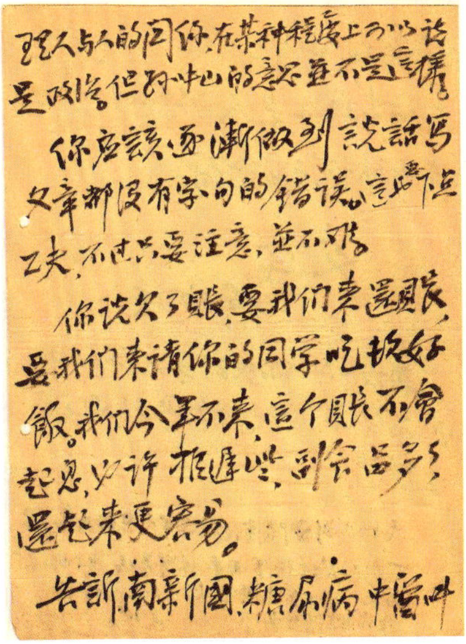

理人与人的关系，在某种程度上可以说是政治。但孙中山的意思并不是这样。

你应该逐渐做到说话写文章都没有字句的错误。这要下点工夫，不过只要注意，并不难。

你说欠了账，要我们来还账，要我们来请你的同学吃顿好饭。我们今年不来，这个账不会赖掉，也许拖迟些，到会后多少还起来更容易。

告诉南新国，糖尿病中医叫

原件手迹3

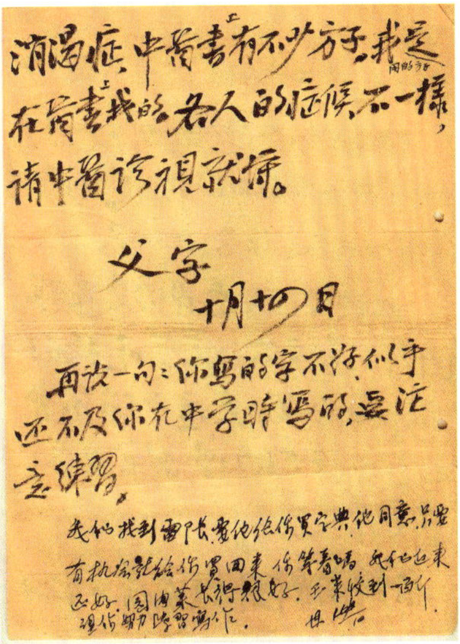

消渴症，中医书上有不少方子。我是在医书上找的，各人的症候不一样，请中医诊视就好。

父字

十月十四日

再说一句：你写的字不好，似乎还不及你在中学时写的，要注意练习。

我们找到曹部长，要他给你买字典，他同意，只要有机会就给你买回来。你等着吧。我们也来还好。园内菜长得很好。[illegible]努力学习努力工作。　母 定国

原件手迹4

“政治是‘政’人的事”。

是“众人”不是“政人”。孙中山是说政治要人民来管，要讲民主。你理解错了。处理人与人的关系，在某种程度上可以说是政治。但孙中山的意思不是这样。

你应该逐渐做到说话写文章都没有字、句的错误。这也要下点工［功］夫，不过只要注意并不难。

你说欠了账，要我们来还账，要我们来请你的同学吃顿好饭。我今年不来，这个账不会起息，也许推迟些，副食品多了，还起来更容易。

告诉南新国[1]，糖尿病中医叫消渴症，中医书上有不少方子。我用的方子，是在医书上找的。各人的症候不一样，请中医诊视就得。

父　字

十月十四日

再说一句：你写的字不好，似乎还不及你在中学时写的，要注意练习。

我们找到雷部长[2]，要他给你买字典，他同意。只要有机会就给你买回来，你等着吧。我们近来还好，园内菜长得很好，玉米收到一百斤。你努力学习写作。

母亲

14/10

1　南新国，系谢飘同学，贸促会主席南汉宸之子。

2　雷部长，系时外贸部副部长的雷任民。

致儿女，自北京（1961年10月28日）

定定、飘飘、桂芳、飞飞：

我高兴你们姊妹兄弟间能经常通信、交流些学习工作情况及生活情况，这对你们向前进有好处，而不只是感情的联系。

通信，什么事都可以写。可以互相问难，互相学习，可以练习语文。你们现已无正式语文课，而你们的语文缺点还多，所以从写信上面来弥补。因此写的时候要注意词句的通顺，字句的美丽，不允许潦草和有不通顺的句子和错别字。

我一年老似一年，今年给你们写信比去年少，字也写得不像样，这是没奈何的事。以后有要说的话在家里通过定定、飞飞来写。

愿你们好。

父

十月二十八日

谢瑗通信地址：

西安总字411部队3分队615中队。

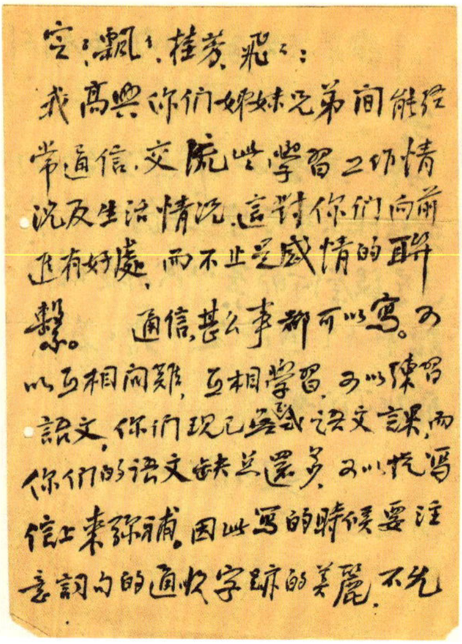
宝宝、飘飘、桂英、飞飞：
我高兴你们姊妹兄弟间能经常通信，交流些学习工作情况及生活情况，这对你们向前进有好处，而不止是感情的联系。 通信甚么事都可以写。可以互相问难，互相学习，可以练习语文。你们现已无语文课，而你们的语文缺点还多，可以从写信上来弥补，因此写的时候要注意词句的通顺，字迹的美丽，不允

原件手迹1

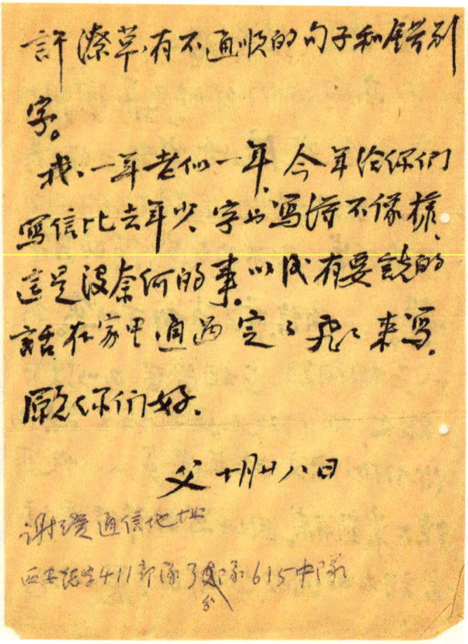
许潦草，有不通顺的句子和错别字。
我一年老似一年，今年给你们写信比去年少，字也写得不像样，这是没奈何的事。以后有要说的话，在家里通过宝宝、飞飞来写。
愿你们好。
父 十月廿八日
谢觉通信地址
西安邮字411部队3支队615中队

原件手迹2

致儿女，自北京（1961年11月11日）

定定、飘飘、瑗、飞飞、列列、七七、亚霞：

我再一次告诫你们：必须把语文学好，要顶好，至少是相当好，绝不允许不好。

据说有的青年学生或青年工作人员，只是基本上而不是完全脱离了文盲状态，因而他们的工作、学习都或多或少地受到了限制。

他们看书、看报、听戏文，常常遇到字、词、成语等“拦路虎”。他们不肯去翻字典，翻词典，或笔记着问人，把“虎”啃掉，而是“绕”了过去，致看的听的，总是似懂非懂。“虎”呢，这次拦路下次仍然拦路。

写信写文章，常常“词不达意”，不是“干巴巴”地语言无味，就是胡扯一顿，文不对题。有意见说不清楚，因而其意见也不会发展。

字，写得清楚，人家容易看；写得美，人家喜欢看。常常有些来信或文稿，不只潦草而且怪形怪状，看起来是灾难。是不是我已老得成了“文盲”？而是他们写的是“天书”？我们是人，绝不能写“天书”。(《水浒传》：宋江得了天书，只宋江和吴用认得，遇着困难，就翻天书，说天书上怎么说的。)

近来报纸上常有讲作文写字的文章，不知你们注意没有？十一月十日《人民日报》有一篇讲写字的文章，讲到“笔顺”，即每一个字下笔的次序；讲到“间架”，即字的结构。这些，你们都没有好好学过，应该补习。又最近《人民日报》凡难认的字都注了音，为的是纠正人们的错读。你们的国语拼音，除亚霞已会外，其余都要补学，几个钟头就学会了。

语文不好，其他功课也必不会很好；本国语文不好，外国语文也不会很好。

语文不好的人，思想也不会发展，做工作也必会遇到困难，因为他不会善于解决困难。

你们都不大蠢，甚至还有点聪明，为什么语文学不好？你们小时候写文章还受到人称赞，为什么大了却不进步？没有别的，是没有练，不用心。

替你们立个条约：

一、看东西一定要看懂，遇到难懂的字或句子，即“拦路虎”，一定要啃掉。

二、写信写文章，写完了要看几次，句子不好的要改，不惜改一次以至改几次，字写得不好或不清楚的要重写。绝对不许懒惰。限你们几个月或者半年，一定要做到词句通顺，字迹清楚。

最近飘飘和瑗儿来信有进步。瑗儿是女同学中数学唯一得五分的，可见学校考试比前严了，瑗儿说她的数学试卷有缺点，只是教师没有扣分。这很不对。

写诗一首：

一年近一尺，一月进一寸。
五年大学成，体强脑亦俊。
科学攀高峰，文字很通顺。
崭然露头角，个个比我胜。

父

1961年11月11日

致谢飘，自北京（1961年12月19日）

飘飘：

不久前给你一封信，说定定决定不跳学校的事，昨接你信，知那封信你没有收到。那封信皮上没有写你的班次，想是因此误了。还在好久以前给你信说字要写大些，并附你原写的几个字，认不出，你来信没有提到。信上的字还是老样子，想那封信你也没接到。

看了立初[1]没有？立初过京因时间急，没到家里来，因此给你买的鞋油等，也不能寄给你。

家里一切都好，吃的东西虽紧点，你妈妈天天在张罗，也还过得去。打算今年不到广东去了，因为你妈妈不能去，她若去了家里的孩子和客人没人照顾。我可能去湖南走一趟，那里正开人大会，可以了解点情况，大约七八天至十天，可以回京。

桂芳[2]已经改名谢瑗，我写了一首诗：

十年抚字当亲生，学册而今换姓名。

1 立初，谢觉哉的孙子，当时在哈尔滨工程学院读书。

2 桂芳，即谢瑗，谢觉哉的外侄女，后收为养女。

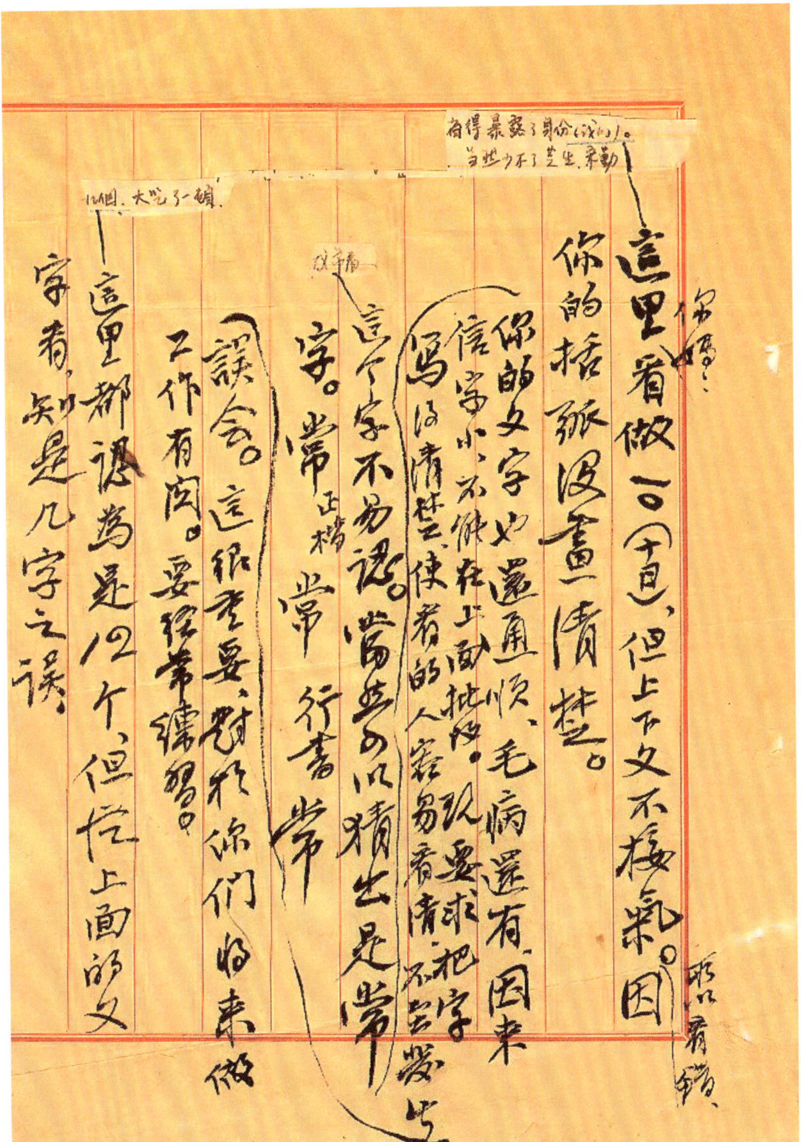
看得暴露了身份(我们)了。
当然少不了芝生、承勤
這里看做一日(十日)，但上下文不接氣。因
你的措詞沒盡清楚。
你的文字也還通順，毛病還有，因来
信字小，不能在上面批改。現要求把字
寫得清楚，使看的人容易看清，不然要发生
誤会。這很重要，對於你們將来做
這个字不易認。當然可以猜出是常
字。常(正楷) 常(行書) 常
工作有関。要經常練習。
12個，大吃了一驚。
這里都認為是12个，但從上面的文
字看，知是几字之誤。

附件手迹

改口叫爹又吃吃，用心术学尚铮铮。

一群弟妹新添姐，旧日爹妈庆得甥。

我已衰龄抛卷袖，倚窗听汝读书声。

你如要了解我的生活情况，抄两首诗给你，就可知道。

自嘲

整天不看书，摊书犹满几。

……（原信残缺）

因飘飘写字过小，谢老曾剪下认不出的字，寄给儿子，要求改正。

附件信文：

对第一个剪贴说明：这里你妈看做10（十日），但上下文不接气，所以看错。因你的括弧没画清楚。

对第二个剪贴说明：这个字不易认。当然可以猜出是常字。（常 正楷。常行书）你的文字也还通顺，毛病还有，因来信字小，不能在上面批改。现要求把字写得清楚，使看的人容易看清，不至发生误会。这很重要，对于你们将来做工作有关。要经常练习。

对第三个剪贴说明：这里都认为是12个，但从上面的文字看，知是几字之误。

致儿女，自广州（1962年1月4日）

定定、飘飘、桂芳、飞飞、列列、七七、亚霞并转春香[1]：

我们出京二十多天了，只接到桂芳一封信，不知道你们现状如何，甚念。

在长沙住了几天，十二月二十四日到广州，一月二日到从化温泉招待所。准备要去海南走走，我们身体都好，亚旭都好。

我算是半工作半休息，每天总有点事，也写了一些诗，有的已在报上登出。

你们知道虎门吗，那是个海口。你们年纪都大了，知得事了，要经常写信给我和你妈妈，告诉我们一些事情，要学管事，除管学习的事外，还要管家里的事，管弟妹的事。

我们住处尚有变动，来信可由广州交际处转我。

父　字

一月四日

1　春香，名李嘉平，陕北参议会议员李丹生长女。李去世后，其两个女儿春香与春先都由谢觉哉与王定国收为养女，带到北京抚养成人。

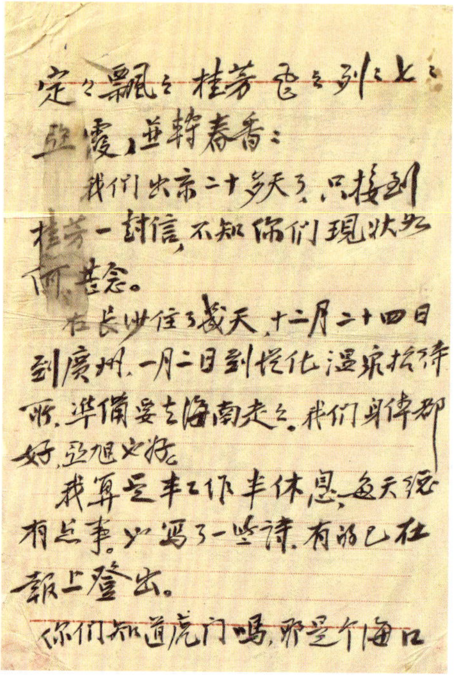
定々、飄々、桂芳、霞々、列々、上々、
亞霞，並轉春香：
我们出京二十多天了，只接到桂芳一封信，不知你们现状如何，甚念。
在长沙住了几天，十二月二十四日到廣州，一月二日到從化温泉招待所，準備要去海南走々。我们身体都好，亞旭也好。
我算是半工作半休息，每天總有点事。也写了一些詩，有的已在報上登出。
你们知道虎门嗎，那是个海口

原件手迹1

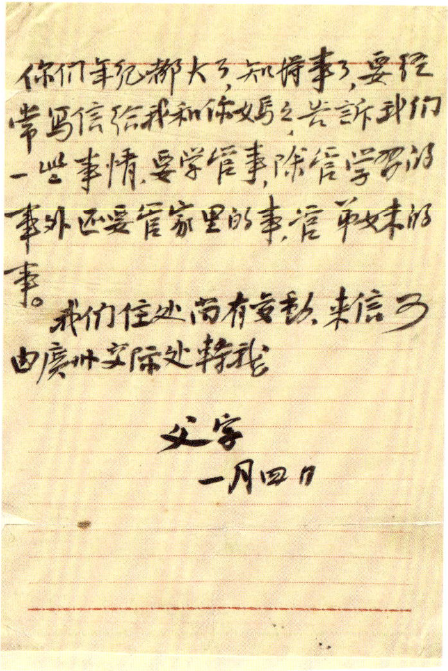
你们年紀都大了，知得事了，要經常写信给我和你媽々，告訴我们一些事情。要学管事，除管学習的事外还要管家里的事，管弟妹的事。
我们住处尚有变動，来信可由廣州交际处轉我
父字
一月四日

原件手迹2

致儿女[1]，自北京（1962年3月8日）

致子女：

一、看过去，看别人。

从搬家谈起，我不反对搬家。如果必要，房子要修理或让给别人住。我们可以搬到比这还好或比这不好的地方去。

有一个观点必须改正：这个房子是很好的，不要因有点点子毛病，就叫嚷起来。应该知道：不论吃的、住的、穿的好坏都是比较出来的。我们要看过去，看别人。

年纪大的孩子，你们住过延安的房子（定定、飘飘），住过乡里老家的房子（瑗），到北京住过大四眼井的房子，内务部的房子，虽然都不坏，但哪里比得上现在住的房子。论吃与穿也要看过去。我家是地主，我又是有职业的人，我到北京才穿上绸内衣，还是人家送的，手表我以前没有，现在你们穿绸内衣了，戴手表了，七七没有表，可能也会要了。皮鞋，我记得一九三七年去兰州搞统战工作，公家给我买了一双皮鞋，到北京为了接待外宾才买第二双皮鞋。那时我

1　此信由谢瑗整理，打印后散发给子女们。

快七十岁了。你们小小年纪就穿皮鞋，且已穿过不止一双。我国出牛皮并不多，皮鞋供应怎能不紧张。

我们的吃，尚不大好，但已比过去好。我的老家是地主，吃得饱但并不那么吃得好。至于你妈妈的老家，靠替人家推磨，靠做小生意，靠捡人家红薯，土里遗下的小红薯，有一顿，没一顿。你舅舅不是因没饭吃，小时候就跑到军队当勤务吗？你妈妈也不是因为穷才参加革命吗？那样的生活，你们是难以想象的。你妈妈要经常对你们谈谈。总之，看过去，我们现在的生活，已经是我们预想不到的了。

说到看别人，你们应知道现在还有成千上万的人吃不饱穿不暖，没有房子住。北京的生活，你们是看到了的：有的人一家子住在一间房屋里，农村的老百姓有的一年吃不到油，北京市居民也只分到四两油。鸡蛋、肉是很难买到。你们舅舅那个院子里就是这样。

我们是共产党人，你们是共产党的子女。共产党是人民的勤务员，要帮助广大人民能过好日子，要工作在先享受在后，当广大人民还十分困难的时候，我们过着这样的生活，应该感到不安，而绝不应该感到不足。

我在某招待所的房子里写的诗，有："愿速化为千广厦，九州男妇尽欢颜。"因为住在那样好的房子里，不能不想起许多人民住的破烂，甚至还没有房子。"广厦""欢颜"字眼，是杜诗上的，杜甫诗："安得广厦千万间，大庇天下寒士俱欢颜。"杜甫思念的"天下寒士"，我们思念的是"九州男妇"，有范围的不同而已。

还有这样的两句唐诗："身多疾病思田里，邑有流亡愧俸钱"。有点像我的现在：老了，身体不健康，应该退休还乡了（上句）。现在人们还有不能安生的，我们每月却领高的工资。这都是人们身上来的，因而不能不有点惭愧。

你们妈妈给我作新衣服，搞吃的，总说："你快八十岁了，还不穿点吃点？"我说："我们吃穿已很好了，再好就要过分了。"意思是指此。

你们好些是大人了，应该懂得道理：一、看看自己，看看广大人民，作个比较。二、人民培养了你们，你们将来怎样报答人民，即学习好本事，能做个好的人民勤务员。

享受要与过去比，与广大人民比，不要把将来希望的事在现在少数的人实现；不能超过群众或超过太多。如超过或超过多了就要自己警惕。

二、要自己动手。

从买车票谈起，瑗儿的车票买重了，要退。原因是自己没亲自去买，为什么不去呢？是我有警卫员害了你们，害得你们车站的门向东向西，买票的排队情况，都不知道。

凡自己能做的事，都要自己动手。扫地，洗衣服、煮饭、炒菜、院子里挖土种菜、都要做，做惯了，就闲不住，身体也会强壮。你外婆是劳动人民，七十岁了，一早起床就找些事做，身体也很好。

我老了，在这方面不能亲自做你们榜样，但能做的我还是做。

三、对人宽，对己刻。

把难做的事给自己，易做的事给人家。要照顾别人困难，宁肯自己省些。讲个故事：长征时有个时期，我和徐老[1]不在一队，那个时候

1 徐老，即徐特立同志。

吃的困难。徐老遇着我，把他带的吃的东西，全部给了我（一共也不过二三斤）。要他留一点，他不肯，理由是他那个单位弄吃的还容易点（其实也并不容易）。徐老满六十时，我送他的诗：“是谁都束腹，赠我竟倾囊。”是指此事。很值得你们学习。

四、爱惜东西。

写毛笔要爱护毛笔。写完把笔洗洗，插入笔帽。要爱护书籍，看完要放回原处。要爱惜自己的衣服、鞋子、被褥、用品等，要知道“来之不易”。这些我以前说过，现在不多说了。今日讲的就是这些。

父

一九六二年三月八日

致谢飘，自北京（1962年5月16日）

飘飘：

定定和你妈妈，都不赞成我这时外出，只好又一次失信于你，你又一次失信于同学。好在这个“信”关系不大。我生日[1]没有外客，但仍然闹了一天。诗一首，昨天才打印出来，寄你一份。我不加注解，你如经过思索还有不大了然的地方可来信问。你们没搞过旧文章和旧诗，但应该知道一点，因为常常会碰到这些东西。

我目力越差，写字靠摸，这是无可奈何的事。

父

五月十六日

［附诗］

生日

生日未外出，属妇罗浆酒。

1　谢觉哉生于1884年4月27日。

家中二十人，几代男和女。
亦有外来宾，老妪和老叟。
陶姥[1]送玩具，鹿猴象人偶。
我爱道者相，须银肩负帚。
徐乾[2]作异梦，梦我衣不厚。
遗我白大绸，内穿须过肘。
孔雀立松枝，击之声如缶。
下题放儿[3]诗，祝我长寿耇。
女买檀香扇，香风透户牖。
老人可以用，摘去红丝纽。
徐公[4]话袋开，中外古今有。
陈老[5]不速客，自笑肩承口。
瓶中艳红花，窗外浓翠柳。
老人座上笑，稚子座下走。
西郊机场盛，跳伞翻斤斗[6]。
陈总[7]笑问妇，寿酒必请我。
皆酒与甘肴，自寿党所许。
妇答口嗫嚅，诞日距还久。

1 陶姥，即陶承同志（1893—1986），湖南长沙人。欧阳梅生烈士夫人，长期从事机要工作。著有回忆录《我的一家》，60年代被拍成电影《革命家庭》，广为流传。
2 徐乾，徐特立同志的儿媳。
3 放儿，即谢放，谢觉哉儿子。
4 徐公，即徐特立。
5 陈老，即陈其瑗（1887—1968），民革创始人之一。当时任内务部副部长。
6 原注：上午去西郊看飞机表演。
7 陈总，即陈毅副总理（1901—1972）。

其时心正急，赶归治鸡黍。
假话必须偿，隔年具铺糗。
畜得茅容鸡，种好林宗韭。
天上云飞红，人间风扫垢。
发知不胜簪，算龄已七九。

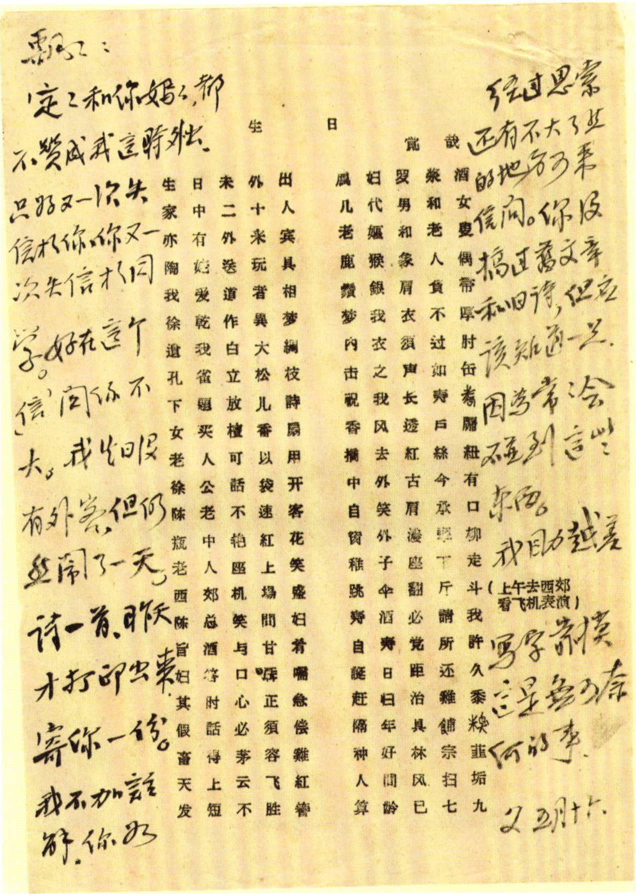

飘飘：

定定和你妈妈都不赞成我这样做。只好又一次失信于你，你又一次失信于同学。好在这个信用你不大。我也没有外客，但仍然闹了一天。诗一首，昨天才打印出来，寄你一份。我不加注解，你们

酒女叟偶帶厚肘缶耈爾紐有口枷走斗我許久黍糗韮垢九
桀和老人負不过如寿戶絲今承輕下斤請所还雞餔宗扫七
叟男和象眉衣須声長透紅古眉漫塵翻必覚距治具林风已
妇代嫗猴銀我衣之我风去外笑外子伞酒寿日归年好間龄
鳳儿老鹿鬚梦內击祝香摘中自窗稚跳寿自誕赶隔神人算
出人宾具相梦綢枝詩扇用开客花笑盛妇着嚼急偿雞紅簪
外十来玩者異大松儿番以袋速紅上场間甘咔正須容飞胜
未二外巻道作白立放檀可話不艳匯机笑与口心必茅云不
日中有好爱乾我雀题买人公老中人郊总酒字时話得上短
生家亦陶我徐遣孔下女老徐陈瓶老西陈旨妇其假畜天发

经过思索还有不大了然的地方可来信问。你没搞过旧文章和旧诗，但应该知道一些，因为常会碰到这些东西。

我目力越差（上午去西郊看飞机表演）写字前模，这是无可奈何的事。

文 五月十六

原件手迹

致谢飘，自北京（1962年9月9日）

飘飘：

九月二日的信，收到了。

家里人都好，亚旭去“八一”[1]上十天了，明天（星六）去接他，听说在那里还听话，没有闹要回家，飞飞去学校住了，只七七回家吃饭，你姨姨[2]的小孩不闹，屋里比较安静。

我身体上没有病，只精神衰颓了些，好久没写文章，偶然写首把两首诗；眼睛不能久看，有时听秘书们念念。

老人防跌交，是一件要注意事，我走路总是慢慢的，管理局打算在没有地毯的地方放点胶皮版。

估计你们已上课，学得好身体锻炼的好，对国家有益，即对父母的安慰，祝你们好。

用三、芝生、立初[3]均此不另。

1 八一，系八一学校。前身为晋察冀军区创办的荣臻学校，现为北京市八一中学。

2 姨姨，即王定国妹妹王定和。

3 用三，林伯渠之子；芝生，董必武之子；立初，谢老孙子。当时三人均在哈尔滨军事工程学院学习。

以后来信字要写大一些，笔画清楚一些，才宜看。

觉哉

九月九日

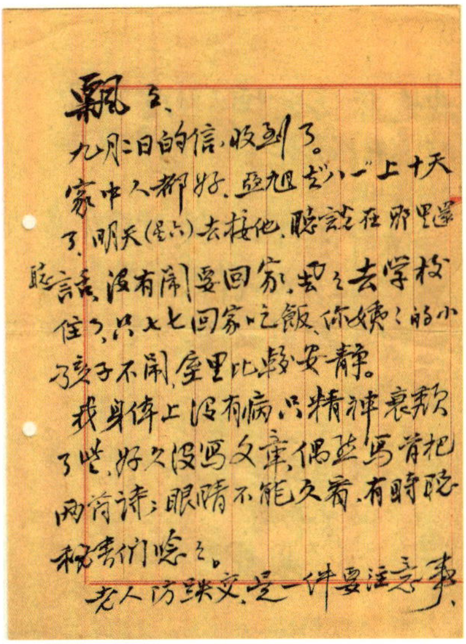
飘飘：
九月二日的信，收到了。
家中人都好。亚旭于八一上十天
了，明天（星六）去接他。听说在那里还
听话，没有闹要回家。芸芸去学校
住了，只七七回家吃饭，你姨姨的小
孩子不闹，屋里比较安静。
我身体上没有病，只精神衰弱
了些，好久没写文章，偶然写首把
两首诗，眼睛不能久看，有时听
秘书们念念。
老人防跌交，是一件要注意事，

原件手迹1

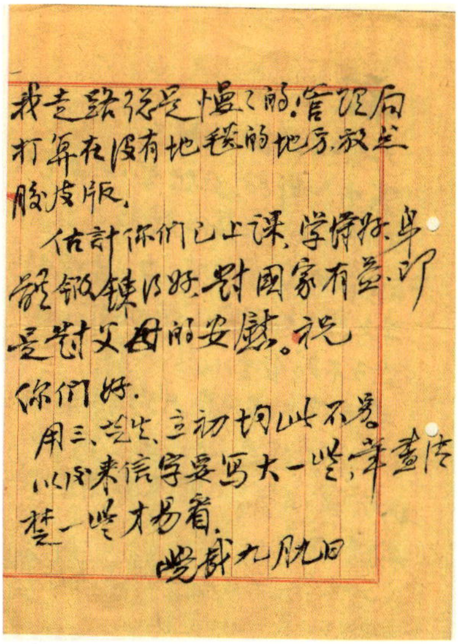
我走路总是慢慢的，管理局
打算在没有地毯的地方，放些
胶皮版。
估计你们已上课，学得好，身
体锻炼得好，对国家有益，也
是对父母的安慰。祝
你们好。
用三、坚生、立初均此不另
以后来信字要写大一些，笔画清
楚一些，才易看。
觉哉九月九日

原件手迹2

致王定国，自北京（1963年1月24日）

寿定国同志五十周岁[1]
暑往寒来五十年，
鬓华犹衬腊花鲜。
几经桑海人犹健，
俯视风云我亦仙。
后乐先忧斯世事，
朝锄暮饲此中天。
三女五男皆似玉，
纷纷舞彩在庭前。

谢觉哉
一九六三年一月二十四（夏历除夕）

1 此为谢老为王定国夫人五十寿辰书写的贺寿诗。十年前，王定国四十岁时，曾送给谢老一首诗，并请人书写后，将手迹绣成画幅送给他，一直悬挂在住宅的厅堂里，夫妻情谊彰显。
诗文为："谢老：自从我们在一起，不觉已近二十年。互相勉励共患难，喜今共享胜利年。今逢你七旬大寿，我无限的欢欣。正当可爱的春天，正当祖国的建设年，花长好，月长圆。为建设共产主义社会，祝你万寿无疆，祝你青春长远。定国，一九五三年五月十五日。"

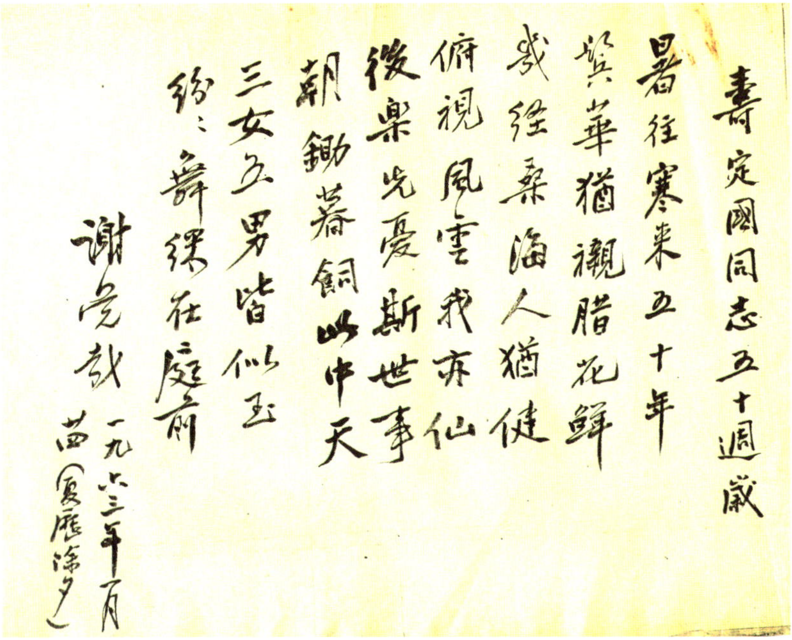
壽定國同志五十週歲

暑往寒來五十年
鬢華猶襯腊花鮮
幾經桑海人猶健
俯視風雲我亦仙
後樂先憂斯世事
朝鋤暮飼此中天
三女五男皆似玉
紛紛舞綵在庭前

謝覺哉
一九六三年一月
苗（夏曆除夕）

诗信原件手迹

致儿女，自北京（1963年5月26日）

定定、飘飘、瑗：

我们五月九日回京，看到你们集体贺寿的册子[1]，装饰颇美，尤其值得赞许的是大的小的都以同样的纸写文章，六个写了诗或词，两个写了诗样的信，飞飞是发起者，响应发起的没有异言，看到你们是有组织的。人无论做甚么，都要有组织，要能够服从组织或为组织中的倡导者，要戒骄戒躁，克服不能团结人的毛病。

我耳目也不灵了，手写字也困难，这次外游，只写了几首诗，不能全抄，抄诗一首如下：

生日在扬州

今年生日在扬州，
十里扬州景物稠。
寺里琼花繁若锦，
湖中西子瘦千秋。

---

1 为祝贺父亲八十大寿的临近，孩子们集体制作了贺寿的册子，每人给父亲献诗献祝语，并附加照片、绘画送上，表达心意。

偶从僧舍观书画，

又向同僚询乐忧。

八十年华如水逝，

红旗招我再来游。

扬州平山堂有琼花两株，已百十年了，正植开花，琼花别地没有。

扬州瘦西湖是名胜地，寺僧某善画，导观所藏画。

你们填的词，意义还好，只有句子不合韵，词是要唱的；唱起来顺口就是韵。找原牌子的词看看，他是怎样押韵的，即哪一句要押韵，你们就照样修改。暑假回来时再在本子上改。

我在镇江写了一首记游的词——《沁园春》如下：

“故事流传，事非全实，情则逼真。

看琴剑长埋，英台少女[1]，象狮对峙，善卷老人[2]。

见利不歆，遇侮不惧，将台娘子鼓捶抡[3]。

真情种，把金山水淹，义愤忘身。”[4]

以上词的上半阕。

“江山人物同春，要继往开来事绝伦。

从古色古香，精华吸取[5]；新人新事，智慧递增。

动力电化，山原绿化，大地层铺锦绣茵。

不止是，那金焦数点，山碧水银。”

1　作者自注：宜兴有祝英台琴剑之冢，云是英台读书处。按：梁山伯、祝英台的故事，书上是有的。

2　作者自注：宜兴善卷洞，洞很大，四壁石乳形成狮象松梅等形。云善卷老人避尧让位，遁居此洞，按：善卷老人事不见史书。

3　作者自注：金山有梁红玉击鼓遗迹。梁为韩世忠妻，纵韩打金人。

4　作者自注：金山上有青蛇洞、白蛇洞，此是神话。

5　作者自注：苏州等处的胜景都是古色古香的。

孩子们为父亲贺寿的画册

采桑子
凄風苦雨鬓华斑，八十年华神州并，
艰心苦斗，身健体魁，
历尽洪波，青鉄心紅。
自得丹心照汗青。五男二女賀寿音。
亲爱的爸爸
我今年八岁，可是您已经八十岁了。
今天是您的生日，爸爸祝您万寿无疆！

我不希望你们学旧体诗词，因为体制已经过时了，且不易学好。但也能够看懂，读读。不知你们为何高兴写诗词了。既然写了，就过细玩味一下。

父 字

一九六三年五月二十六日

致王定国，自北京（1963年9月20日）

写给定国同志：

华龄过五十，
爱身宜节劳。
事可分头管，
心须择要操。
一步看几步，
今朝想明朝。
多言言妨失，
少吃吃不消。
劳逸能恰当，
身体自坚牢。

病中的谢觉哉（1964年）

病中的谢觉哉与儿子谢飞（1968年）

飘飘定定话，

你可细推敲。

觉哉

九月二十日左书[1]

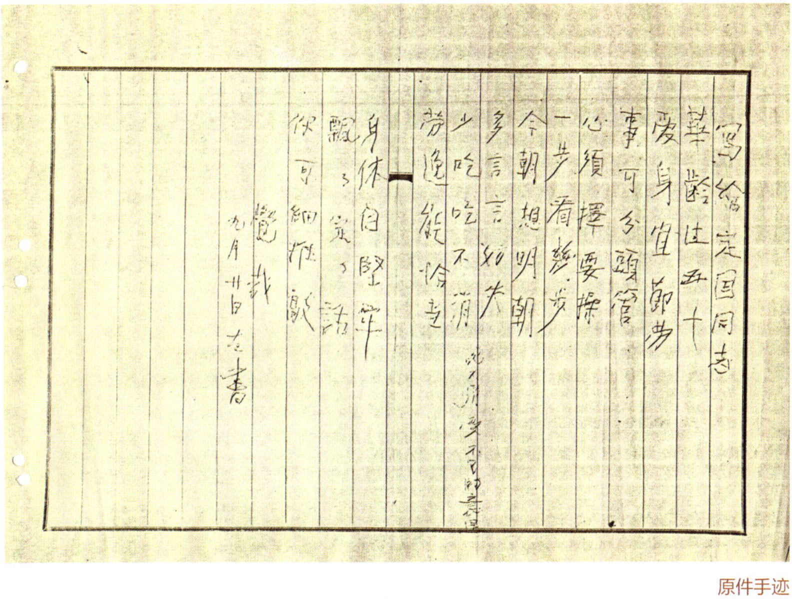

原件手迹

1　左书，谢老在1963年5月26日，突然右半身瘫痪，住北京医院，诊断为左侧大脑血管栓塞。住院三十六天，作诗二十首。8月起，左手练习写日记。本信是他左手写的。

致谢瑗，自北京（1965年5月10日）

谢瑗存念

爸爸病得太久[1]，应该被人忘记。
鸿雁即能稍书，它也无法投寄。
女儿书忽飞到，并不借助鸿翼。
短短几行新诗，载着深情厚意。
我的病已不多，只是软弱无力。
延安如能重游，期在明年五一。

父题

母录寄[2]　六五年五月十日

1　谢觉哉于1963年5月突患中风，至写此信时已两年多了。

2　谢觉哉患病后，右手不能写字，此诗是夫人王定国毛笔录写，寄给女儿的。

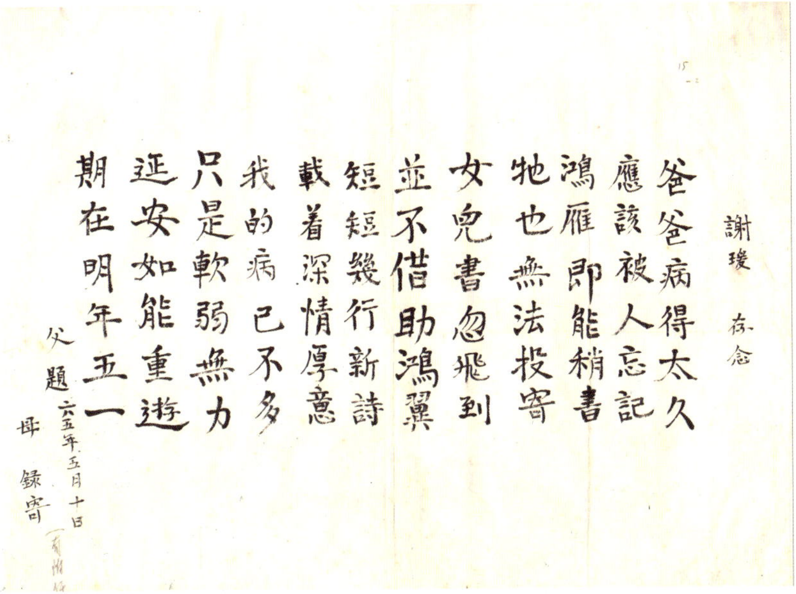
謝璦　存念

爸爸病得太久
應該被人忘記
鴻雁即能稍書
牠也無法投寄
女兒書忽飛到
並不借助鴻翼
短短幾行新詩
載着深情厚意
我的病已不多
只是軟弱無力
延安如能重遊
期在明年五一

父　題　六五年五月十日
母　錄寄

原件手迹

第三辑
致家乡干部及友人

一九五〇至一九六〇年代

谢老给农村小学生题字（1961 年）

除了给家人亲属的信件外，谢觉哉还给家乡的干部、友人写过不少信件。

1954年，他主动给尚不知姓名的宁乡县长去信，说："想知道故乡一些情况，自己生长的地方，不管它变化怎样，总比完全陌生的地方易于了解些，我希望有人和我通信。"从此开始了他与故乡几位县领导干部持续几年的通信，直至他1963年5月中风无法提笔为止。

作为一名老一辈共产党人，谢觉哉把自己的亲情、乡情扩展到家乡的干部、群众中去，把通信作为了解下情、交流思想的重要工具。他甚至要家乡干部向公众宣布："谢觉哉愿意和人通信！"

他身居要职，却主动和比自己年小三四十岁的基层干部长期自由通信，从中了解家乡经济、社会实情、提出中肯的改进意见。从这些信件中，可以感受到谢觉哉一贯的调查研究、实事求是的思想工作作风；也可以看到他对50年代末至60年代初，广大农村经历的"浮夸风、共产风"引起的困难情状；特别强烈的是他对家乡森林、树木遭到砍伐的情况的忧虑，以及呼吁人们植树、护林，保护自然环境的不懈努力。

本节中也收入了几封给湖南友人的信件，乡情加友情，不是亲人胜似亲人，读来令人感动。

这些信件，多数是谢觉哉用毛笔蘸着红、蓝墨水，在粗糙的稿纸上写就，由秘书寄出打字稿信件。本书中的这些草稿也是那个物质贫瘠时代的一个物证。

致张润清，自北京（1954年某日）

宁乡县长[1]同志：

全国人民代表大会代表王葆真[2]先生视察归来，他称赞宁乡县的水利建设，他对我讲了一些地区的情况，我都茫然无知，可见几年来宁乡的自然面貌大有改变，我如回来已不能认识，同时也可见我对于故乡建设进展的不关心。

其实，我也想知道故乡一些情况，自己生长的地方，不管它变化怎样，总比完全陌生的地方易于了解些。我希望有人和我通信。

请莫误会我是向你要报告，不是的。我说的是自由通信，不管是工作人员或非工作人员，他们有所见，有意见，有疑问，都可随时提出商量。我虽眼花事忙，只要字写的大一些（四号字大）不潦草，我一定亲自阅看，必要的时候还可以写复信。

只请你透露一句话："谢觉哉愿意和人通信"！写信的人定会有的。

1 时任县长是张润清，宁乡人，当时谢觉哉还不知道他的姓名。
2 王葆真（1880—1977），河北深泽人，第一届人大代表，民革中央常委，河北政协副主席。

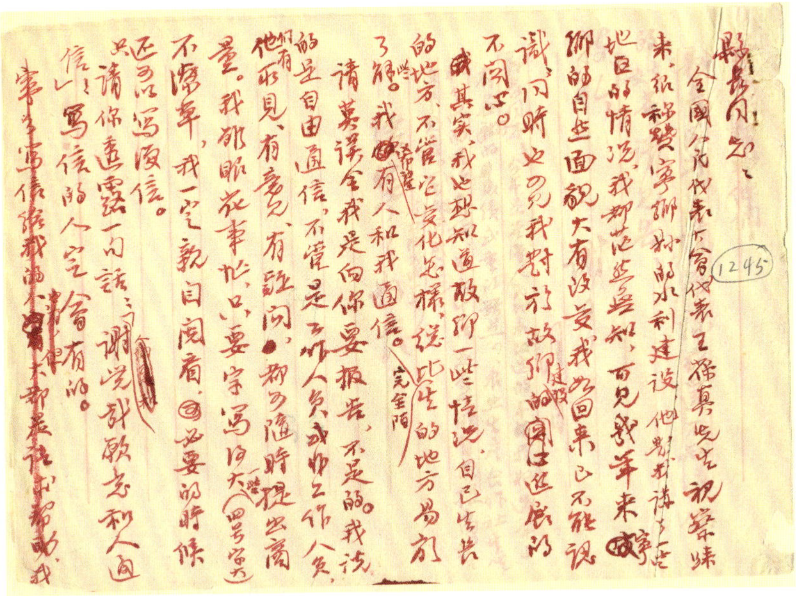

县长同志：
全国人民代表大会代表王孙真先生视察来，给我谈宁乡县的水利建设，他要我谈谈地区的情况，我却茫然无知，可见我等来乡的自然面貌大有改变，我如回来已不能认识，同时也可见我对于故乡建设的关心还很不关心。

其实我也想知道故乡一些情况，自己出生的地方，不管它变化怎样，总比生的地方易于了解些。我希望有人和我通信。

请莫误会我是向你要报告，不是的。我说的是自由通信，不管是工作人员或非工作人员，他们所见、有意见、有疑问，都可随时提出商量。我那眼花事忙，只要字写得大一些（四号字大），不潦草，我一定亲自阅看，必要的时候还可以写复信。

只请你透露一句话：谢觉哉愿和人通信，写信的人一定会有的。

原件手迹1

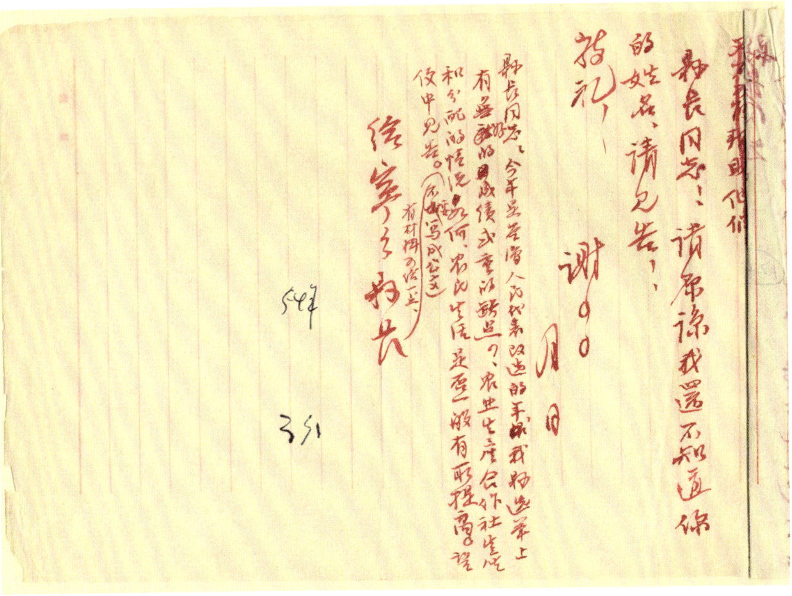

县长同志：请原谅我还不知道你的姓名，请见告。
敬礼！
谢　月　日

原件手迹2

县长同志：请原谅我还不知道你姓名，请见告！

敬礼！

谢觉哉

县长同志：今年是基层人民代表改选的年份，我县选举上有无好的成绩或重的缺点？农业生产合作社生产和分配的情况如何，农民生活是否一般有所提高，望信中见告。

有些材料可以给一点，不要写成公文。

致尹泽南[1]等，自北京（1956年7月17日）

泽南同志并转县委负责同志：

不知谁给了我一份“宁乡革命史略”。我因想起在全国民政会议上曾讲过修“县志”的事。不是旧时代的县志，而是记载解放前后的革命事实，民主改革事实，经济建设和文化建设事实及其重要的经验教训。地理、物产等也需要记载。体例可以不一样，总要使人看了“一目了然”。使工作人员和人民能增长知识，也就可以加强工作能力，少摸索，少走弯路。

像宁乡这样的县，大概有一本十万字左右的书，可以写完。不要只是汇印一些文件（我讲是“不要只是”），而是要加点编辑功夫。材料就在你们的脑子里，挖出来就是；现在不挖，将来会丧失掉。编辑人员文物保管会（文史馆）里有的是，只要你们加以指导。

修县志事已引起科学院的一些研究史学的人的注意，但还没有具体工作。我意须先有若干县先做，做出样子来。宁乡应是一个恰

1 尹泽南，时任宁乡县副县长，是当地老党员。1949年解放前夕，参加湖南宁乡黄唐起义，是领导人之一。

当的对象。

社会建设进步很快，过几年就改变了样，因此这样的书，也应该过几年又写一本。

新的工作人员，初到一处，常常很久摸不着头绪，这样的书，对他们将有很大的帮助。

我希望你们讨论一下，并给我以满意的答复。

此致　敬礼！

谢觉哉

一九五六年七月十七

致张润清等，自北京（1957年1月10日）

润清[1]县长同志：

让泉[2]、泽南副县长同志：

十二月十七日的信看到了。

宁乡的经济面貌、文化面貌大非昔比，正在大踏步地前进；作为一个宁乡人的我，应该向你们表示大的敬意和感谢。

新的工作带来新的问题与新的困难，是难以免的；只要我们能够随时发现，并随时研究调查，给以克服。

“全县1250个农业社分配的结果，有31.9%的社保证了90%以上的社员增加了收入；36.43%的社保证了80%以上的社员增加了收入；只有31.76%的社保证社员收入在70%左右。”这是好的，和全国一般的现象大体符合。但问题也在这里，即百分之几、百分之二十到三十的不增加收入或减少收入的社员为数仍是不少。拿宁乡来讲，将达二十多万人，希望你们调查一下，这是些什么人，有什么补救的方

1　润清，系张润清，时任宁乡县县长。

2　让泉，系黄让泉，当地老党员。

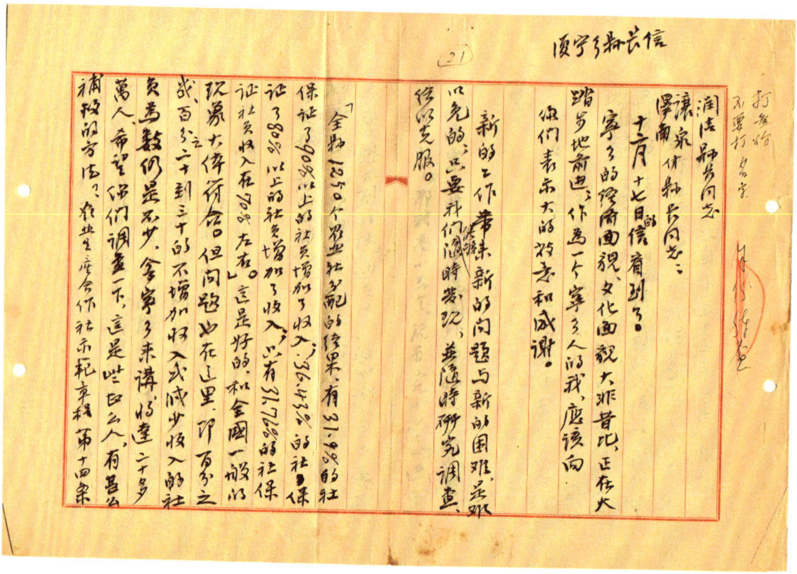
须寄县长信

润清县长同志
让家
学甫 付县长同志：

十月十七日的信看到了。

家乡的经济面貌、文化面貌大非昔比，正在大踏步地前进，作为一个家乡人的我，应该向你们表示大的敬意和感谢。

新的工作带来新的问题与新的困难，是难以免的，只要我们随时发现，并随时研究调查，[illegible]以克服。

“全县1250个农业社分配的结果，有31.9%的社保证了90%以上的社员增加了收入，36.43%的社保证了80%以上的社员增加了收入，只有31.76%的社保证社员收入在70%左右。”这是好的，和全国一般的现象大体符合。但问题也在这里，即百分之[illegible]、百分之二十到三十的不增加收入或减少收入的社员为数仍是不少，拿家乡来讲，将达二十多万人，希望你们调查一下，这是些甚么人，有甚么补救的方法？农业生产合作社示范章程第十四条

原件手迹1

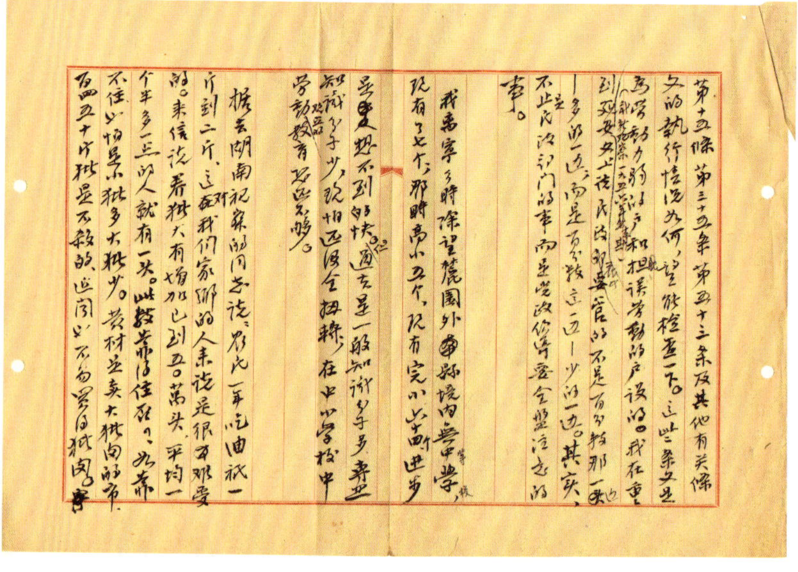
第十五条、第三十五条、第五十三条及其他有关条文的执行情况如何，望能检查一下。这些条文是为劳动力弱的户和担误劳动的户设的。我在[illegible]一多的一边，而是百分数这一边一少的一边。其实，不止民政部门的事，而是党政领导要全盘注意的事。

我离家乡时，除望麓园外，全县境内无一中学，现有了七个，那时高小五个，现有完小[illegible]，进步是更想不到的快。过去是一般知识分子多，青年知识分子少，现怕还没全扭转，在中小学校中劳动教育还做不够。

据去湖南视察的同志说：农民一年吃油只一斤到二斤，这在我们家乡的人来说是很可难受的。来信说看猪大有增加，已到五十万头，平均一个半多一点的人就有一头。此数字希[illegible]，如果[illegible]多，猪少。[illegible]五十斤猪是不够的。[illegible]

原件手迹2

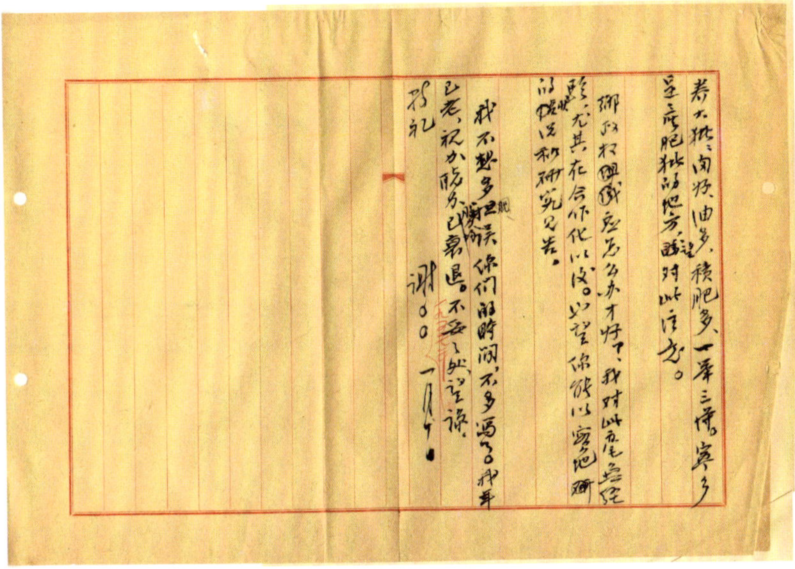
养大猪：肉好、油多、积肥多，一举三得。宁乡是产肥猪的地方，望对此注意。

乡政权组织应怎么办才好？我对此尚无经验，尤其在合作化以后。只望你能以实地研究的情况和研究见告。

我不想多耽误你们的时间，不多写了。我年已老，视力听力已衰退。不妥之处，望谅。

敬礼

谢〇〇　一月十

原件手迹3

法？……我在《重到延安》（载《新观察》一九五六年第十五期）文上说民政工作者要管的不是百分数那一边———多的一边；而是百分数这一边———少的一边，其实，不止是民政部门的事，而是党政领导要全盘注意的事。

……

据去湖南视察的同志说：农民一年吃油只一斤到二斤，这对我们家乡的人来说是很难受的。来信说养猪大有增加，已到五〇万头，平均一个半多一点的人就有一头。此数靠得住否？如靠不［得］住，也怕是小猪多大猪少。黄材是卖大猪肉的市，百四五十斤是不杀的，近闻也是不易买得猪肉。养大猪：肉好、油多、积肥多，一举三得。宁乡是产肥猪的地方，望对此注意。

乡政权应该怎么办才好？我对此毫无经验，尤其在合作化以后。希望你们能以实地的状况和研究见告。

我不想多耽误你们的时间，不多写了。我年已老，视力、听力、脑力，均已衰退。不妥之处，望谅。

敬礼！

谢觉哉

一九五七年一月十日

致李淑一[1]，自北京（1957年4月某日）

淑一同志：

来书诵悉，直荀[2]同志牺牲的地点是沔阳或监利；牺牲时间是一九三二年的九月。当时他是湘鄂西省苏维埃的财政部长。

那是最艰苦的年月，战争紧张，给养困难。没有菜吃，直荀同志用一小罐泡了点菜，那天我去看他，想顺便吃点泡菜，部里人说："他出发了。"财政部长下乡筹粮食是常事，我们的地区很有限，出发不会太远，因此我没问他出发到什么地方。

省苏驻地在搬迁，所谓搬迁，是包袱、锅盖碗盏粮食，小划子半点钟内连老百姓一起可以全部走完。不久知道直荀同志牺牲了。时我已被逼藏进茭草湖（茭草湖不是地名，是长了一二丈多深的茭草，我们日里把小船藏在茭草里，夜里出来活动。）无从知道详细。和直荀同志牺牲时在一起的人现已找不到一个，因而也无从追问。

1　李淑一（1901—1997），系革命烈士柳直荀的妻子。中学时与杨开慧（毛泽东夫人）结为好友。1957年毛泽东主席曾为其写了《蝶恋花·答李淑一》词，寄托对杨开慧与柳直荀烈士的哀思。

2　直荀，系柳直荀（1898—1932）。湖南长沙人，1924年加入中国共产党，参加新民学会、南昌起义等革命活动。1932年被害。

估计直荀同志是在战斗中死去的，因为那里有队伍在抵抗。洪湖的战斗队伍虽然失败了，没有过一个束手就缚或投降的。

我和直荀同志相处过一段时期，熟悉他的品质，他是个“临难不苟免”的人。

“何日平胡虏，良人罢远征”。胡虏平了，良人不还，然而良人的不朽业绩永远记在史册上，记在人民的心上，更望你善自宽慰。

敬礼！

谢觉哉

四月□日

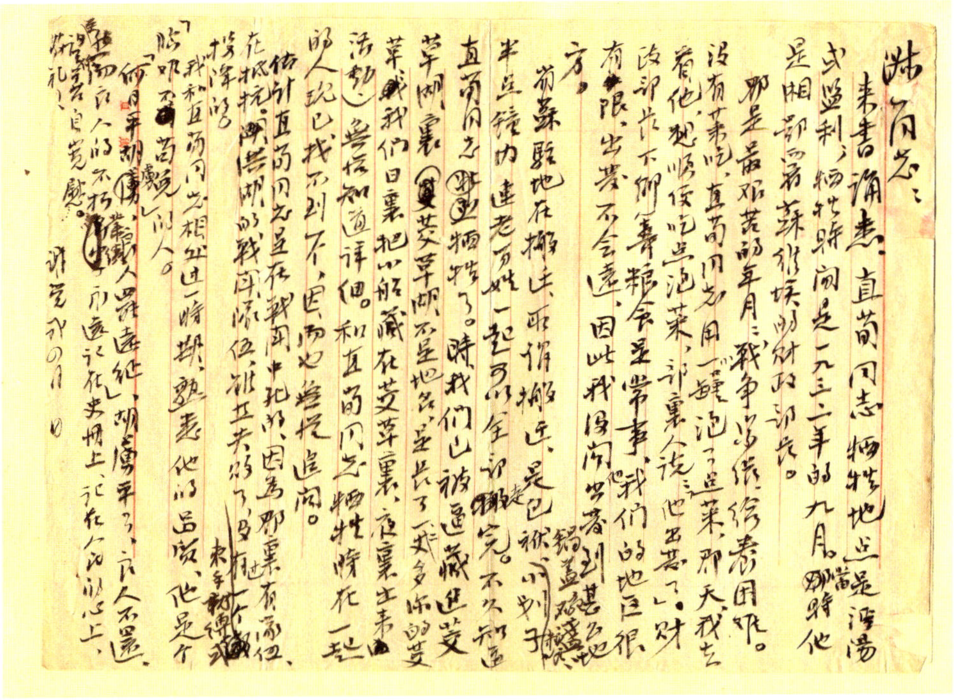

鄧同志：

来書誦悉。直前同志犧牲地点是滏陽武邑刘，犧牲時间是一九三二年的九月。那時他是相邯南蘇縣特委的財政部長。

那是艱苦的年月，戰争頻繁，經濟困难。没有菜吃，直前同志用一罐泡了点菜，那天我去看他，他順便吃点泡菜，部裏人说他出去了。財政部长下鄉籌粮会是常事，我们的地区很有限，出发不会远。因此我没问他出发到甚么地方。

前蘇縣地在搬迁，所謂搬迁，是包袱小、小孩子[illegible]，半点鐘內連老百姓一起可以全部搬完。不久知道直前同志犧牲了。時我们正被逼藏进芟草洲裏（芟草洲不是地名，是長了一大片多年的芟草）。我们白裏把小船藏在芟草裏，夜裏出来活動，無法知道詳细。和直前同志犧牲在一起的人說已找不到了，因而也無法追问。

估計直前同志是在戰斗中犧牲的，因為那裏有隊伍在抵抗，[illegible]的戰斗隊伍，誰也去不了，[illegible]

我和直前同志相处过一時期，熟悉他的品质，他是个「臨事不苟」的人。

「何日平胡虜，良人罷遠征」，胡虜平了，良人不還，[illegible]的不朽[illegible]而永遠记在史册上，记在人民的心上，這[illegible]自觉安慰。

敬禮！

[illegible] 四月 日

原件手迹

致陶承[1]，自北京（1957年5月19日）

陶承同志：

好久没有看到你，身体好吗？老年人要时刻注意身体的保护。

你送我的白石老人[2]的画，我把它放在架子上，这是多么珍贵的礼品！如果转去几年，你把它绣起来，齐的画，你的绣，送到国际上去展览，多么好啊！

我自视察回京，颇感到有点累，现住在颐和园益寿堂休息，打算休息到人大开会的时候。你高兴来游园么？若是高兴，定国同志会来约你。

我到长沙，长沙全不一样了，认不出一点往日的迹象，只有一个天心公园，建在原天公阁的地方，阁早已没有了。写了一首打油诗，这首诗写给国仁同志[3]，现又写给你：

一为迁客去长沙，

1 陶承，湖南革命烈士欧阳梅生的妻子，在延安、解放后同谢老一家是老朋友，常有诗词唱和。

2 白石老人，系画家齐白石，湖南湘潭人。

3 国仁，系姜国仁长。

回到长沙不识家。

人物依稀城郭改，

天心阁里看桃花。

祝

你健康长寿，孙女外孙女聪明进步！

谢觉哉

1957年5月19日晨

致李学良[1]，自北京（1957年5月24日）

学良、润清、泽南同志：

我，毕竟老了，回京后尚在休息。

今天，翻阅泽南同志3月21日信及林业局3月的报告，记起了润清同志说已拟就保护森林若干条，将提人委讨论宣布，现想已执行了。

但我还想提点意见。

我离开宁乡三十年，这次回乡[2]，看到许多使人兴奋的事，如水利、道路、学校、水稻增产等，但也有使人不快的事，就是森林大不如前了，本来以前有些破坏，现在则更破坏得不成样子。“风景优美”的不优美了，“水旱无忧”的有忧了。而且破坏尚没停止，我看到有的棕树被剥死了，路上看见一个挑棕的都是未成熟的棕；仅存的几棵松树，被劈得只存一点凉帽须子；竹山也大不如前，有的只存几根黄色的竹娘，恐怕今年不会多生春笋；河里尚存有木材待运。农业发展纲

1 李学良，河北大名人，时任宁乡县委书记。

2 1957年3月26日至4月3日，谢觉哉在离家三十一年后，第一次返回老家宁乡。

要四十条说的宅旁、路旁、水旁——要栽树，我们则把有的河堤树、屋场树、坟山树——都砍了，听说油茶、桐油也有被砍的，更不要说一般的树林了。总而言之，我们做了一件蠢事，正如《新湖南报》说的为了今天，不为明天，更没有为子孙打算。

这个错误我们负有责任。须公开承认错误（主要是上级领导机关考虑不周、宣传不够），然后可以：

一、可以向农民作交代。林业局报告说："农民对育林护林不起劲"，是可以理解的，农民说："你们把大的或容许把大的砍掉，又要栽小的，这是什么意思？"要向农民讲清楚，滥砍是错误的，容许滥砍更是错误的。

二、错了就要忍受错的后果，即：

1. 水旱有忧了，防洪防旱更吃力；

2. 烧柴困难了，要节省烧，要烧茅烧草（煤还不能马上普及）；

3. 用材困难了，要节约用。——忍受这些后果，且不是短期间的事。

三、因而可以激发农民对育林、护林的热爱。要爱护幼林像爱护孩子一样。关于育林的事要发动群众讨论，采取好的经验；护林也要靠群众力量，打击那些破坏者使之不敢再破坏。

四、被砍了的地方要有计划的栽种，缺水果的可栽些果树；大量发展油茶桐油等经济和用材林等。

复兴森林应是和水利一样，成为农业社的头等任务。自古来"农林水利"是联系在一起的。县乡人民代表大会要经常讨论森林问题，经过代表们去教育与领导他们所代表的人民育林、护林。县乡人民委员会要常讨论与检查这一工作。

我们同意林业局报告上说的措施，但要使这些措施行之有效并行之长久，须有一系列的政治动员与工作方法。

“十年之计树木，百年之计树人”。其实，十年可以培养出可用的人，十年却只能培养出欣欣向荣的幼木，云山学校的黄金树[1]三十多年了，现在还不能作梁作栋。这是艰巨的工作。如果我还活着，我希望十年后再回家乡，到处有三几丈高的树，风景又美了，水旱又无忧或少忧了，乌缸子[2]仍旧可以通黄材。

树木竹山作价入社，作低了社员不愿意，作高了社里拿不出钱。最近邓子恢[3]同志在一个报告（见《人民日报》）说山归社，以后山的出产，社员可得几成，时间也可以订长一点，这样解决，可以保护现有林不再损失。

短信上不能写得详，凭我的所见也不能写得详。只能供你们参考。

此致

敬礼！并问县委县府诸同志好。

觉哉

一九五七年五月二十四日

1 谢觉哉在云山学校教书时栽的树，至今仍有一棵活着。

2 乌缸子，系宁乡特有的小木船。

3 邓子恢（1896—1972），时任中共中央农村工作部部长，国务院副总理。

致姜国仁[1]，自北京（1957年5月24日）

国仁同志：

灼礼的病，我早知其不起，是挨日子，但一直没有去看他。回京后又躲在颐和园休息，也没去送他的葬，心里有点歉然。他的寡妻孤儿生活如何，有人说还可以过去，俟晚成他们来再问。

“潜心喂猪狗，冷眼看鸡虫”，是十多年前灼礼给你信上的话，可见灼礼心地是正派的。只是他过于沉静人们不易于认识他，因而也使其才不能尽其用。

我近来管的事不多，人家管并不比我差，虽然尚未达到“无官一身轻”。你呢，应该听帅大姐[2]的忠告，把一些事情推把人家。

有些人说我的文章像个年老者写的。其实我自己明白，精力已一天一天地在衰退。说是寿征，没有科学根据。正如我要说你们三姐妹的“八字”都“克夫”没有科学根据一样。

写文章、写诗、写信，主要是给看的人一个难忘的印象。要看事

1 姜国仁，系“宁乡四髯”之一王凌波的妻子，宁乡人，谢觉哉一家好友。

2 帅大姐，系帅孟奇同志（1897—1998）。湖南人，1926年入党，曾任中央组织部副部长等职。

也要看人。李淑一同志看了我的信，哭了一场。当然，我给你信，不是要你哭而是要你笑。

我的牙疼没有请医生诊视。吃一个老方子：熟地一两，细辛五分开水泡服，吃了几天也就好了。

整风了，是和风细雨，也是战鼓咚咚，你又将在初热的天气里忙起来了，至念。

祝你及国芬同志安好！

谢觉哉

1957年5月24日

致李学良、张润清，自北京（1957年7月17日）

学良、润清同志：

我离宁乡时除望麓园外，县境内无中等学校，现有七个；那时高小五个，现有完小六十四个，进步是想不到的快。但过去是一般知识分子多，专业知识分子少，现怕还没全扭转；在中小学校中劳动观点的教育恐还不够。

如何使在校学生和周围的劳动生产事业发生联系，使他们发生兴趣，是学校中一件大事。你们生猪会议的材料、加强森林、南竹管理的布告，沩丰坝的建筑和发电……等，都是活生生的教材。我颇怀疑老师没有或很少把农村活的劳动生产事实，活的生活美景，灌输到学生的脑里，因而发生毕业后不愿意参加农业生产的情绪。今后须向这方面注意。

觉哉

一九五七年七月十七日

致姜石梅[1]，自北京（1957年8月8日）

石梅同志：

信收到了。

这次回乡，我看到了你的父亲，却不知道他有这样的好儿子。年才24岁，就做了农业生产合作社主任，只读了3年书，能写出很清楚的信。现正在由团员争取成为党员。我愿你努力，进步，再进步。

水源[2]社双季稻第一季最高产量达到600斤一亩，第二季可能也好，听说最近湖南已下了雨。大丰收是有望了，这是你们的功劳。

我还希望农业合作社养猪、养鱼、养鸡鸭，蔬菜、红薯、豆子，其他杂粮，桐子、茶子等都丰收，农村的生活就会更加丰富多样。

宁乡县今年开了养猪会议，订了养猪计划。若是完成了计划，吃肉吃油应不成问题，听说现在买猪肉猪油已经无须排队了。

养鱼，你家是有经验的，你的公公，每年要出卖好些鱼，要把他

1　姜石梅，系姜梦周同志的外孙子。

2　宁乡水源冲是“宁乡四髯”之一、革命烈士姜梦周（1883—1929）的家乡。

养鱼的法子，推广到每一口塘。

红薯只要多放些肥料，一亩地可以出几千斤，可以当饭吃，可以磨粉，也可以喂猪。不知我乡近年红薯的产量如何？

有一件事须要注意，据我看到的：树、竹子，砍的太多了。棕树有的剥得要死了，松树劈枝劈得太厉害，有的只剩下点凉帽尾子。这很不好，不仅烧柴用材成问题，而且田土不经干了，也经不起大水。听说今年宁乡不上20天没有下雨，就大家忙于抗旱，几十年前，我还在家乡的时候，那时森林还好，个把月不下雨，还没有人着急。这可见树林的重要。望你们有计划地栽树：河堤上、路旁、屋角边、塘边、土边都栽树。哪些地方栽杉树、松树、竹树等用材林，哪些地方栽茶子、桐子等经济林，哪些地方栽果子树，哪些地方栽烧的毛柴。当然也可以混合栽。不久前，宁乡县出了蓄林护林的布告，社里要好好执行。几年以后，就会有好处。这些事你的父亲、伯伯，比我清楚得多，你可向他们请教。

你社对梦周四公家属的优待[1]，办得好。梦周四公是有大功的烈士，几十年前他所期望的农村社会主义的建设，今已逐步实现。我们要纪念他，要照顾他的家属，要去打扫他的墓。这叫做不忘本。

你父亲是瞎子，年又老了，他们生活你应当供养。你父亲说还能打豆腐，我知道他的豆腐是打得好的，你社豆腐如是公家打，可以分配他在豆腐坊工作，得点工分。

你能写信，望你在秋收后，把社的生产情况，社员的生活情况详细告诉我。只把情况写出来就要得，字句不必讲求。

---

1 姜石梅给谢觉哉信中说：县政府每月照顾姜梦周家属生活费二十元钱。

堆资社[1]社主任是谁？你可告知他，说我也想看到他们的信。我一定会回他们的信。

丰收是有望了。丰收以后，要提倡节约，要宣传社员们不要有钱就花掉。要准备扩大生产，在修房子、修塘坝、修路、购买新式农具上投资。今年粮食会分得比去年多，要节约吃，做得每家有余粮。

送你五元钱买笔[2]。并问

你父亲好。

谢觉哉

八月八日夜

1 谢觉哉家乡在堆资村。

2 姜石梅8月1日给谢觉哉信中提到：想买支金星钢笔，但自己经济困难。

致云山师范及附小[1]全体老师同学，自北京（1959年7月）

云山师范及附小全体老师同学：

首先请让我对荣誉的红旗学校——云山全体师生们致以热烈的祝贺。

1. 一九一三年上学期我到云山至一九二五年下学期离开（中间因别的工作中断两三年）前后约十年，这十年的生活给我留下很深刻的印象，不只在这里做了革命启蒙工作，而且对于云山的一草一木像我生长的故居一样很熟悉。所以时常想到她。可惜我年老了，不能再到你校当教员了。看了你们的信和文章，你们的学习生活都很好，即使我再来云山工作，也一定不比你们现在的优秀老师好些。

2. 一九一三年云山的老师（那时不称老师，称先生），除我外一个也没有了，就是学生也大半凋零，有些是被反革命杀掉的，成了烈士。一九五七年我到云山见学生有五百多；而以前只二百多，大都是来自百里内外的地富子弟；而现在寄宿的少，他们是附近的农

1 湖南宁乡云山书院，清同治年间建成，辛亥革命后改名学校。何叔衡、谢觉哉等同在此任教，并从事革命活动。解放后，成立云山师范及附小。

家子女。劳动农民掌握了文化教育，自然要开发出历史上没有过的灿烂的花。

3. 祝你们鼓足干劲，天天向上。

谢觉哉

一九五九年七月

致汤菊中、严岳乔，自北京（1959年某日）

菊中、岳乔同志并转雪平[1]同志：

信悉。抱凡[2]同志逝世，在年龄上讲，虽非出于突然，而在老朋友又兼同志关系的人听了，心里很为难受，且不免有"既痛逝者，行自念也"之感。

抱凡同志迁长，我想有机会路过长沙，可谋三十多年阔别后的一晤，而现在此愿成虚了。抱凡同志能文，还在我编湖南通俗报的时候他写了一篇有关地主剥削佃农的文章，是我和抱凡同志认识的开始。以后陆续看到他一些生动的短文。几年前问他有存稿否，应该加以整理，但迄未得复。不知你俩能搜集及此否？抱凡同志有两次信谈到住房问题，我知道老年人最怕生活上发生震动，即使是些微小的事，也可能影响健康。不料"舍馆未定"而即已"捐馆舍"也，哀哉！

雪平同志生活，你俩可将情况告知有关组织，谅能得到照顾。社

1　菊中：汤菊中，岳乔：严岳乔，均为大革命时代中共党员，雪平是许抱凡夫人。

2　抱凡，系许抱凡（1878—1959），宁乡人，曾加入同盟会，参加辛亥革命。1921年加入共产党。曾与谢觉哉一起在湖南第一师范附小教书，为谢觉哉主编的《通俗报》写稿。1954年任湖南人民政府参事室参事。

会主义社会谋生应不太难。生活的根子在农村里，似仍以回农村为宜。……专此奉复，并盼雪平同志节哀。

谢觉哉

致张润清，自北京（1960年2月16日）

润清县长同志：

我已于今日回京。

你要我写诗，眼花脑弱，不能写好，用《忆江南》调写了几首词；虽力求通顺，但恐仍不和人民的胃口，写给你看看，请修改或扔掉。

谢谢你的盛情招待[1]。

并问李书记、尹副县长诸同志好。

谢觉哉

一九六零年二月十六日

忆江南·宁乡好

一、宁乡好，建设快如风，土法洋法齐上马，干部群众同出工，又战一春冬。

1　指1960年2月14至15日，谢觉哉第二次顺路回到家乡。

二、宁乡好，干劲异常高，远近接连锣鼓响，治山治水人如潮，灯火亮通宵。

三、宁乡好，水库说黄材，外河内海工程大，人造桃源鱼米堆，赛过禹王才。

四、宁乡好，水库像南瓜，无数南瓜高处坐，瓜藤流水不需车，还可富鱼虾。

五、宁乡好，勤植又勤培，处处幼林成行列，中间还把杂粮栽，几载就成材。

六、宁乡好，并重是粮猪，新建猪场二十里，良种出自流沙河，猪多肥也多。

七、宁乡好，快速是交通，铸铁自修土铁路，开河行驶小火轮，水陆更兴隆。

八、宁乡好，开闯文化河，人人敢想又敢做，幼儿能舞也能歌，城里剧团多。

九、宁乡好，先做后宣传，大的建设才开始，也非样样都领先，还须猛加鞭。

致张润清，自北京（1960年3月24日）

润清同志：

记得一九五八年游广西兴安县的秦堤灵渠，是乘舟去的，写过这样的句子：

溉田今更多，

运河此最古。

春深两岸看桃花，

秋老扁舟迎柳絮。

灵渠是湘江上游与广西漓水相通的渠，长五十里，水清如镜，两岸有桃柳松等，风景很好，惜未修整。兴安县委想把它建设为风景区。灵渠是秦始皇修的，到现在已二千多年，人民仍受其利。我在舟游时想到唐人诗句："渔舟逐水爱山春，两岸桃花夹古津，坐看红树不知远，行近青溪忽值人。"遐想的桃花源，人间自来就有。

就沩河连黄材水库[1]，比秦堤灵渠大得多，试想想：两岸花红柳绿，"河水清且涟漪"，"瓜藤流水不需车"，水库及河，成为养鱼基地。不

1　沩河系宁乡河流，黄材水库又名青洋湖，系修建于50年代末的宁乡大型综合水利工程。

是人造桃源么。我讲的“乘舟归去看蔬鱼”的鱼是指这样的鱼。在流沙河看的鱼只是个影子。那里的池塘应是养鱼苗的地方。春水生了，水库池塘都要放鱼，需要很多鱼苗，不知准备好充分的鱼苗否？

宁乡是米乡，不是鱼乡，今后将成为真正的鱼米之乡了。

“蔬菜半年粮，（不是糠菜）”。我小时了解这句话，不是因缺粮或省粮要吃蔬菜，而是蔬菜好吃，南瓜、冬瓜、黄瓜、豆角常是一碗一碗地吃。蔬菜吃得多，自然要少吃些饭。我这回没有看到多少蔬菜地，没有看到水库民工们吃饭，这样多的人一天要吃好几万斤菜，恐怕蔬菜还要抓一抓。

蔬菜可以喂猪，猪肉也出在蔬菜上。讲丰收，应把蔬菜算上。宁乡蔬菜是有名的，以前长沙城里有一间宁乡蔬菜店出卖蔬菜制品。宁乡人很会腌制蔬菜，现在公共食堂不只要自种菜园，还要学会腌菜，使菜能多样化。农民不止吃新鲜蔬菜，干的蔬菜如“擦菜子”、“擦辣椒”、“擦豆角”、“茄子皮”、“萝卜丝”、“萝卜皮”、“豆豉”等，名堂多得很，每家都有若干个明水坛子（别的地方颇少这样的坛子）。有人说：有好小菜，不比吃肉差。种蔬菜，合作社要管，特别是萝卜菜，要靠田萝卜，只自留地种不了多少。小时候读《诗经》：“我有旨蓄，亦以御冬”。我当时了解的不是干鱼腊肉而是放满坛子的屋子。

又想到一件事：很多年了，一位老农民说：“人家说我太省俭，农忙时不买肉，他们不知道我家有比吃肉还好的，我的田里养了鱼，鱼肥且鲜，放紫苏煮，每顿两大碗，吃得可香！”稻田养鱼可以提倡，不过要有好水、水足。

豆腐店也可以提倡。

我讲的是几十年前的事，也许近来进步了，也许还可以采取。你是管农林鱼猪的，想也有不少实际计划正在付之实施。像我这样的老头，不必真的乘舟来看，想一想就会“笑逐颜开”。

替人民当管家婆，颇不容易，但当好了，又很有趣味！

春耕到了，你们一定忙得很。祝你们工作胜利身体健康，并问学良同志及各位副县长们好！

谢觉哉

一九六零年三月二十四日

致李学良，自北京（1960年10月10日）

学良同志：

你六月二十四日来信到现在已四个月了，没有给你复信，不是忘记，而是因为眼花意懒，提不起笔。也因为你们工作正在加油做好，我的信，未必对你们有所帮助。润清同志在你来信前也给了我一封长信，感谢你们告诉我许多有益的使人兴奋的建设消息。

我颇爱谈养猪的事，你信说今年猪在原有存栏猪六十万头的基础上计划增加到二百万头，现在年度剩下不多了，已经达到多少头？是什么原因可以达到计划？如果不能完成又是什么原因？我都想知道一点。

记得一九五七年春我到宁乡，正值你们在开生猪会议，我看到会议上的许多材料，我很高兴，认为解决了人民吃肉问题，也解决了农田肥料问题。我还在人民日报上写了一篇文章。现在看来似乎五七年的计划没有完成。难道流沙河、潭佳山等处饲养经验，都不可靠吗？抑或有其他原因。想你们已有所总结，能否告我，有便可以替你们宣传。

“闻道故乡河道改，乘舟归去看蔬鱼”，受年华的限制，未必能乘舟上溯沩江，但想念还是有的。你和润清来信都没有提到新沩河的事——这件改造自然的大事。估计新沩河的工程定有很多困难，也许要出点麻烦，但工程完成，应是人民永久之利。中秋过了，水稻大体收完，是丰还是歉，或某些地方丰某些地方歉？因而关系到明年生产和生活的安排问题。

我不要求你专为我复信，因为你们工作太忙，如有现成文件，叫人剪一段给我就可以了。

我年力益衰，但还没有麻烦的病，还可以活下去。请告你处诸同志勿念。

顺此致

敬礼！

谢觉哉

一九六零年十月十日

致李学良、张润清，自北京（1961年7月8日）

学良、润清同志：

不久前省法院赵副院长到沙田大队调查治安情况，你们看看他调查的全对吗？全县各公社情况也大体相同吗？

我设想，如果到一个生产队或者大队，看到那里不分自留地和集体地，都种的一样好，没有偷摸事发生，社员和干部同劳动同商量，因此那里的生活已有改善，生产方式已有改正，人民情绪正在高涨——这要亲自去看，而且会看，不可只听汇报要数字。要知道这几年听假话说假话惯了，一时间不会全断绝。那你就去了解为什么有这成绩，那一定是认真贯彻执行六十条某些规定，可能还有发展。如果不是这样：自留地种得好，集体地种得不好或不大好，偷窃现象还有甚至不少，社员与干部并不一心一德，等等。那你要深入地考察原因，耐心去听取社员群众不敢说出的心里话。然后又和群众商量，取得群众同意（即通过“社大”、“社代”）改进办法。

上面爱听假话，下面就讲假话，这是一个规律。你们曾经爱听假话，现在是不是群众敢向你们讲真话？除非你们已向群众做过多次检讨，群众认为你们是自己人了，他才敢把真话向你们说。前年我到流沙河看鱼，那里的鱼是摆样的。有一位同志当面扯白[1]，说公社办公所在地的一口塘每年可出一万斤鱼，我是那地方的人，知道是不可能，当面指穿了他。其他的人，也许容易为其所惑。李书记、张县长几次信上说1961年全县生猪可达200万头，自然不是说假话，而是你们听了假话，不加考察的信了，其实，谁也知道是不可能的。我举这一个例子，只是说明要真正了解城乡社会的事和人民群众的意见是不容易的。

“吃一亏，长一智”，你们是吃过亏的，但是从吃亏中长智，还是得下一番苦功夫。估计宁乡县今年的情况已有大的好转，我希望你们能够告诉我一些情况，不只是罗列数字——因为这些数字可能有些是不大可靠的。而是说出你们在工作的经验，包括以前失败的经验及现在成功的经验，要具体要有分析，不要笼统。

我前寄给你们一些信稿，你们有什么意见，请告我。

今春李学良同志告我：育了800万株树苗，今春移栽了多少？有什么保获的布置也请见告。附上有关栽树的诗、信稿各一件供参阅。

谢觉哉

1961年7月8日

1　扯白，指说谎。

致谢岳云，自北京（1961年9月8日）

谢岳云[1]同志：

五七年回乡，看到一切还好，唯一不能使人满意的是山林破坏。解放以前我写过一首诗：

“家乡好，屋小入山深。河里水清堪洗脚，门前树大好遮阴，六月冷冰冰。”

那次回乡，看不到那情况了。小河里没有流水，某些有“浸水”的田干裂了，因而风景也不美了。我生长在肖家湾，屋前屋后都有大树，真好玩！树下可打滚，树上可摇风，好些树或竹，我都爬熟了，对它很有感情。去年路过肖家湾，想起幼时和我一起常在大树山里玩过的一位穷朋友——肖晓春（姚家塅人，比我大，后来学裁缝，有师傅管，不敢和我玩了。）我写了一首诗：

为何不与我嬉戏？阴影投来只自忧。

大树清泉都已杳，只留情景在心头。

爱护树林，谁都有此同感的。它不止给我们农业上、用材上、燃

1 谢岳云，系当时宁乡县沙田大队的书记。

料上很大利益，而且使我们生活在美化的环境中。要对它发生感情，即：

对幼树如爱护小孩；对大树如爱护长者。

“前人栽树，后人遮阴”，栽树不只是我们一代计，而且要为子孙计。来信说“山林又一次大砍伐”，和拆屋子作肥料一样，是大蠢事。当然怪不得你们，上级要负主要责任。但你们也可以抵抗，抵抗的办法是依靠群众。六十条规定重大的事要得到社员大会的决定。试想：如果把“拆屋子作肥料”、“大砍伐山林”提交社员代表大会，一定不会有人赞成。

有计划的栽树，比自然生长的要好。桐子树、茶子树、棕树、稠树、樟树、苦槠树……等，生长虽慢，但长大了收益很大；杉树土边田边都可以栽，因为它枝叶不多，“映”[1]小；竹子用处大，要多栽；松树杂树不择地；毛柴也要蓄禁，砍伐不能过密，挖了兜子[2]的要补种。不能“上半天栽树，下半天遮阴”，但遮阴也并不遥远，友仁中学的杉树快成材了，谢子谷说是他去校后才栽的，算来不过十几年；以前我的儿子和侄子，他们分得山并不多，但因蓄禁得好，时间并不多，据说是“钻人不进”（现在大概破坏了）。事在人为，只看我们有无决心而定。

我不希望看到你们栽的树长成大树，但如能看到幼林，我就知道“农业林园化”不远了，“乌缸子[3]又可以直达黄材”。

去年上半年我写信给张县长，问他，起的大猪场关上猪没有？治

1 “映”，指遮阴范围。
2 兜子，指根部。
3 指小木船。

山栽的树活了没有？塘或水库放了鱼苗没有？公路旁栽了一些树，而河堤、小河堤、屋边还没有栽；赶修了一座无用的能过汽车的我的屋门口的桥，而在这个桥的上边和下边有经常来往的桥，坏了却没有修。张的回信答非所问，只说“今年（去年）要把生猪由六十万头发展到二百万头”，大概这时他们的神经已有点不正常了。去年我回宁乡，主要是去流沙河看鱼，有人告我流沙河的鱼多得很，我不信。看了，才知道是骗人的。人要说实话，也要肯听实话，会听实话。上面喜欢听假话，下面就假话连篇。但是还是说实话靠得住。

目下正在秋收，天气很热，你们喝茶歇晌的时候找不到大树遮阴，你可以把我的“门前树大好遮阴”的诗和人民谈，一定可以引起大家栽树的兴趣。“省委决定把山林分配到户由社员自行蓄禁、进行绿化”。其详细办法如何？你大队又怎样计划执行？有工夫望见告。信写得太长，如你认为可以看的话，那就可以在你们公社及社员中传开。

祝你们秋收胜利。

觉哉

九月八日

致张润清，自北京（1961年9月20日）

润清同志：

九月十二日的信收到了。

你是一个忠实、勤劳、肯干的青年干部，在经过工作上的锻炼，并虚心接受锻炼，进步一定很快。

人，总是由犯错误进到不犯或少犯错误的。常言道："吃一堑，长一智"，吃多亏应该长多智，吃大亏应该长大智。但是，不少人吃了亏并不长智，因而他还要继续吃亏或继续吃大亏。"长一智"的"长"字上有功夫，必须要在这上面下功夫。

功夫不过两句话："调查研究"；"谦虚使人进步，骄傲使人落后"。调查清楚所犯错误的事实及因而受到损害的后果，不只显著的人家举出了的后果要清楚，连尚没有人指出的，但其影响所及成为不易补偿的损失都要查清楚。不可能有一点马虎，或采取避重就轻的态度。边调查边研究，彻底查清楚了，才能深入地研究。调查并不能代替研究，研究就是查清了事实，研究其所以致此的原因——犯错误的原因。有客观的原因，有主观的原因。各有各的账。比如某些是上级该负责的，某些是同级同志该负责；他们的账他们自己去算。而在我——犯错误的我，则该深刻审查自己的思想和工作方法有什么缺点才犯这样的错误。可能有的已被人家指出，有的还待自己去挖。这里来不得一点点抵触，这就要高度地虚心。

虚心，是说心里已打扫干净，没有一点什么肮脏东西作反省的阻碍。这是不容易的事。凡是自己做过的，甚至受委屈的，总是丢不开，但是必须丢开。这样，你就可以找到错误的根源，因而也就可以得到纠正错误的思想和工作的方法。这就是“长智”，脑子里装进了新的武装，以后就可以不犯或少犯错误。

来信你说：过去在工作中的“五风”的错误是很严重的，主要是在“共产风、浮夸风、命令风、瞎指挥生产方面的乱子比较大”。你是县委书记兼县长，样样有你的一份，要样样都来一次调查研究很浪费时间。我建议你找一二件事情着重想一下，每一件又着重想哪几点。比如宁乡是产猪的县，你是管养猪的书记，记得五七年我到宁乡县你们正在开生猪会议，我也看到会议的一些资料，如流沙河和潭佳山的养猪经验。你们说五七年要发展猪到九十万头，保证每人每年吃到十二斤肉。当时我估计，做到是不容易，但不是不可能做到。以后为什么没有做到甚至后退，你们检查其原因没有？养猪的计划越大，猪越少，越没有肉吃；搞大猪场，还计划搞“猪城”，有什么根据？或是明知无根据而硬要这样做？去年你和学良的信都说今年（六零年）要发展生产到二百万头，谁看了都觉得有点荒唐，你们当时为什么这样说？这些，只要好好地想一想，就可发现许多错误根源，因而就可能得出改正的法子。

我又知道你是接近群众的，你的县长办公室人民可以直接进来找你，你又是深入群众的，报载你曾去生产队住着工作。为什么深入群众而又脱离群众，深入实际而又脱离实际，毛病在哪里？你自己必须也可以找出答案。

要注意两个字，一是听，二是想。虚心听取各方的群众的意见，然后想；他们是否说了真心话，为什么这样说？说的是否完全对，应该怎样解决才对？然后又听又想，脑筋就渐渐灵了，办法也就逐渐多而对头了。

我之所以啰嗦地说，是因为你给我的你县的今年冬季生产安排意见，虽没有浮夸风和瞎指挥风，但还是看不出你们是根据实际情况而提出的可靠办法。比如说："利用冬闲土地……争取每人平均拿回二十斤粮食，两斤食油。"这指的是什么？小麦吗？油菜籽吗？蚕豆吗？……在后面的安排里看不出来，而且这些作物都要春季才能收获，而且不是在冬闲土地上。我的猜法可能错了，但文件上也确没有写清楚。我将等候你几个月你们的冬季生产的检查总结。

我两次回宁乡，对你没有什么帮助。尤其是后一次，虽然时间很短，但我看到的（如流沙河摆样子的鱼，南馥冲修车路……）听到的（你车上说的）觉得有些不对头，却没有来得及和你说，回京后给你信也语焉不详。这回多写几句，算作补过。

我老了，眼昏了，但重要的信或文件总是要自己或口授人家写，要这样才能可以讲出心里话。希望你也这样。想得出应该说得出，说得出应该写得出。练习若干次就没有困难了。

在冬季生产意见里，应该把今年生产里遇到的困难，在冬季预为筹划解决。根据我听到的（不是湘潭的，湘潭一定也有）：

一、有些池塘的"天心"坏了，没有竹子换，积不满水，影响灌溉。

二、种子除稻子、红薯外，还有很多种，黄豆、绿豆、饭豆、高粱、包谷及其它等，据说今年很缺。这些作物在我地产量虽不大，但在每户的生活则很有用。

三、应该每户有头小猪。

四、鸡、鸭、鹅、兔等比猪易养，要多养。农民暂时不易吃到猪肉，可以吃到蛋和鸡兔……等。要学会阉鸡阉猪。

五、要把耕畜饲养好，春耕才有劲。

六、好多农民体力不强，如何保护增强。

七、意见中提到起屋很好。但起屋要砖瓦木料，要人力，因而也要有计划。

八、乱拿东西的现象如何制止？应该说服群众自动的不乱拿，同时也要有防止的办法。

九、在春耕以前，应该很好地遵守六十条建立好社员代表大会和社员大会制度，做到真正的人民做主，一切的事才能顺利进行。

你如不以我的话为然，望直率告我。

祝你安好！

觉哉

一九六一年九月二十日

致谢岳云，自北京（1963年5月前后）

岳云同志：

你好！在上海发信后，到杭州住了几天，写了一首诗抄于下：

杭州

重重叠叠的山，高高低低的树。
弯弯曲曲的路，叮叮淙淙的水。[1]

万竿竹绿成荫，[2]千亩桃红若火；[3]
柳条旖旎如丝，茶树团圆似釜。[4]
冬种作物油油，春耕又已开始。

农林水是一体，纲举自然目张。
勤劳加上技术，四时寸土不荒。

1 作者自注：上四句是杭州人说伊处风景的话。
2 作者自注：云栖寺竹子很多是风景区。
3 作者自注：花坞农场是新建的，今年计划产蜜桃梨子等90万斤到100万斤。
4 作者自注：龙井茶出在这里，茶树望去像满地的锅子，种得很细致。

人力创造一切，天堂岂独苏杭。

“上有天堂，下有苏杭。”其实杭州土地并不比我乡特别好。沙田公社除没有水行船外，其他都赶得上杭州。只是那里没有遭到破坏，经营又还得法，人口比我乡还密。“天堂岂独苏杭”，我们应该相信很多地方可以变成天堂。

在南京住了几天。南京是个美丽城市，有森林，有湖，交通方便。1951年我到过南京，那时中山陵的幼树成林了，加上原有的老树，称得上“城市园林”。写有一首诗：

十载重来岭树长，紫金山更郁苍苍。

松涛远听凝朝露，阁影弥藏傲夕阳。

春梦已随碑字减，忠魂永共石花香。[1]

汤山浴罢身添爽，卧看郊原麦正黄。

4月30日《人民日报》载有乐天宇同志写的《森林在农业中的重大作用》一文，大意是说没有森林就没有农业，没有好的森林就没有好的农业，文章引证很多事实和科学的证据。你可找来看看。文中引了些古书，可能不易看懂，可要学校教师解释，假如教师也不大懂，那就要他们翻书学习。这篇文章比我的《大兴栽树之风》的诗好得多，看了对工作很有帮助。

森林对农业的作用，在我乡有很多事实可证明。我从懂事时到离乡时约40多年，没有见过或听过那里遭过灾。涨大水冲倒堤，但不能冲倒横堤，因而被毁的田禾很少，常不过几丘田或几亩地。夏天五六十天不下雨的事我碰过几次，也只干死塘水荫注不足的当天田，即“耳朵根”。“水旱无忧”4字，我们地方是当之无愧的。单位面积

1 作者自注：雨花台已建成烈士陵园。

产量颇高，那时我地不讲亩，讲担，如以5担毛谷为1亩，“打8车”即每担毛谷得干谷8斗，以那时担估计总有五六百斤。前年听牛县长说每亩有收几十斤的，我说我地从祖辈以来没有听说过一亩地收几十斤的事。

1957年我回乡看到南馥冲冲口原来有点浸水的田干了，小港河没有水了，河里的沙子比前多了，这都是森林破坏所致。黄材河历来行船的，现在不行了。这样的例子我想你知道的应该比我多。

用柴烧要靠森林。据我记忆：从肖家湾、君子湾、新塘冲、南馥冲、棕树湾一带的林木，如要起屋，只要择伐一些就可以把所属的屋子全部更新。说到烧柴，且不讲劈枝砍毛柴，就是捡柴也容易“应炉”。总有些人从河这边挑起一担担松毛或枯枝过桥回去，人们叫这座桥“松毛桥”。年老当还记得。

森林还有使人精神愉快的一面，我童年是在屋前树林下过的，不论雨天雪天，总要到树下玩玩。地下打滚，树上可扒，有几棵树我扒熟了，枝子都记得。现在看不到它，有点像失去老朋友。记得某年黄材钉船的在我山里买去一株大樟树，我家里急需钱用，那船厂老板用光洋九元，煽动我父亲买去了，我颇不以为然，砍树的那天正值大雷雨，那时我已知道做诗了，写了一首送树的诗中有“几时伴我山中雨，一去那惊天外雷。”之句。前年我对你讲：看到农民耕作时，就念我那首：“家乡好，屋小入山深。河里水清堪洗脚，门前大树好遮荫，六月冷冰冰。”的词，一定会引起大家栽树的兴趣。我在写给应生的信里，提到惠同桥亭的对联：“天开小画图，双流涧口泉声，断岸悬虹围柳絮；客来好风景，一笠波心亭影，淡烟飞翠点茶瓯。”也应该引起公社同志们的回忆。

谢觉哉

附录

一 自传[1]

谢觉哉

一八八四年——清光绪十年，我生在湖南宁乡一个姓谢的家里。累代为农，近三两代，有了点地，可以不大劳作了，主要生活来源为剥夺佃农。有人读书了，但都没有读好。父亲读书不多，能看《三国演义》、《今古奇观》等；母亲是个良善妇人，母亲家很穷，穷到有时不能举火。我有四个姐姐一个妹妹，三个弟弟，只有一个弟弟长到四十多岁，是我亡命[2]以后死的，其余都是年幼或青年死的。我分得遗产水田约三十亩。妻何敦秀年六十二岁，来信说尚健。子三，长莲（廉）伯，务农；次子谷，出继了，中学毕业，在乡教书；三放，初中毕业，一九三七年来延安，现做机要工作。女三，群英，蔼英，冰茹都已出嫁。现在妻王定国，党员，三十岁，有小孩二人。

我生长的乡村很偏僻，前清末代，才有所谓“举人”。我家对门姓岳的兄弟四人，二举人二秀才，煊赫一时。但我父亲不肯送我去

1　1941年在延安整风运动时，谢觉哉按组织要求写了这篇《自传》，讲述自己参加革命的经历与认识。该文被毛泽东肯定，并油印发给他人阅读。

2　亡命，意逃亡。1927年长沙“马日事变”后，谢觉哉即离开家乡，无法回家及与亲人联系，直至1937年国共第二次合作后，才有了书信联系。

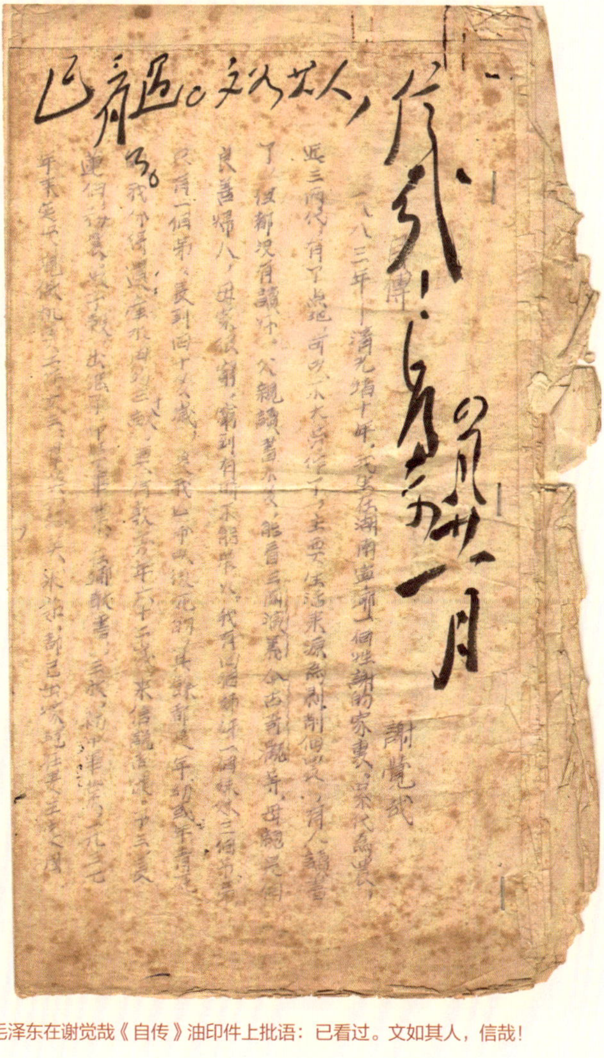

毛泽东在谢觉哉《自传》油印件上批语：已看过。文如其人，信哉！

从他们读书，理由是怕他们更仗师势吓唬人。因此我幼年从的私塾，不很高明（自然那些举人秀才，也并不见得高明）。十一岁读完《五经》[1]，没有东西给我读了，不知从哪里弄来一册《昭明文选》，上面的字，先生不认得也懒得去查考，更说不上内容。八股文章早完篇了，也除了《小题正鹄》、《八铭塾钞》、《能与集》之类无他物。父亲的小说，仅有《三国演义》、《说唐》、《今古奇观》、《粉妆楼》几种，案上摆有经书，抽屉内放着小说，有些大体能背诵了。这样就度过了我的青春到十七岁。那年，三十里外的一位秀才李藕苏先生，在对门岳家设馆。李先生看过《资治通鉴》、《四史》、《方舆纪要》、《海国图志》、《日知录》等书，而岳家也有些藏书，我和兄弟两人在那里读了三年。同学的有姜梦周同志（已牺牲）、王凌波同志。何叔衡同志虽不同塾，也常来玩。这在我是最宝贵的三年。然说起来，也很可怜：作文是唯一的课，点过若干首桐城派的文章，有一次学课题（县学教谕课书院生童的，乡塾也有人送题来）"《天演论》书后"，我们翻遍了藏书，从《康熙字典》到《时务通考》之类，均不见这两个字。

新的不知道，旧的也知道很少，因而不能有什么特殊的志愿。"宗族称孝焉，乡党称弟焉"是必然应做的事。学学古文，也许可以成家，举人秀才可以伸手拿到，但绝不愿做不好的官或绅。十六岁母亲病故，我依违床褥，为她许了还南岳山的"饿香"。这是很古怪的迷信，甚么不吃走四百多里，烧了香才吃；母死后我还实行了若干次，直到我不信它了才罢休。后来我进学了，乡下人说是孝的报应。

十五岁应过一回"小试"——半夜挤进场，竹片毕剥毕剥地在头上飞舞，颈挂"卷袋"，书上自己名字；学台的样子没看清楚，接卷

1　五经，儒家经典"周易"、"尚书"、"诗经"、"礼记"、"春秋"的合称。

后被不知何人，后来知道叫“搜狗子”拖到黑角像搜小狗似的，然后一掌推入空荡荡的院子“考棚”。“荣”未得而先受辱。“不是父母在，绝不再干这事。”那时幼稚的心是这样想。母死照例三年不能应试，二十岁那年又考了一回。二十一岁没有从先生了，三月应“县考”，五月应“府考”，七月应“道考”。县考列了一次“前十名”；府考四场都取“第一”，叫“府案首”。案首照例要“进”，这就使我成了中国科举最末一次的秀才。

人们的观念里：秀才举人是和豪劣顽固分子联系着的，其实不是做秀才举人的本人坏，而是秀才举人使他坏。第一，做了秀才举人似乎读书已有了归宿，不想再进；第二，社会上把他抬，他的地位高于一般人一等。我家祖上没中过秀才，我那“团”（等于现在的乡）从明到清没出过秀才。因此秀才是高贵的，加上风气不开，外面事不知道。这样耽误了我“鼎盛”的年华。充绅士带徒弟，有事就约我去，没甚味道。有一次老绅士要严惩一小偷，引起我的反感；在一土豪家教过家馆，冷板凳很难坐。我岳丈是有名中医，从他学过两年医，不明其妙。大概是二十七八吧，才进了一个从未讨厌的洋学堂——湖南商业教员讲习所[1]。这也是很奇怪的学校，百多学生，秀才占了半数。商业呢？谁也不是生意中人，但思想却起了大大变化。同时何叔衡同志也抛却塾师生活来住简易师范。我想我俩两个秀才，不为革命者打倒的对象，而自己变为革命者，算是人生幸事。而没堕落的原因在于有点正义感，不满绅士们的形状——专制君主的科举，是有道理的，难怪现代统治者总想模拟他。

1 即“湖南商业师范讲习所”，1902年由湖南维新人士熊希龄创办，后更名为湖南公立第二师范学校、湖南省立第四中学、湖南常德第一中学等。

仗着一点子文字根底，当小学教员，当中等学校教员，教国文，历史，地理，在宁乡的云山学校教得最久。云山学校是前进的，一切新的思潮，云山总首先接受，梦周、凌波同志都做过那里的校长。官厅与绅士嫉视这个学校，称为“学匪”，称为“三无党”。云山学生参加革命的颇多，牺牲的也有好几位，现在此的只有甘泗淇同志。不论在哪个学校，对于学生思想上的领导，我常是主要的，或者重要的。但是我的思想那时还没有确定。辛亥革命一两月后，我就直觉地感到不满，认为没有解决问题。五四运动除文字有点改革，对礼教敢于抨击，也没有解决问题。心里总是惶惶然。在国共初次合作国民党改组时，看到了几件国民党的宣传品，眼前突然出现光明：这才是办法。于是加入国民党秘密组织负担工作，直到北伐军到湖南，国民党公开，我做了湖南国民党省党部常委。

在当教员时，学生们出版地方刊物，我是秘密的写稿者，且写的很多。一九二零年主编《湖南通俗报》，出了一年，由几百份销到六七千份，成为中小学生最爱的读物。一九二一年，馆长何叔衡同志撤职，我又去教书。一九二五年由姜梦周、何叔衡同志介绍在长沙湘江学校加入党，仍做国民党宣传工作，编国民党秘密党报。大革命时当国民党机关报——《湖南民报》总编。那时很忙，事很多，省党部常委、工人部长、湖南党校秘书长（校长唐生智不在校）、特别法庭委员。但我感到高兴的，仍是办报，每趁开会等人的时间写社论，《湖南民报》销到七八千份，为湖南自有报纸以来所未有。

我是以国民党左派面目出现。除和个别同志——罗迈、夏曦两同志——接头外，不参加党内生活。听说那时党内有个通知，说我因年老请退党。国民党的人开始不疑我是共党，后来不仅在政治主张上，尤其在生活上疑我了。党负责者要我当真退出党，说“你不像左派，必当真退出，才能像，等社会革命时再来吧。”当［然］被我拒绝了。

马日事变前一晚，党通知我走，那时我一点情状不知道，而马日湖南党校正式开学请了很多客，我是秘书长实际代理校长，我不能不去；假如不响枪，怎好见人？于是决定必等到枪响才走。果然马晚在街上碰到乱兵，在一家小摊子里躲到天明混出城，在长沙东乡藏了一时期，七月秘密返长沙，天天听到杀人，十二月去汉口，翌年三月到上海，那时汉口机关破坏殆尽。一九二八年冬到沈阳，一九二九年春返上海，都是参加党的宣传工作。在上海参加编《上海日报》、《红旗报》较久。一九三一年调互济会做宣传工作。一九三一年秋，派赴湘鄂西苏区，时大水，从上海坐船直到苏区政府的门前，没走一步旱路。苏区百分之九十八的地区淹掉了，敌人也淹走了，没有饭吃。初在省委当政治秘书长，后在省苏区编《工农日报》，兼文化副部长，最后调当党校教务长。时值肃反，人捕光了，校长、教员由我一人兼任。这时期的工作还是编《工农日报》有味，油印两版，印的比石印一样，一个人兼外勤、编辑、校对，也不怎样忙。

一九三二年九月二十一日在湖里被俘，几十个外籍同志，分乘十多只小船，躲在茭草里，敌人每天清湖。那时我想，逃路是没有的，不被俘，也要饿死，听说以前也被清过湖，叫做“砍乌龟”。已经是乌龟了，“谁来听之”。一天正在睡，忽四面草响，船上人一齐下水，说“清湖的人来了”。我也随着下水，一转念下水往哪走？于是把身上的水笔、表、字纸等丢光，等他来俘。原来那些兵是一字不识的，问我要枪，用桨板打了一顿，在袋里搜出剩下的一纸条——有关系的字条，见不是钞票，丢水了。被俘的头几天，脑子最清醒：第一，我看见了苏维埃一定要成功的，路没有走错。第二，同伴的一青年同志（萧志）自供是学生被绑，那位营长转而问我，我证实了他，有放的希望，我托他到上海转告组织。第三，计算他怎样来提我去枪毙，准备还说几句怎样的话。后来知道这位营长是老好人，初以我颇重要，不肯早释；后来找我谈话，被我感动。由俘虏变成朋友。他说："这次清湖，上面命令捉到人或杀或放或自由处理，我不报告上面，上面不会知道的。"这位营长（名字叫徐哲君，原系民团改编的属潘善斋部）捉的人都没有杀（别营杀的颇多），同俘的人现存的有熊瑾玎同志夫妇，现为新华经理，前年曾志曾写信把我，是在湖南。

在营里住了二三个月，中央给我寄了路费来，我才走。那营里的人对我还好，他们有许多被红军俘过的。"胡子，你是红军来的，你们红军我到过，还好。"小兵们常这样说。"你们红军高明的顶高明，不高明的也顶不高明。"一位被俘过的军官很感慨地说。我呢，"俨如无罪囚，坐在无罪狱"，每天偷偷地作诗，吟成两首诗，一天时光就过去。从九月二十一日到十二月三十一日，恰恰一百天，我又在黄浦码头上岸了。诗有一百多首，稿都失了。只记得最后一首如下，在上海上岸时写的：

百日难已过，百日后如何？
黄浦翻寒浪，洪湖惜逝波。
热血漫天洒，愁云近地峨[1]。
此心忧耿耿，未忍鬓毛皤。

到上海找到关系，分配到全总工作。不久罗登贤、廖承志被捕，

1 作者自注：我在营里知道贺龙同志部队败到山里去了，鄂豫皖红军也败退，同时听到中苏区有反水的师长。

幸叛徒不知我住处。四月底派我往中央苏区，五月达瑞京叶坪。初当中央政府秘书，后改秘书长，秘书也好，秘书长也好，反正从中央苏区直到西北办事处，总只有一个人。当秘书长没有多少成绩，但在毛主席指导下，颇学到些东西，开始弄不好，毛主席说："你要学！"怎样学？不知道，然久而久之，懂得些了。当秘书长时曾兼任总支书记。

一九三四年随红军长征，二万五千里，没有东西吃，又患病，几乎死了，然而终于到达了陕北。

中央政府西北办事处成立，在国民经济部做合作指导委员会主任，后来做内务部长，做秘书长，做司法部长，代理最高人民法院院长，审计委员会主席，事情不多，实际就是一个人。一九三七年七月离开政府工作，派为驻兰州代表。一九三九年春回延，做中央党校副校长。一九四零年春正校长邓发同志来校，副校长事实也不需要，被派参加边区工作。十月边区党中央局成立，我为副书记，同时来政府做秘书长并任党团书记。

补说一点：大革命时，我虽然认识了党，准备以身殉党的事业，但对马克思列宁主义一点不知道。失败了，不知道怎样失败的。路没有错，要革命，革命定成功，是肯定的，怎么革法，就很模糊。一九二八年冬，在沈阳日本书店，见到一本《列宁主义十二讲》，如获至宝地买了，同时买一部日文字典来对着读。原来有这么一些道理，中国大革命失败的经过，列宁同志似早已预见了的。为什么这样的书，中国不见到一本？我把它译了上十万字，托一位通日文的同志校正，在上海佐野学的寓所失掉了。在苏维埃时我的理论水平没有多进步，最近几年才在党的领导下，懂得一些道理。因此我不能说我的参加革命是由于懂得革命理论或者阶级仇恨来的，而只能说是固有的正义感与道德观念支配我的人生。

我曾这样想，经历了许多患难而没有死，死去了无数同志，而我没有死。应该还做几年工作——打算十年才对，才能对得住党，对得住已死的同志。这计算是前十年的，只要身体能支持的话。

我没有受过处分，不是说没有犯过错误。

我的学名维鋆，字焕南，别号觉斋（现写成哉），现年五十八岁。

一九四一年四月十三日写成

2005年王定国老人与儿子们重回延安

谢觉哉在延安的办公室（杨屹　摄）

二 六十自讼[1]

谢觉哉

时间过得真快，从出生到现在，马马虎虎有六十年了！

站在今天的我，来检查我过去的六十年，很荣幸也很惭愧。荣幸的是生在中国历史的大转折点——由封建社会而资本主义的革命而无产阶级领导的新民主主义革命，我居然没落伍，赶上了历史，做了最前进的共产党党员。

如何又说很惭愧？革命是件天大的事，依靠大众，依靠参加革命的各个分子，分子努力多一分，革命力量就增一分。惭愧的是入党将十八年，有充分的时间和丰富的事实，有党的光辉的主义与领导，应该大有成就。然而正如李六如同志说的："我以前自以为差不多，自以为阶级立场稳定，整风以来，才知我的政治水平还很低；我以前组织上入了党，思想上未入党，思想上入党，还是近二三年的事。"这话我很有同感。

当然，我不是故意把自己看小，我也有可以赞扬的所在。而是说革命要求我贡献一切，要求我尽一切可能，而我贡献的却太渺小；另

1 1944年5月，谢觉哉六十诞辰时，做文《六十自讼》以自勉。

一方面也说明士大夫阶级——知识分子由自由民主派的立场走向无产阶级革命立场的不容易。我想，假如我以前更努力些，特别是入党以后，我的成就也许要大些。成就是没有一定尺度的，就个人的知识、智力、时间而定，各人尽其知识、智力、时间的可能，自然也不会满足其成就。因为一满足就会停止甚至后退。我之自愧，是说未尽到我的可能，因循、软弱、自足的暗影，屏除未尽。

革命要能力也要体力。为了革命不应爱惜生命；为了革命又必须要生命存在和生命的健康。革命也能给予你的生命以健康。近三年来我身体大不如前，不能任繁重或连续工作至四小时以上。然不能说革命的艰难经历损害了我的健康，而应该说现在的生命是党所给予的。我先天很弱，小时父母很担心这孩子养不活，不知烧过多少香，吃过多少药。而我还没有死，还不很衰，一个原因，我对于自己身体虽无锻炼却少摧残。另一个原因则是加入党后，生活改变，旧社会问舍求田、男婚女嫁、失业得业，许多劳碌人性的事，一扫而空；而占领脑子里的是解放人类的崇高事业与美丽的理想，而且一步步接近，因而更一天天的高兴。

科举是害人的，我中科举毒不深，然假如不做秀才，"闻道"也许要早些——那正是盛年，一生的黄金时代。最末一次的举人秀才，革命的很少，参加无产阶级革命的更少，然而这皆是当时的优秀。难怪后之统治者总梦想恢复科举式的考试！地位也是害人的，三家村也好，大都会也好，一爬上士大夫阶级，必然反动，必然为旧统治的支持者。这是续范亭先生说的"奴皮"，没披上，钻着去披；一披上，死也不肯解下。今之野心家正在出卖大批"奴皮"给正在出世的青年披上。旧的学问及修养，有好处，应该接受与发扬它的好处，比如：

“宗族称孝焉，乡党称弟焉”、“见义勇为”、“生平所为皆可对人言”等。我于这些，自问尚无愧色，这就是支持我能走到革命的基础。但也有它的消极方面：唯心倾向，先入为主，使得我对于唯物的观点、辩证的观点、无产阶级集体主义的立场进步不快。

六十年蜕变的经过：荣幸呢，从旧的壳里钻出来；惭愧呢，没有出色的建树。荣幸也罢，惭愧也罢，都过去了。身体健康虽向下落，但在党的爱护下，精神健康，可能增加。“行年五十，当知四十九年之非”，那么行年六十，也应该设法弥补五十九年以前的缺点，能够对党有较多的贡献。这就是我今后的打算。

习气未芟，歪诗一首：

匆匆六十年，华发压双肩。未肯容颜老，犹争意象鲜。

外包形豹变，内蕴旨蝉联。沙与金俱下，荣兼愧未蠲。

孤才知极直，钻始识弥坚。不羡松乔寿，重研马列篇。

放之弥六合，卷也得真荃。战斗涂膏地，操存欲晓天。

劝农祈大有，听雨且高眠。待补当年阙，还过日六千。

谢觉哉于延安

1944年